1.2024 年辽宁省教育科学"十四五"规划课题《新时代高校思想政治教育质量评价改革研究》（课题号：JG24DB396）

2.2022 年辽宁省研究生教育教学改革项目《新时代加强研究生思想政治教育的路径探索与实践》（课题号：LNYJG2022171）

3.2024 年辽宁省教育科学研究基地专项课题《行业高校文化育人组态分析与模式构建研究》（课题号：JG24JDB43）

4.2024 年辽宁省社会科学规划基金项目：新质生产力的认识论研究（课题号：L24CZX006）

辽宁省"大中小学思政课一体化建设"专题教学设计丛书

传承中华优秀传统文化融入大中小学思想政治理论课一体化教学设计案例集

洪晓楠 谢晓娟 胡承波 丛书主编

王智莉 刘飞 薛孚 主编

辽宁人民出版社

图书在版编目（CIP）数据

传承中华优秀传统文化融入大中小学思想政治理论课
一体化教学设计案例集 / 王智莉, 刘飞, 薛孚主编.
沈阳 : 辽宁人民出版社, 2025. 2. —— (辽宁省"大中小
学思政课一体化建设"专题教学设计丛书 / 洪晓楠, 谢
晓娟, 胡承波主编). —— ISBN 978-7-205-11448-0

Ⅰ. D64

中国国家版本馆CIP数据核字第2025CD9769号

出版发行：辽宁人民出版社
　　　　地址：沈阳市和平区十一纬路25号　　邮编：110003
　　　　电话：024-23284325（邮　购）　024-23284300（发行部）
　　　　http://www.lnpph.com.cn
印　　刷：辽宁新华印务有限公司
幅面尺寸：170mm×240mm
印　　张：18.5
字　　数：293千字
出版时间：2025年2月第1版
印刷时间：2025年2月第1次印刷
责任编辑：刘　明
装帧设计：琥珀视觉
责任校对：吴艳杰
书　　号：ISBN 978-7-205-11448-0

定　　价：80.00元

辽宁省"大中小学思政课一体化建设"专题教学设计丛书

- 编委会 -

主 编

洪晓楠　谢晓娟　胡承波

编 委

（以姓氏笔画为序）

于海臣　马其南　王英伟　王明雪　王　建　王智莉

申淑征　刘　飞　刘继东　李洪军　张卫平　金国峰

胡承波　秦　明　袁　佺　贾玉明　钱英伟　徐丽曼

高　亮　蒋海彬　韩　影　谢晓娟　薛　孚

总 序

思想政治理论课是落实立德树人根本任务的关键课程，贯穿了国民教育体系的各学段。习近平总书记在学校思想政治理论课教师座谈会上强调，"在大中小学循序渐进、螺旋上升地开设思想政治理论课非常必要，是培养一代又一代社会主义建设者和接班人的重要保障"，提出"统筹推进大中小学思政课一体化建设"。党的二十大报告强调，"推进大中小学思想政治教育一体化建设"。在学校思想政治理论课教师座谈会召开五周年之际，习近平总书记对学校思政课建设作出重要指示，强调"深入推进大中小学思想政治教育一体化建设"。党的二十届三中全会通过的《决定》再次强调"推进大中小学思政课一体化改革创新"。

深入推进大中小学思想政治教育一体化建设，关系到"培养什么人、怎样培养人、为谁培养人"这个教育的根本问题。思政课贯穿人才培养的全过程，推进大中小学思政课一体化建设，是贯彻党的教育方针，肩负起为党育人、为国育才光荣使命的必然要求，是新时代党和国家推动思政课内涵式发展的一项重要部署，是思政课建设的时代要求和内在体现，是提高思政课教学质量及育人水平的必由之路，是落实立德树人根本任务的关键举措。如何针对不同学段学生的身心发展特点，遵循学生认知规律和教育教学规律设计教学内容、选择教学方法，是思政课教师面临的新任务和新挑战。

为进一步深入学习贯彻习近平总书记在学校思想政治理论课教师座谈会上的重要讲话精神，全面落实中共中央办公厅、国务院办公厅印发的《关于深化新时代学校思想政治理论课改革创新的若干意见》以及辽宁省委教育工委、辽宁省教育厅印发的《辽宁省进一步推进大中小学思政课一体化建设的若干举措》等文件精神，扎实推进辽宁省大中小学思政课一体化建设工作，辽宁省高校思想政治理论教育研究会、教育部大中小学思政课一体化共同体（辽宁省）面向全省各学校思政课教师开展了"大中小学思政课一体化建设"专题教学设计案例征集活动。

本次活动设立了九个专题，分别为坚持党的领导、传承中华优秀传统文化、弘扬时代精神、增强制度自信、铸牢中华民族共同体意识、法治中国建设、践行社会主义核心价值观、共筑国家安全防线、推进生态文明建设，大中小学不同学段思政课教师分别就以上专题融入大中小学思政课一体化设计教学案例。辽宁省高校思想政治理论教育研究会将教学设计案例征集活动中的优秀作品编辑出版，形成了辽宁省"大中小学思政课一体化建设"专题教学设计案例系列丛书。本套丛书按照一体化的思路，专题教学设计案例充分尊重各学段的不同特点，既强调各学段符合学生认知特点和教育规律的明显区分度，又强调循序渐进、螺旋上升的有效衔接度。

本套丛书是辽宁省在大中小学思政课一体化建设方面进一步探索与实践的成果，希望可以对广大教师在挖掘思政教育资源，推进大中小学思政课一体化建设等方面起到借鉴作用，为大中小学思政课一体化建设的高质量、内涵式发展作出一定的贡献。

由于时间仓促、水平有限，本套丛书中可能存在一些不足，望同行专家及广大读者批评指正。

2024 年 8 月

目 录

CONTENTS

中华文字　智慧结晶

大连庄河市兰店乡中心小学　孙　乐

一、课程基本信息

主讲课程：道德与法治

使用教材版本：人民教育出版社2019年版

教材章节出处：《道德与法治》五年级上册第四单元第八课《美丽文字 民族瑰宝》

二、教学设计概述

《美丽文字　民族瑰宝》是教材第四单元"骄人祖先　灿烂文化"主题中的第一课，本课有四个板块："丰富多样的文字""古老而优美的汉字""意蕴隽永的汉字""影响深远的汉字"。本课对应《义务教育品德与社会课程标准》中"我们的国家"第九条"知道我国是有几千年历史的文明古国，掌握应有的历史常识，了解中华民族对世界文明的重大贡献。珍爱我国的文化遗产"，让学生萌发民族自豪感和自信心。

学习汉字就是学习本民族的历史，在历史中寻找民族的根，能培养人的爱国主义的情感基础，这也是儿童个体发展中的情感需要。本课教材以具体事物生动形象地帮助学生直观地感受汉字悠久的历史和蕴藏的文化，产生民族认同感和归属感，从而培养他们的爱国情感。在教学中我们应该以学生为主体，通过小辩论、小探究、看一看、猜一猜等儿童可以接受的方式引领儿童与历史中的人物、文物进行对话，引发他们与"之"交往的愿望与冲动，以物及人、见物思人，让历史走进孩子的生活，让富有文化意蕴的汉字走进

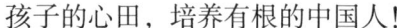
孩子的心田，培养有根的中国人！

三、学情分析

五年级学生对汉字还是比较熟悉的，从小学习说汉语、写汉字，但缺少对我国文字的整体认识。通过调查发现学生对汉字演变的过程比较感兴趣，但还不能从中发现汉字的形体美，具有十分独特的审美价值，也难以体会汉字中蕴含着民族的传统美德、道德观念。

基于五年级学生的身心发展，本课并不是以系统历史知识学习为主要目的，而是着力于向儿童抒发一种深邃的人文情怀，它们要召唤的是儿童对祖国的认同与归属之情。五年级的儿童所能达到的爱祖国的观念水平是带有情感色彩的，更多地表现为一种"自尊自豪感"，本课教学要避免说教，要组织学生开展活动，通过说故事、猜字谜等活动，调动学生的积极性，激发学生的自豪情感并逐步升华为爱国情感。

四、教学目标

（一）知识与能力

了解我国语言文字的多样性；了解汉字发展中不同字体的风格，学习欣赏独特的书法艺术。

（二）过程与方法

通过辨识甲骨文字或阅读有关文字的故事，不断寻找、发现汉字的历史和特点，知道汉字熔铸着祖先的智慧和灵感，承载着中华民族的传统文化，感受汉字的独特魅力。

（三）情感、态度与价值观

尝试中国传统书法艺术，进而产生学好、用好、写好汉字的热情。在体验中，懂得珍视祖国的传统文化，形成民族自豪感。

五、教学重点难点

（一）教学重点

知道汉字有着悠久的历史，我们的祖先用灵巧的双手刻绘了一幅栩栩如生的图画、符号，把他们的智慧和灵感融入到一个又一个汉字里，汉字是我们的祖先细致入微地观察、体味自然现象和社会生活的结晶。

（二）教学难点

本课的教学难点是让学生懂得汉字留下了中华民族的道德标准、思想意识的烙印，懂得珍视祖国的传统文化。

六、教学设计总体思路

本课教学逻辑设计：了解中华民族语言文字的多样性，知道汉字是通用文字——知道汉字历史悠久、形象生动——了解不同形体的汉字。

首先，教师引导学生认识我国不同民族的文字，重点是让学生知道我国文字多样，规范汉字是我国通用的文字。

其次，教师出示一组简单的古汉字，如日、月、山、水等，再逐步呈现略显复杂的"虎""象"等古汉字的图片。在猜字活动中，教师引导学生初步感受汉字的特点。然后，学生通过活动，围绕几个具体的古汉字，追溯其源流，从而形成对中国汉字历史悠久的认知。

最后，教师进一步呈现我国不同时期的一些代表性文字，引导学生发现，汉字经历了一个漫长的演变过程，不同阶段的字体风格有所不同。独具韵味的书法艺术彰显了汉字的魅力。

七、教学过程

（一）教学流程设计

环节一：谈话导入，明确研究主题

教师活动：

1.谈话导入：同学们，我国是一个多民族、多语言、多文种的大家庭，各民族兄弟姐妹共同努力，发展着祖国的经济和文化，促进了各民族之间的相互交流。大多数民族都有自己的语言，有的民族还有自己的文字，让我们一起来了解一下中华民族的美丽文字吧！

2.出示资料：各民族文字。

学生活动：感受中华民族美丽的文字，体会中华民族文化的博大精深。

设计意图：明确本课主题，提高学生学习积极性。

环节二：感受丰富多样的文字

教师活动：下面，让我们一起去感受各种各样和丰富多彩的少数民族文字吧！

1.出示图片，图片上是什么？

2.同学们，有谁会读这些少数民族的文字吗？

3.告诉学生这些文字说的是相同的一句话：我是中国人。

4.在人民币上也印有五种民族的文字，对照教材，你能说出是哪五种文字吗？文字的意思是什么？

5.出示人民币图片，并提问人民币上为什么除了汉字以外，还印上一些少数民族的文字？

6.同学们，大家想，我们国家56个民族，如果大家都用各自的文字，说各自的语言，有没有问题？

7.为了增进各民族、各地区之间的交流，维护祖国统一，增强中华民族凝聚力，《中华人民共和国国家通用语言文字法》规定：国家推广普通话，推行规范汉字。

学生活动：

1.观察图片。

2.观察人民币，并找出五种少数民族文字。

3.说一说这些文字的意思。

4.全班讨论。

5.明白推广普通话的重要性。

设计意图：给学生以直观的视觉冲击，使学生产生强烈的想要了解汉字独特文化魅力的愿望，达到激趣引题的目的。通过图片展示、交流、说一说等方式，让学生感受到中华民族语言文字的魅力。

环节三：古老而优美的汉字

教师活动：

1.引导：同学们，汉字具有非常悠久的历史，是世界上最古老的文字之一，汉字一个最大的特点就是表意体系的文字，特别是我国早期的汉字，直观、生动多姿。下面我们再来看一看古汉字。（板书：古老而优美的汉字）

2.出示教材63页"虎"的古汉字图片，引导学生看一看、猜一猜，这是什么字？

3.出示教材63页"象"的古汉字图片，引导学生看一看、猜一猜，这是什么字？

4.教师伺机引导：这个汉字更像一幅图画，它长着长长的鼻子和健壮的身躯，多么像体型高大的大象啊！

5.出示教材63页"活动园"几个古汉字，引导学生说一说，这些古汉字是我们现代的什么汉字？

6.请同学们试着在右边的田字格中工整地把这几个对应的汉字写下来。

学生活动：

1.感受汉字的独特魅力。

2.根据图画猜出是什么字。

3.说一说这些是什么汉字，全班交流。由某位学生说出这6个古汉字对应现在通用的规范汉字依次是日、月、山、羊、水、木。

4.全班交流，并以小组形式汇报。

设计意图：给学生以直观的视觉冲击，使学生产生强烈的想要了解汉字独特文化魅力的愿望，达到激趣引题的目的。

环节四：了解汉字的演变

教师活动：

1.甲骨文是我国最早的汉字。汉字从甲骨文以来发生了许多变化，那究竟发生了哪些变化？

2.按时间先后顺序依次出示教材65页的刻有文字的甲骨、毛公鼎及铭文、秦半两钱、唐朝书法家颜真卿的《多宝塔碑》碑文，引导学生依次欣赏不同时期的汉字，领略汉字的风采。

3.以"牛"字为例，展示不同字体中的写法，进一步体会中国汉字的演变历史。

4.小结：同学们，中国的汉字无论是在哪个阶段，都有自己不同的字体风格，形体优美。

学生活动：

1.自由阅读教材66页"阅读角"《汉字一路走来》。

2.思考汉字从甲骨文以来究竟发生了哪些变化。

3.依次欣赏我国不同时期的汉字，领略汉字的风采。

4.了解我国的汉字的发展。

设计意图：利用多媒体课件生动形象的特点，为学生解读古文字的创造构思，感受汉字的文化内涵，从而激发学生对汉字、对传统文化的喜爱之情。借助教学助手展示学生收集的资料，为学生营造一个自主探究、合作交流的空间，在师生互动中，调动学生的好奇心和积极性，体会汉字的神奇有趣以及祖先的智慧与创造力。

环节五：欣赏书法作品

教师活动：

1.在汉字漫长的发展过程中，古人还将汉字加以美化，创造出风格各异的书法艺术。中国书法史上涌现出许许多多的书法家，他们用笔、墨、纸、砚表现汉字特有的意境和情趣。你都知道哪些书法家呢？

2.请欣赏书法作品。

学生活动：

1.说说自己知道的书法家。

2.欣赏书法作品。

3.收集甲骨文图片。

设计意图：引导学生从宏观上了解汉字悠久的历史，又从微观上通过欣赏等方式了解各个时期汉字的不同特点。

（二）课堂小结

本课让学生知道，汉字有着悠久的历史，我们的祖先用灵巧的双手刻绘了一幅幅栩栩如生的图画、符号，把他们的智慧和灵感融入到一个又一个汉字里，汉字是我们的祖先细致入微地观察、体味自然现象和社会生活的结晶。教学时，教师要和学生一起收集古汉字，在辨识的过程中理解每一笔的奥妙，引导学生学会观察，学会思考和创造，从而发自内心地感受祖先观察之细致、概括之准确、造字之巧妙。

（三）板书设计

（四）作业设计

1.制作以"寻汉字之源，赞汉字之美"为主题的板报。

2.收集甲骨文图片。

（五）参考资料

1.宋镇豪：《甲骨文献集成》，四川大学出版社，2001年。

2.聂雪梅：《从文化自信角度发扬汉字文化》，《汉字文化》2022年第16期。

3.何九盈：《汉字文化大观》，人民教育出版社，2009年。

4.斯亮：《读汉字，识中国——国：中国的故事》，《国学》2011年第5期。

5.周桂钿：《十五堂哲学课》，中华书局，2006年。

八、教学总结与反思

汉字有着悠久的历史，我们的祖先用灵巧的双手刻绘了一幅幅栩栩如生的图画、符号。教学时教师要和学生一起收集古汉字，在辨识的过程中理解每一笔的奥妙，引导学生学会观察，学会思考和创造，从而发自内心地感受祖先观察之细致、概括之准确、造字之巧妙。教师可以引导学生通过对典型汉字进行研究，了解一些典型汉字的来龙去脉。由此，这些汉字在学生眼中不再是枯燥繁杂，而是一幅幅图面，承载着中华传统文化的信息。这既有意料之中的喜悦，又有意料之外的惊喜。其一，教学过程既关注教材，又适当补充课外资源，选取成组或者典型的古汉字，引导学生了解由图形到文字的演变过程以及汉字形象生动的特点，收到了较好的教学效果。其二，教师通过体验活动，引导学生了解汉字的历史。在道德与法治课堂上，如何引导学生学习、了解中国汉字，是本次设计重点研究的内容之一。本课教学在设计中力求凸显学科特色，通过体验活动引导学生感受祖先的聪明与才智；通过对一个个汉字的分析，引导学生深入思考，了解当时的社会生活，进而了解中国历史与文化；通过"尝试书法"的设计，引导学生在体验中初步感受中华传统文化，把他们的情感倾注在笔端，用具体行动传承传统文化。

弘扬立己达人的仁爱精神

沈阳市法库县冯贝堡镇中心小学　杜玖谊

一、课程基本信息

主讲课程：道德与法治

使用教材版本：人民教育出版社2019年版

教材章节出处：《道德与法治》五年级上册第四单元第十课第二框《立己达人的仁爱精神》

二、教学设计概述

《立己达人的仁爱精神》是教材第四单元《传统美德　源远流长》的第十课，本课有三个板块："自强不息的人格修养""立己达人的仁爱精神""天下兴亡、匹夫有责的爱国情怀"。

本案例的教学设计思路是围绕核心素养教育落实问题展开，结合教学过程，按照道德与法治"教—学—评"一体化设计实践。基于实践教学的有效性，首先通过《论语》中经典语录名言的前测调查，让学生感受中国传统文化的博大精深，作为一体化设计的起点，综合测评出学生的前置知识和综合能力，并适当延伸拓展预学；其次通过活动引出"仁"字和中国思想史上的伟大先贤——孔子，加深学生对孔子的印象。通过多种活动分析、交流、展示等过程，活动中明确评价目标、评价方式，让学生在学习过程中不断累积，促进道德与法治教学的良好推进以及核心素养教育的有效落实；最后，通过实践活动让孩子们的情感升华，让传统文化的种子深植孩子心田，实现学科育人目标。

本案例的设计特色是以古代圣人"孔子"为伴学助手，以"穿越"的模式引领学生通过小组合作学习、探究、实践，共同完成本课的教学任务。让学生的学习系统化，采用孔子的话引导学生深入思考与探索；本案例以"仁"为设计起点，以活动任务为主线，将立己达人的仁爱之心大任务分解成两个小任务：了解仁爱、仁爱的表现，促进学生能力的提升；教学设计整体呈现多维度递进式，从"古代的仁爱之心"到"现代的仁爱之心"，从"个体之间的小仁爱"到"国家的大仁爱"，引导学生循序渐进地学习本课时的教学内容；本案例围绕评价原则，设计"自评、组评、师评"。通过开放的课堂、有效的教学环节设计，充分给予学生话语权，以平等的姿态打开学生的心门，形成活跃的课堂氛围，实现教—学—评一体化目标。

三、学情分析

五年级学生对中华传统文化有一定的了解，但是学生了解的是一些零散的知识层面的，本课的教学并不是具体讲述这些文化成就，而是通过把小典故以小视频的形式对优秀传统文化进行介绍，帮助学生认识、感悟中华优秀文化。学生对本课教材展示的教学内容小故事、格言，通过查资料、小组合作学习后基本上能够理解，但由于社会认知和经验有限，在将学习内容与自身生活实际进行衔接，结合自身谈体会与感悟等方面存在一定的难处。因此在教学活动中引导学生从熟悉的生活情境中展开讨论，并结合自身生活经验，让学生不仅了解中华传统文化，从小建立文化认同，树立文化自信，为中华民族拥有悠久、灿烂的文化而自豪，更主要的是将文化自信内化于心，付诸行动，成为中华优秀传统文化的传承者，筑牢中华民族的根与魂。

四、教学目标

1.认同中华传统文化中"仁"的价值观念。在"穿越古代　了解仁爱"环节，通过介绍《论语》、解释"仁"等活动，了解仁爱的含义，知道什么是立己达人的仁爱精神。对于仁爱部分的学习，整体通过体会中华传统美德格言的意蕴、观看仁爱表现的小动画等活动，增强学生的热爱之情，不断提升自身的道德修养，具有正确的情感、态度和价值取向。

2.通过典型情境问题探究，强化学生的思想意识。在"小组学习　合作探究"环节，教师提前布置好学习任务单，列举现实生活中反映传统美德的事例，体会传统美德与现实生活的联系。及时关注学生的完成情况，根据每组学生完成情况适当地给予学生帮助，培养合作探究的学习能力以及团结合作的意识。

3.能够以自己的实际行动要求自己，传承中华传统美德，共建美好生活。在"明礼导行　内化提升"环节中，参与仁爱任务卡的填写、全体表演手势舞等活动体会中华传统美德在个人修养、社会关爱、国家情怀等几个方面的具体表现，感受身边的大仁爱到小仁爱，着力完善学生道德品质，培养理想人格，提升人文素养。

五、教学重点难点

（一）教学重点

1.探究中华古代优秀传统文化，体会传统美德源远流长；了解立己达人的仁爱精神，知道什么是立己达人的精神；感受文化的力量深深熔铸在民族的生命力、创造力和凝聚力之中。

2.通过学习传统文化经典，感受中华民族文化的博大精深，能理解古代圣贤的语重心长的教诲，并能在实际中学以致用，能列举现实生活中关于仁爱的事例，感受身边小爱到大爱，体会传统美德与现实生活的联系。

（二）教学难点

感受中华民族文化的博大精深，体会中华传统美德格言的意蕴，愿意用它们来指引自己的生活。

六、教学设计总体思路

《立己达人的仁爱精神》这节课是《道德与法治》五年级上册第四单元第十课的第二框，是在了解自强不息的人格修养的基础上拓展到立己达人的仁爱精神，从对自我到对他人的拓展。

这节课是按照"创设情境 导入新课—穿越古代 了解仁爱—小组学习 合作探究—返回现代 升华情感—明礼导行 内化提升—布置作业 课外延伸"的思路，根据第三学段的学段目标"了解中华优秀传统文化的主要代表性成果及其意义，为中华民族创造的文明成就感到自豪"进行设计的。根据本校五年级学生的实际情况，本节课采用了小组合作、情境教学法等学习方法，丰富学生的实践体验。

本节课教学资源丰富，多媒体课件贯穿整个课堂教学，恰到好处地运用剪映等软件制作动画视频，对学生的学习起到了很大的促进作用，调动了学生学习的热情。

七、教学过程

（一）教学流程设计

环节一：创设情境 导入新课

教师活动：

1.出示经典语录名言，提出问题。

2.提示学生们根据经典语录名言，找到每句话中共同存在的关键字"仁"。

学生活动：

1.边看边读语录名言。

2.找出几句话中的关键字"仁"，并回答。

设计意图：初步感受中华传统美德格言的意蕴，通过找关键字，激发学习的兴趣，揭示本课主题。

环节二：穿越古代 了解仁爱

教师活动：

1.播放孔子视频资料，介绍孔子。

2.播放《论语》视频资料，介绍《论语》。

3.解释"仁"字的含义。

学生活动：

1.观看视频，了解孔子和《论语》。

2.观看小篆书写的"仁"字图片，观察这个字左右两边像什么，表达自己的观点。

设计意图：通过穿越到古代了解孔子和仁字的含义，引导学生初步了解孔子提倡的仁爱思想。

环节三：小组学习　合作探究

教师活动：引导学生完成活动一——立己达人的仁爱之心。

1.出示"己欲立而立人，己欲达而达人"这句经典语录名言。

（1）让学生全体朗读。

（2）解释这句经典语录名言的含义。

2.介绍关于立己达人这个词语的两个小故事，看一看孔子是如何将仁爱精神转化为实际行动的。

（1）播放小动画视频"马厩失火""苛政猛于虎"。

（2）提问：看了这两个小故事，你对孔子提倡的"仁"有什么感受吗？

3.仁爱的表现：宽容。

（1）欣赏关于"仁爱"精神表现的典故。

（2）出示小动画视频"将心比心"，提出问题：陆慧晓所说"我平生最厌恶别人对我无礼，我怎么能用自己所厌恶的行为去对待别人呢"这句话所表示的含义是什么呢？

4.组织小组合作学习。

（1）明确任务要求：出示课前分发的学习任务单来完成两个任务，每组派一名代表汇报，要求声音洪亮。

（2）让学生评价一下各组的汇报，说一说你喜欢谁的发言，为什么。

教师活动：引导学生完成活动二——推己及人的仁爱之心。

1.仁爱的表现：推己及人。

（1）出示中国传统文化中关于"推己及人"的思维方式图小游戏，让学生按照由中间到两边的顺序依次排列。

（2）出示北宋思想家张载所说的"民，吾同胞；物，吾与也"这句话并联系学生实际生活解释含义。

2.让学生发现我们身边关于立己达人的仁爱之心的事例。如：在教室里认真打扫卫生的同学、主动关心父母的同学、主动关爱他人的同学。

学生活动：

1.全体朗读"己欲立而立人，己欲达而达人"这句经典语录。

2.观看"马厩失火""苛政猛于虎"小动画视频，说一说对孔子提倡的"仁"有什么感受。

3.欣赏"将心比心"小典故，思考并回答陆慧晓的话所表示的含义。

4.学生分成四组，小组成员共同探究任务一和任务二。每组选出一名代表汇报，其他组员进行补充。座位上的同学评价你喜欢刚刚哪个学生的汇报方式。

5.完成中国传统文化中关于"推己及人"的思维方式图小游戏，学生上台自己排列顺序。

设计意图：师生共同参与完成两个大活动，再通过引导学生小组合作学习完成两个子任务，小组成员群策群力共同探究两个子任务，知道仁爱精神的表现、发现我们身边的仁爱精神。使学生的合作能力、动手能力得到提高。

环节四：返回现代　升华情感

教师活动：

1.返回到2024年的现实生活中，观看发生在我们身边一些不温暖、不仁爱的事情。欣赏情景剧：起外号、妈妈的梦想。

2.采访座位上的同学们，提问：你觉得他们做得对吗？为什么？换位思考下，如果你是被起外号的同学，如果你是情景剧中的妈妈，你会是什么心情呢？

学生活动：

1.讲台上的学生表演情景剧。

2.座位上的学生随时接受老师的采访，表达观点。

设计意图：通过返回到现实生活中，感受现实生活中我们的身边也经常会出现一些不太温暖、不太仁爱的事情。以情景剧的形式加深学生的学习印象，感受学习的乐趣。

环节五：明礼导行　内化提升

教师活动：

1.感受发生在我们身边的有关立己达人的大仁爱。如：同病毒较量的医护人员、以仁爱之心救民于水火之中的消防员、用仁爱之心守护好祖国的每一寸土地的戍边将士。

2.老师从四个方面做了仁爱任务卡，请组长抽签，组员根据要求写一写"我们以后在生活中应该怎么做"，然后让学生按照抽签的顺序读一读。

3.让学生表演手势舞《万疆》，献给那些默默无闻、无怨无悔地付出仁爱的人。

4.总结：中华传统美德，是中华文化的灵魂，是支撑中国社会不断发展进步最基本的道德规范。

学生活动：

1.观看图片，认真倾听。

2.四组的组长抽签，组员共同完成，按顺序汇报"以后在生活中怎样做"。

3.所有同学到讲台表演手势舞。

设计意图：本环节设计的四个活动逐层递进，结合生活事例逐步感受仁爱就在我们身边，树立对他人的仁爱之心，形成乐于奉献的良好风尚。

环节六：布置作业　课外延伸

教师活动：

1.出示"小仁爱、大情怀"传承卡片。

2.播放音频。

学生活动：认真书写，完成卡片。

设计意图：本环节是学生的课后练习。旨在引导学生完成表格，运用课堂中学习的知识进行解答，在复习课堂知识的同时锻炼学生的语言表达能力和逻辑思维能力。

（二）课堂小结

同学们，通过这节课的学习，老师相信你们对仁爱有了更进一步的了解，仁是中华文化的精髓，爱是人世间最美好的情感，立己达人的仁爱精神更是中华民族的传统美德，也是我们生活中应尽的责任。老师也相信你们能够说到做到，从身边的点滴做起，将仁爱精神转化为实际行动吧！

（三）板书设计

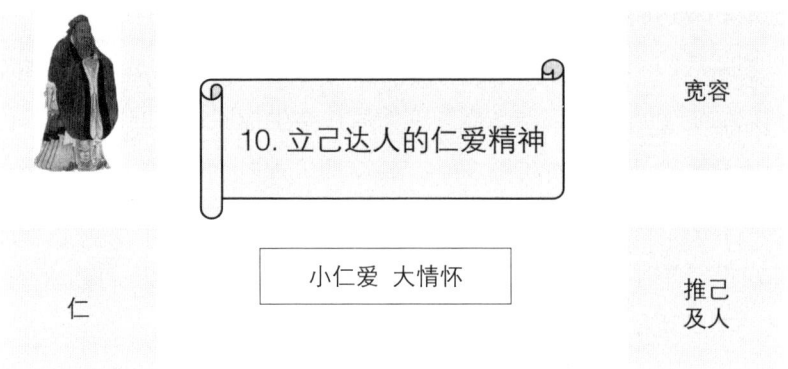

宽容

10. 立己达人的仁爱精神

小仁爱 大情怀

仁

推己
及人

（四）作业设计

"小仁爱、大情怀" 传承卡		
	立己达人、须努力	立己达人、知感恩
1		
2		
3		
4		
提示	自己在哪方面需要加强	如何爱父母、爱同学、爱他人、爱国家

（五）参考资料

1.人民教育出版社课程教材研究所、小学德育课程教材研究开发中心：《义务教育教科书　教师教学用书　道德与法治　五年级上册》，人民教育出版社，2019年。

2.中华人民共和国教育部：《义务教育道德与法治课程标准（2022年版）》，北京师范大学出版社，2022年。

3.中华人民共和国教育部：《完善中华优秀传统文化教育指导纲要》，

http://www.moe.gov.cn/srcsite/A13/s7061/201403/t20140328_166543.html.

4.龙明洁：《习近平眼中的中华文化精髓》，央广网，2016年9月30日。

八、教学总结与反思

关于本节课的教学任务，我觉得自己既有收获也有不足。

（一）收获方面

本节课的教学活动是根据新的课程标准和本校学情制定的，整节课主要设计了六个教学环节，这六个教学环节层层递进，难度不断上升，设计的教学活动由"疑"生"趣"，进而主动进入学习状态。

本课教学设计根据学生喜欢的动画视频和生活中的实际问题为主，引导学生进行道德选择与道德判断，并在体验的过程中，感受传统美德的历史内涵与文化内涵，助推学生对优秀传统美德的认同。

（二）不足之处

今天的课堂教学，我尝试了一些新的教学技巧，如小组合作学习和表演情景剧等，这些方法有效地提高了学生的参与度与学习效果，但是我也发现在小组合作环节有个别学生自控能力比较弱，不能投入团队当中，应多给予鼓励。

教学环节设计得比较紧凑，时间把控得不是很好，如：在学生表演情景剧环节，我采访表演后学生的感受时追问的问题有点多，应该灵活调整教学策略，从而更好地满足学生的学习需要。

总之，课堂教学是动态的，是需要教育机制的。在以后的教学中，我将不断探索、实践，改进教学中存在的问题，努力提高自己的教学水平。

学会宽容

鞍山市岫岩满族自治县杨家堡学校　刘伟华

一、课程基本信息

主讲课程：道德与法治

使用教材版本：人民教育出版社2018年版

教材章节出处：《道德与法治》六年级下册第一单元第二课《学会宽容》

二、教学设计概述

　　《学会宽容》是《道德与法治》六年级下册第一单元《完善自我　健康成长》的第二课。本课由"宽容让生活更美好""拥有一颗宽容心"和"和而不同"三框组成。本课的设计是依据《义务教育道德与法治课程标准（2022版）》中第三学段"道德教育"学习主题中"理解平等待人的意义，懂得谦让、友善和宽容，学会尊重、同情、关心和感恩，能够相互帮助，具有团结互助精神"的内容要求而编写的。

　　宽容作为现代社会重要的道德价值，无论是对和谐、友善的社会生活，还是对平和健康的个人生活，都具有重要意义。对六年级学生而言，学生人际交往的范围已经从家庭、学校、社区扩展到了社会，已初步拥有一些与其他社会成员打交道的零散经验。学生不仅身心都有巨大的变化，而且心理、社会性发展、道德发展也进入了一个新的阶段。教学中应着力解决本班学生在宽容品质中遇到的困难，帮助学生更好地融入社会生活，促进学生养成与其他社会成员友好交往的基本品质。设计有效的课堂学习活动让学生感受并理解宽容品质，不能仅限于简单地告诉学生宽容是什么。同时在学校群体生活中，同伴之间的兴趣爱好、观点看法也不尽相同。因此学生对宽容的学习不仅包括如何宽待他人，还包括如何包容他人，尊重和接纳人与人之间的差异性。此外，在社会生活中一些人的不宽容、不包容行为影响了社会生活的和谐，甚至酿成社会悲剧。学生作为社会的成员，理应具备宽容品质，只有这样才能更好地融入社会生活。因此，帮助学生认识宽容的价值，体会宽容对和谐生活的重大意义形成真正的宽容品质，是学生道德学习的重要内容。为此本课着眼学生的宽容教育，着重讨论并解决此年龄段学生在生活中无法做到宽容的心理原因，以帮助学生学会宽待他人、原谅他人、包容他人。

三、学情分析

六年级大部分学生已步入人生第二个生长发育高峰期，身心都有巨大变化。通过课前调查分析发现，这一时期的学生对什么是宽容有了初步的认识和体会，但对宽容的社会意义以及宽容对个人身心健康的作用的认识还有待提升。在校园集体生活中，在人与人的交往相处中，六年级学生初步具备了宽容他人无心之失的品德，但面对个体差异引发的矛盾，则缺乏正确处理的经验。往往容易在对待他人、与人相处时，情绪有时会过于激动，遇事不够冷静，容易产生矛盾或冲突。之后又易陷入生气、愤怒的状态，并产生不原谅对方、想要报复的想法。因此，对学生进行宽容教育尤为重要。同时，在学校群体生活中，同伴间的兴趣爱好、观点看法也不尽相同。因此，除了宽待他人，宽容教育还应包括如何包容他人，尊重和接纳人与人间的差异。帮助学生具备宽容品质，更好地融入社会生活。

四、教学目标

（一）知识与能力

通过创设情境，引发思考。讲述故事《六尺巷》，感悟古人的智慧，引出话题——学会宽容。知道宽容是中华民族的传统美德。学生运用身边的生活故事，通过对生活事例的回忆及情景再现，理解生活中容易被忽视的情感，同时也会使一些抽象的道理变得更容易接受。知道宽容的定义及意义，

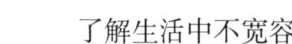

了解生活中不宽容造成的不良影响和宽以待人化解矛盾的事例。

（二）过程与方法

借助身边的范例，学生辨析探究，讨论并解决此阶段在生活中无法做到宽容的心理原因，学会宽待他人、原谅他人、包容他人。能正确处理自己与他人的关系，逐步反省自己待人处事的行为，实现对人宽容，善待自己。

（三）情感、态度与价值观

认识宽容在人际交往中的重要性，克服以自我为中心的心态和行为方式，努力把自己培养成为一个能设身处地为他人着想，懂得理解与宽容的人。知道宽容是一种美德，学会体谅、宽容他人，学会给他人以关爱，培养宽容大度的品质。认识到宽容不是无限度地纵容和姑息迁就，而是有限度、有原则。

五、教学重点难点

（一）教学重点

让学生体会宽容对生活的意义，并能够宽待他人的无心之失，原谅他人对自己的伤害，包容并尊重他人的不同。

（二）教学难点

1.帮助学生理解为什么要原谅伤害自己的人。要将教材内容转化为适合本班学生实际的教学内容，使教学更有针对性。因此，应从学生实际生活中选取情境，根据具体情境引导学生认识不宽容他人的原因，并针对这些具体原因展开教学。

2.帮助学生把课堂学习延伸到生活中，让学生用更加宽容的言行来解决生活中的问题。学生了解宽容的道理并不难，难的是如何落实到生活中。所以教师可以让学生集思广益：给自己设定一个"宽容时刻"，给自己寻找一个反思空间，认真思考是否宽容、原谅他人。也可以设计一些能够延伸到课堂之外的活动。

六、教学设计总体思路

在本课教学中，创设情境，引发思考。讲述故事《六尺巷》，感悟古人的智慧，引出话题——学会宽容。知道宽容是中华民族的传统美德。围绕教学目标，选用学生熟悉的生活故事、身边实例、自身感受等创设各种情境，引导学生置身于特定情境之中，激发学生学习的兴趣。

1.运用学生身边的生活故事，通过对生活事例的回忆及情景再现，来引导学生理解生活中容易被忽视的情感，同时也会使一些抽象的道理变得更容易让学生接受。

2.借助身边的范例，引导学生辨析探究。在课堂教学中适时借助或选取身边的一些有歧义的问题创设情境、演绎问题，使原本枯燥的内容变得思辨性较强，可读性较强，易于理解和掌握。

3.利用电化教学手段创设情境。电教手段形声化，表现手法多样化，能变教学内容抽象为形象，创设生动气氛，既拉近学生与生活的距离，又给学生带来惊喜与感动，使学生心灵受到触动，更多、更快、更有效地实现德育教育目的。

教学方法：主要采用谈话法、情境表演法、小组讨论法、自我反思法等学习方式，从学生的亲身生活切入，让学生在体验、交流中感受、理解宽容品质，学会给他人以关爱，培养宽容大度的品质。

七、教学过程

（一）教学流程设计

环节一：创设情境，引出话题

教师活动：

1.播放歌曲《真善美的小世界》。

2.播放《六尺巷》故事视频，你看出古人的什么智慧？

3.你能说一说什么是宽容吗？

学生活动：

1.欣赏聆听歌曲。

2.认真观看故事，激发兴趣，引发思考。

3.积极发言：宽容是一种谅解和包容他人的态度和行为，这是我们人生中宝贵的财富。

设计意图：创设情境和氛围，通过观看分享《六尺巷》的故事，提升学生的课堂参与度，活跃课堂气氛，明白宽容是中华民族的传统文化的瑰宝，领略宽容的和谐与美好。充分调动学生的积极性和主动性，体现学科特点的意义。

环节二：感受宽容生活

教师活动：

1.分享你在日常生活中被宽容过的经历，谈宽容给你带来的影响。

2.分享三个和宽容相遇的事情。

（1）和张南玩耍

引导讨论：你们怎么看待这位妈妈的做法？

感谢这位妈妈的宽容，如果她不够宽容，而是指责张南，甚至和张南的爸爸妈妈吵起来，就有可能损害两个小伙伴的友谊。

（2）摘橘子事情

引导讨论：你们怎么看待邻居的做法？

感谢邻居的宽容，让他在善意中认识到自己的错误，并有勇气加以改正。

（3）收废品的老人

引导讨论：你们怎么看待车主的做法？

感谢车主的宽容，他的宽容让世界充满了无声的爱。

3.小结：宽容让人们彼此宽待、和睦相处，宽容让生活更美好！

学生活动：

1.和小组的同学谈一谈或演一演。讲述、感恩。从细节处观察。

2.讨论并回答，引出宽容的作用和意义。

3.发表自己的看法。

设计意图：通过说一说、演一演等形式，挖掘教材范例内涵，领略宽容的魅力，使学生意识到生活中的实际小事、人与人之间的和谐都离不开宽容。懂得宽容美德是人们和谐、美好生活的基础。

环节三：游览"宽容城"

教师活动：

1.有一个叫"宽容城"的神奇地方：静心泉、包容镜、礼让亭。请××化身小导游，把这三处景点介绍给大家。

2.引导讨论："宽容城"中三处特别的文化景点对"宽容城"的作用。

3."阅读角"给我们送来了健康的"维生素"，来，用自己喜欢的方式阅读。

4.讨论、分享日常生活琐事。

（1）讨论为什么公交车上冲突没有发生。

（2）分享在日常生活中你宽宏大度地对待他人的经历。

学生活动：

1.各小组推荐代表以导游身份介绍。

2.想象、讨论、汇报静心、包容、礼让对"宽容城"的作用。

3.认真分析案例，找到矛盾冲突所在，关注到不同的人处理结果不同源于心胸，也就是宽容的本质。宽容能让我们心胸宽阔。

4.积极讨论、分享宽宏大度地对待他人的经历。根据老师给的提示充分发挥想象，创作剧本并进行表演。

设计意图：从了解"宽容城"的生活状况入手，学生感受宽容能使人们对生活环境和谐友善，人们的内心常保持和平安定，人们的生活幸福快乐。体会宽容不论对社会生活还是对个人生活均具有价值和意义，激起学生想要"拥有一颗宽容的心"的愿望。

环节四：游览"计较城"

教师活动：

1.想象如果来到一个对他人无心之失不依不饶的"计较城"，会看到什么样的景象。

2.讨论同样的事情发生在"宽容城"里会出现不一样的状况吗？

3.你喜欢生活在"宽容城"还是"计较城"？

4.小活动：啄木鸟医生。

阅读材料，讨论怎样才能消灭这三条虫子。

5.辨析宽容：阅读教材17页。（刘青的事情，班主任的做法，董轩玩火的事情）

如果纵容玩火行为，可能会导致什么样的后果？

6.学习相关法条。

《中华人民共和国刑法》第一百一十四条：放火、决水、爆炸以及投放毒害性、放射性、传染病病原体等物质或者以其他危险方法危害公共安全，尚未造成严重后果的，处三年以上十年以下有期徒刑。

学生活动：

1.想象"计较城"内生活景象。

2.讨论同样事情发生在"宽容城"会怎样。

3.阅读材料并思考。

4.集思广益想出解决问题的方法，每组由一名组员整理大家的想法，并代表本组发言。

5.大胆猜测玩火可能发生的事情。

6.请小律师普法。

设计意图：通过想象、讨论"计较城"里的生活景象，模拟他们当时的心理活动，相应的行为表现以及最后的结果，让学生分析情境，联系生活，懂得学会宽容，在面对他人的无心之失时，要大度，不计较，在面对他人的伤害时，平息心中的不满，放弃报复的想法，懂得原谅他人。通过捉"害虫"，找到困扰心理的原因和解决的办法。

（二）课堂小结

孩子们，我们说了这么多，你有什么收获和想法呢？听着大家收获了这么多，老师心里很欣慰，育心与行是我们的终极目标，你们都是一块未曾深度雕琢的璞玉，成长路上期待你们越来越好。

我们生活在充满差异的世界中，人非圣贤，孰能无过；宽容自己，快乐

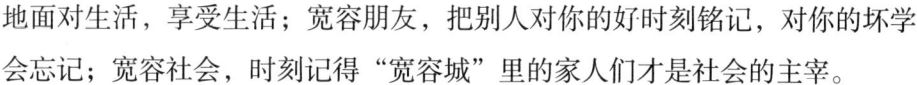

地面对生活，享受生活；宽容朋友，把别人对你的好时刻铭记，对你的坏学会忘记；宽容社会，时刻记得"宽容城"里的家人们才是社会的主宰。

（三）板书设计

学会宽容

宽容让生活更美好　拥有一颗宽容心

有限度　有原则

（四）作业设计

1.反思自己，曾经和班里的哪位同学因为一些小事发生过矛盾，今天学了《学会宽容》这一课，你准备怎样化解这种矛盾？把你的做法写一写吧。

2.搜集关于"宽容"的名言名句，制作"宽容"书签。（书签的正面写关于宽容的名言名句，背面写将宽容原谅他人的意愿，如果写的是不宽容对方、不原谅对方也可以，等有一天自己愿意原谅对方时再重新写）

（五）参考资料

1.中华人民共和国教育部：《义务教育道德与法治课程标准（2022年版）》，北京师范大学出版社，2022年。

2.人民教育出版社课程教材研究所、小学德育课程教材研究开发中心：《义务教育教科书　教师教学用书　道德与法治　六年级下册》，人民教育出版社，2018年。

3.《中华人民共和国刑法》，法律出版社，2024年。

八、教学总结与反思

本节课的内容贴近学生的实际生活，围绕第一个话题"宽容让生活更美好"和第二个话题"拥有一颗宽容心"展开教学，我从生活中宽容的事例入手打开学生的嘴巴，紧接着带领大家游览"宽容城"，感受宽容让我们的生活更美好，这时展现生活中常见的事例一下子拉近了课本和实际生活的距离，再去感受"计较城"的生活，让学生去对比，这样学生就比较容易接受，在此基础上，进一步引导学生认识到宽容并不意味着事事都可以原谅，宽容是有限度、有原则的，把课堂的学习延伸到生活中，让生活中的例子再现到课堂中。

本节课教学中也有遗憾，有些学生不愿意说出自己的真实想法，对于宽容只停留在口头上，未必会落实到实际生活中等问题，在教学时还需下苦功倾听学生的内心，"宽容卡"活动需长期坚持。

优秀家风代代传

大连市甘井子区春田小学　孙小竹

一、课程基本信息

主讲课程：道德与法治

使用教材版本：人民教育出版社2018年版

教材章节出处：《道德与法治》五年级下册第一单元第三课《弘扬优秀家风》

二、教学设计概述

中华民族历来注重家庭、家教、家风，古语有云"天下之本在家"。党的十八大以来，习近平总书记对家庭、家教和家风建设有许多重要论述。他指出，千家万户都好，国家才能好，民族才能好。他强调，家庭是人生的第一个课堂，父母是孩子的第一任老师；有什么样的家教，就有什么样的人；家风是社会风气的重要组成部分。本课教学内容为《道德与法治》五年级下册第一单元第三课《弘扬优秀家风》第一课时，设计四个活动让学生理解优秀家风中蕴含着中华传统美德以及优秀家风对个人成长和社会良好风气形成的作用。

《义务教育道德与法治课程标准（2022年版）》中主题二"我的家庭生活"，以"加强沟通，与父母相互理解""共担家庭责任，共建美好家庭""探寻、传承家风"为逻辑主线。聚焦核心观点"让我们的家更美好"，通过"小家"到"大家"的大情怀、大视野，培养学生的健全人格。

《道德与法治》五年级下册第一单元《我们一家人》的结构如下图：

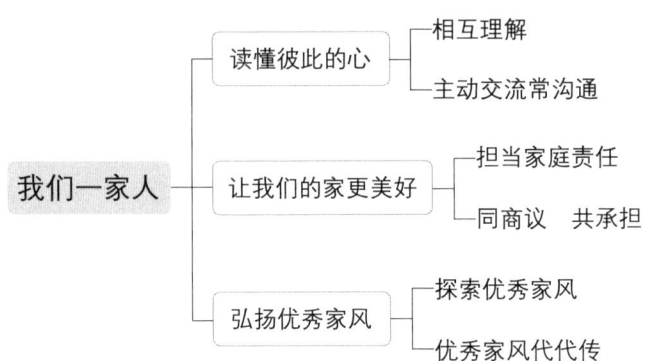

三、学情分析

家风一词对学生来说是比较陌生的，在学生的家庭生活中，听到的、接触到的家风是很少的，以至于在说到这个话题的时候，学生是带有些许茫然的。

经过对五年级所学课程的了解和对学生的日常观察得知，五年级的学生对于优秀家风缺乏认知。虽然部分学生从个体阅读等生活经验中对于相关知识略有知晓，但多数学生并不了解家风的含义与意义，需要借助更加直观、具体的事例加深他们对优秀家风的了解。

四、教学目标

1.通过收集资料、讨论交流以及观看视频，能比较准确地说出家风的含义，认识我国古代、近现代的家风典范，了解优秀家风的内涵及作用，对践行优秀家风的前辈们和榜样人物产生敬仰之情。理解"家庭是人生的第一个课堂，父母是孩子的第一任老师""家风是社会风气的重要组成部分"的真正内涵。

2.通过创设情境、分享、协商，懂得优秀家风对个人成长和社会良好风气形成的作用，清楚地知道家庭成员的责任，积极为家庭做力所能及的事，学会在家庭中平等商议，与家人共担责任，齐建美好家庭。

3.通过调查采访、记录分析，比较清楚地了解自己家族的家风和其中蕴含的中华民族传统美德，认同这些美德，健全自身人格。坚持从自身做起，从小事做起，传承和弘扬优秀家风。

五、教学重点难点

（一）教学重点

1.理解家风的含义与重要性：了解家风是指一个家庭或家族长期形成的传统、价值观和行为规范，对个人的成长和社会发展具有重要影响。

2.认识优秀家风的特征：优秀的家风通常包含诸如勤劳、诚信、孝顺、友善等品质。了解这些品质在个人和社会生活中的积极作用。

3.培养践行优秀家风的意识：通过学习和活动实践，认识到自己作为家庭成员，有责任传承和践行优秀家风，将其融入日常生活和学习中。

（二）教学难点

1.深入理解家风对个人成长的影响：由于年龄较小，可能难以深刻体会家风在个人性格塑造和价值观形成中的长期作用。

2.激发家庭责任感和传承意识：体会优秀家风蕴含着中华传统美德，理解优秀家风是国家发展、民族进步、社会和谐的基础，从思想上树立起学习和传承家风的自觉意识。

3.将理论知识与实际行动相结合：优秀家风的理论知识转化为日常生活中的实际行动，具备一定的自我管理和自我约束能力。

六、教学设计总休思路

（一）大单元的教学思路

本单元从家庭生活中最常见的问题情景案例切入，逐渐过渡到理解和践行和谐家庭中的四大要素中，最后落位于优秀家风；立足家庭，却立意国家和民族；从小家放眼大家，展现了由家到国的大视野、大情怀。在探寻优秀家风中，感悟蕴含在家风中的传统美德，体味家风优秀不仅促进个人、家庭和社会的进步，它还是国家发展、民族进步、社会和谐的基点。

（二）本课的教学思路

本课两个话题从认知和实践两个层面帮助学生认识家风、传承家风，引导学生从更广阔的层面理解"家风"的含义。通过教师指导学生收集、整理、分析资料，了解家风的含义；接着，通过讨论交流、分享展示、讲故事、访谈等方式，学生学习优秀家风并体会其中蕴含的中华传统美德，认识和理解优秀家风的重要作用；课后，家校合作，引导学生实践优秀家风。通过分享家风故事活动让学生进一步理解自家家风的内涵，以及自家的家风对自己的教育作用，包括个人言谈举止、为人处世、品格修养等方面产生的影响，从个人成长的角度，体会优秀家风的价值。

七、教学过程

（一）教学流程设计

环节一：激趣导入，引出家风

教师活动：

1.出示哪吒和灵童二人图片和简介。

2.引入课题：电影中魔童和灵童的不同选择造就了他们不同的人生。而他们之所以会做出不同的选择，是因为家风的影响。哪吒父母以良好的家风塑造着哪吒的人格，影响着他的选择。

学生活动：

1.观看图片，了解家风的含义。

2.感知家风是一个家庭或家族世代相传的风尚，是长期生活实践中不断形成的家庭文化。

设计意图：引出课题，初步感知家风的含义和影响。家风是一个家庭或家族世代相传的风尚，是长期生活实践中不断形成的家庭文化。

环节二：了解家风，引发家训思考

教师活动：我们回到300多年前的清初时期，这时诞生了一部脍炙人口的经典家训《朱子家训》。同学们，家训是家长垂诫子孙，引导家人坚守德行的一种言行准则。《朱子家训》中的很多内容传承至今，已成为我们家庭教育中的座右铭。

1.视频介绍《朱子家训》。

现在请同学们读一读，把其中印象最深的一句抄录下来，想一想，给了你什么启示，用笔写下来吧。

2.积累家训，激发兴趣。

介绍清李毓秀《弟子规》、宋袁采《袁氏示范》、清曾国藩《曾国藩家书》等都是家风家训的著作。

像这样的名言警句还有很多，你们在生活中见过吗？（学生的预习成果展示）

3.介绍家书家训，感受榜样的力量。

展示三份家书，分别是林觉民《与妻书》、聂荣臻写给父母的家书、解放军战士查茂德写给妻子的家书，感受革命先辈留下的家书的特点和力量。

边读边思考：从中体会到了哪些优秀家风？这三封家书中值得学习的精神是什么？

在培育良好家风方面，先辈们为我们做出了榜样，这几封家书让我们感受到在不同时代他们共同的家国情怀——无私无畏，为革命事业付出全部！

学生活动：

1.抄写家训，记录启示。

了解朱子家训的内容及其含义，能通过家训勾连自己的生活启示，动笔记录生活启示。根据课前布置的预习任务，学生课前收集了古人的家训名言，并能说出其含义。先在小组中交流分享，后在班级进行交流。

2.联系生活，小组分享。

组内讨论生活中的场景，充分联系生活实际，交流分享生活中常见或常听的名言警句。在小组中交流和分享家训名言警句的含义。

3.阅读三封家书，总结革命先辈家风的具体内涵和精神。

设计意图：从先辈的家书家训中感受牺牲个人、献身革命，为国家、为民族不计自己和家庭得失的家国情怀。家风的传承过程中，家训是极其重要的一环，而家书与家训、家谱、家约、家礼、家规等环环相扣，互为补充，为家风增添了丰富的内涵。

环节三：家风访谈，弘扬家风

教师活动：时光列车带我们回到了新时代的中国，今天，在我们普通人的家中有着什么样的家风呢？我们来看一段公益广告。

1.观看公益广告"给妈妈洗脚"等，感受不同时代家风的传承与发扬。

2.了解我们身边的家风。

播放三位学生分别采访爷爷、妈妈、爸爸的视频，根据回答填完表格。利用希沃白板的电子交互技术，直接拍照展示学生的学习成果。

学生活动：观看预习时的采访视频，在观看的时候填写采访表格。能够从视频中提炼出几个关键词语代表家风中的美德。例如：尊老爱幼、勤俭持家、知书达礼、遵纪守法等，融入到生活之中，生活中无时无刻不在延续家风，传承美德。

设计意图：时代在变，但家风的传承不变。优秀的家风、优秀的中华美德已经传承在我们的日常生活中，如尊老爱幼、勤俭持家等，生活中无时无刻不在延续家风，传承美德。

环节四：家风传承，身体力行

教师活动：

1.家风需要从小事做起。

好家风不是一朝一夕形成的，需要从长辈开始，言传身教，需要吸取中华优秀家风的营养。让我们一起来看一看"九〇后"女孩高荣是怎么做的。（出示"阅读角"内容"爸爸，让我做您的大树"）

2.学习上、生活中你将如何传承家风？

家风的传承不是一句口号，而是落在我们的日常生活中。谁能联系自己的生活实际来分享你的传承家风之举？

学生活动：

1.家风需要以行动诠释。

阅读"阅读角"，体会高荣身上孝顺父母、尊敬长辈的优秀品质，传承中华民族的传统美德是每个人的责任。

2.资源拓展，行动践行家风。

联系学习、生活等方面的真实情景，让学生联系生活实际说说如何将传承家风落实到自己的实际行动之中。

设计意图：优秀家风的理论知识转化为日常生活中的实际行动，知道优秀家风在个人成长和社会风气方面的作用，坚持从自身做起，从小事做起，传承和弘扬优秀家风。

（二）课堂小结

正是好家风代代相传，好党风辈辈延续，家国情怀有了最动人的表达，感染着我们把家国大爱记在心间，薪火相传。

家庭是我们梦想启航的地方，每个小家的家风汇聚成中华民族大家庭的家风。无论时代如何变化，优秀家风都是国家发展、民族进步、社会和谐的基础。

（三）板书设计

弘扬优秀家风

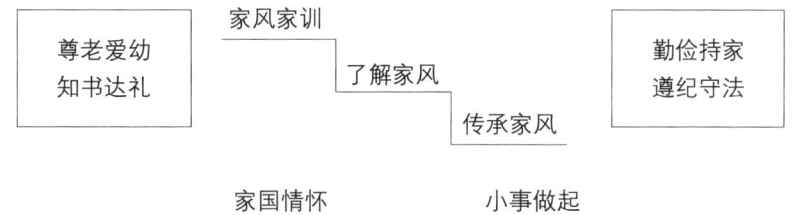

（四）作业设计

1.填写《做优秀家风的宣传者》学习单。

做优秀家风的宣传者
家风是社会风气的重要组成部分，体现在我们的行为规范中。家风好，家道兴。了解家风，学习家风，可以更好地传承优秀家风。
父母教会我：
我家的家风故事：
我国古代有着极为丰富的家训家规，其中很多广为传播，对后人的思想和生活产生了深远的影响。
不同历史时期的家训：

续表

不同历史时期的家风故事：
小结：优秀传统美德需要传承，弘扬优秀家风，涵养德与行，从小事做起，优秀家风代代相传。
自评：☆☆☆☆☆
互评：☆☆☆☆☆

2.用相机或画笔记录，传承经典。

（1）用画册的形式定格不同时期优秀家风的内涵。评价他人时，自我意识提高，把被动接受变成主动思考，为自己的德行提供参考。

（2）拿起手机，拍一拍自己的家风故事小视频，用视频的形式记录身边好家风。

（五）参考资料

1.人民教育出版社课程教材研究所、小学德育课程教材研究开发中心：《义务教育教科书 教师教学用书 道德与法治 五年级下册》，人民教育出版社，2018年。

2.姚春平：《统编小学道德与法治教科书 教学设计与指导 五年级下册》，华东师范大学出版社，2021年。

3.中华人民共和国教育部：《义务教育道德与法治课程标准（2022年版）》，北京师范大学出版社，2022年。

八、教学总结与反思

优秀家风是一个家庭或一个家族世代相传的风尚，是长期的生活实践中不断形成的家庭文化。优秀家风、中华传统美德精粹滋养了一代代中国人。本堂课的重点在于让孩子认识优秀的家风，理解家风对于人生的重要性。在实际教学中，采用了多种教学方式，如引导式、交流式等。通过这些方式，孩子能够更好地理解家风的概念和作用，逐步了解到家风中的美德及它在日常生活中的具体体现。教学实践中，学生的积极性较高，理解能力也有所提高，整个教学过程中，学生自主性、互动性好，操作性强等优点得到了极大的发挥。

　　五年级的学生自主学习的能力有了一定的提高，学生能通过课堂学习和课后阅读书籍收集优秀家风的相关资料和故事，更好地了解和体验自己家庭的家风，弘扬优秀的家风。但家风对于五年级小学生来说是比较陌生的，虽然部分学生从个体生活经验中对于相关知识略有知晓，但多数学生对于家风的含义及意义并不能真正了解，因此教师要借助更加直观、具体的事例和课件视频加深学生对优秀家风的了解。

立足思政课堂　传承中华文化

大连市西岗区新石路小学　林　琳

一、课程基本信息

主讲课程：道德与法治

使用教材版本：人民教育出版社2019年版

教材章节出处：《道德与法治》四年级下册第四单元第十课《我们当地的风俗》

二、教学设计概述

1.基于儿童立场的对话教学让道德与法治学习真实发生

（1）凸显学生学习的主体地位。道德是人为了满足自己的发展需要主动去选择和创造的，道德的本质是对话。在对话的道德教育过程中，师生之间的交流与互动，让学生在参与中主动学习、发现问题、解决问题，从而使学生成为学习的主体。

（2）促进学生道德的自我建构。对话有利于促使主体间道德经验的交流，对现有的价值规范进行自主思考，并在自我反省和批判性理解的基础上做出理性抉择，最终发展自我道德判断的能力，完善自我的道德人格。

（3）关注学生道德的个性发展。对话的道德教育以"成人"为其根本目的，以学生的精神需要与满足为前提，在对话理念下，道德教育致力于创造条件，满足学生的交往愿望和情感需要，促进了学生的个性化学习，使学生的道德得到个性发展。

（4）实现师生道德的共同发展。在对话的道德教育中，师生双方在共享中相互造就，共同成长。通过对话，学生的教师和教师的学生不复存在，取而代之的是"教师式学生及学生式教师"。教师不再仅仅去教而且也通过对话被教，学生在被教的同时，也同时在教。

2.体现"爱家乡"主题教育目标进阶

政治认同是社会主义建设者和接班人必须具备的思想前提，道德修养是立身成人之本，法治观念是行为的指引。小学道德与法治教材内容设置由第一学段二年级上册第四单元《我们生活的地方》引导学生对家乡物产及其变化等有初步的感知和了解的基础上，循环上升到第二学段三年级下册第二单元《我在这里长大》，帮助学生建立一种空间概念，具象化地了解家乡，增进对家乡的热爱。本单元在此基础上，侧重从家乡的文化形态与家乡整体发展变化的角度，提升学生对社区和家乡生活领域的社会性学习。

三、学情分析

四年级的学生已经具有一定的主观意识，他们对生活充满了好奇心，通过第一学段和第二学段三年级"爱家乡"主题的学习，他们对家乡有一定的了解，更加关注家乡的发展和变化。相比家乡的物质形态而言，家乡的文化形态更为抽象，四年级学生对其感受和认知并不深刻。对他们来说，与其成长息息相关的尊老爱幼风俗、生肖风俗，是他们较为熟悉的，但他们往往忽略这些风俗与他们生活的密切关系，也很少会主动思考蕴含在这些风俗中的多样情感，更不会主动体会风俗中所体现的中华优秀传统美德，需要在教师的引导下，借助生活经历（经验）发现风俗与生活的关系，并探究风俗背后的寓意、传统美德。

四、教学目标

1.了解中华传统文化中独特的"十二生肖"风俗。

2.感受与自己的成长和生活息息相关的风俗及所承载的美好祝愿和传统美德。

3.了解本地区的尊老风俗，加深对中华优秀传统文化的认同与理解。

五、教学重点难点

（一）教学重点

通过交流伴随自己成长的风俗、生活中的生肖元素，发现风俗与生活之间的关系。

（二）教学难点

感受在风俗中蕴含的意义和传统美德，加深对我国优秀传统文化的认同与理解。

六、教学设计总体思路

本单元由三课组成，是家乡主题的循环单元，侧重从家乡的文化形态与家乡整体发展变化的角度，提升学生对社区和家乡生活领域的社会性学习。本单元的学习为学生核心素养的培育提供了场域，热爱家乡、热爱中华民族、热爱中华文化是政治认同的表现特征，也是关乎学生的成长方向和理想信念确立的核心素养；从具体行为中认识美德的重要性，对个人修养提高、社会和谐安定有着重要的意义，是社会主义核心价值观倡导的内容，也是培育学生的道德修养，传承中华民族传统美德，弘扬民族精神和时代精神的核心素养，对增强国家认同感和民族自豪感，学习和传承中华民族的优秀传统文化有着巨大的影响。本单元体现了核心素养中"政治认同"（家国情怀）、"道德修养"（家庭美德）、"法治观念"（守法用法意识和行为）的培育。本单元的学习一方面帮助学生认识家乡风俗、民间艺术对自己生活的影响，另一方面引导学生理性看待家乡的风俗，关注家乡民间艺术的发展与衰落问题，培养他们对家乡发展的忧患意识与公共参与意识。单元学习的落脚点在于引导学生通过自己的调查，切实感受和客观认识家乡发展中存在的问题，激发他们参与家乡建设的积极性，能以建言献策的方式参与到家乡建设中，以此帮助学生成为家乡发展的积极关心者、参与者和建设者，让学生通过学习形成正确价值观，坚定正确的政治方向、文化自信。本单元有两个层次，为分总关系。前两课从家乡的风俗和家乡民间艺术这样两个不同的角度来谈家乡，引导学生了解当地的风俗及其蕴含的意义，理性看待风俗的演变；了解全国各地和当地的民间艺术，认识民间艺术的价值和民间艺人的聪明才智，并能够积极投身于民间艺术的保护之中。最后一课立足家乡整体发展变化，引导学生通过调查活动，既感受到家乡发展带来的巨变，又认识到家乡发展过程中存在的问题，并提出有针对性和可行性的建议。

七、教学过程

（一）教学流程设计

环节一：话题激活探究兴趣

教师活动：

1.提问：提到风俗，你想到什么？

2.引发思考：风俗有什么特点？

学生活动：

1.回答问题。

2.思考特点。

教室活动：小结：风俗就是社会上长期形成的一些相对固定的风尚、礼节和习俗，我们中国历史悠久，很多传统文化都是这样在传承中慢慢形成的，风俗就在我们的生活中。

设计意图：开课伊始，让学生分享自己所了解的风俗，唤起学生已有的生活经验，感知风俗就在生活中，就在我们身边，初步体会风俗与我们的生活息息相关，激发学生对风俗的探究兴趣。

环节二：爱幼风俗伴随成长

教师活动：

1.引导：在我们的成长过程中还有哪些风俗伴随我们成长呢？（登录西岗智慧教学平台—作业墙）我们一起来看课前调查情况。

2.提问：说说这是什么风俗？描述下当时的情景或者调查这些风俗时，家里的长辈是怎么描述当时的情景的。

3.追问：在这些风俗中蕴含着父母长辈什么样的情感？

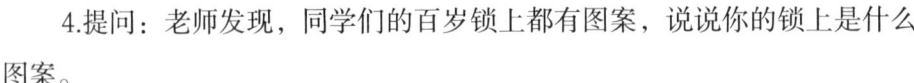

4.提问：老师发现，同学们的百岁锁上都有图案，说说你的锁上是什么图案。

5.追问：关于生肖风俗，你们有哪些了解？

6.引读：关于"十二生肖"的风俗，教材中也为我们提供了阅读资料，请大家打开教材73页"阅读角"。

7.引发思考：如果现在你有一个和这些古代文人面对面的机会，你想对他们说什么？

8.展示胎毛笔，引导学生观察笔杆上的题词。提问：你们知道父母怎么会想到为你们制作胎毛笔吗？

9.拓展：胎毛笔又被称为"状元笔"。

10.小结：每个地方都有独特的风俗，这些风俗和我们的生活密切相关。在这些风俗中，同学们感受到了来自父母长辈的爱和期许，这些风俗中蕴含着爱幼的传统美德。

学生活动：

1.展示课前调查："抓周仪式"视频、"过生日吃面"照片、"满月宴"照片等。

2.说出"风俗"的名称，根据自己的经历或课前调查描述当时的情景。

3.体会这些风俗中蕴含着长辈对自己的美好祝愿、期盼和关爱。

4.通过观察长命百岁锁上的图案发现蕴含在风俗中的生肖元素。

5.根据已有的知识和经验说出自己知道的生肖风俗。

6.阅读教材73页"阅读角"，勾画感兴趣的内容。

7.体会中华先民的智慧。

8.观察胎毛笔，根据学习和课前调查，说出胎毛笔所蕴含的父母长辈对自己寄托的美好祝愿。

9.体会伴随自己成长的风俗中所蕴含的中华传统美德——爱幼。

设计意图：从学生很熟悉的成长中的风俗入手，通过探究"生日里的风俗""满月宴里的风俗""十二生肖里的风俗"以及其他伴随成长的风俗，引发学生兴趣的同时，让学生感受风俗具有的丰富内涵，体会风俗包含的美好祝愿是从我们每个人出生就开始的，感受风俗与生活的息息相关，承载着美好的祝愿，体现中华传统美德，进而产生热爱中国风俗文化的积极情感。

环节三：尊老风俗传承美德

教师活动：

1.提问：老人过生日还有一个专门的词叫"祝寿"，你知道给老人祝寿有哪些风俗？

2.播放视频：各地给老人祝寿的风俗。

3.引发思考：各地都有给老人祝寿的风俗，这些风俗要表达人们什么样的情感？

4.根据生活经历，交流给老人祝寿的风俗。

5.了解不同地方给老人祝寿的风俗。

6.体会"祝寿"风俗里蕴含的多样情感，懂得祝寿风俗体现了中华传统美德——尊老。

小结：我国早在3000多年前，就有为老人祝寿的风俗了。祝寿的风俗代代相传，蕴含其中的尊老敬老的传统美德也随之被传承了下来。风俗中不仅有美好的祝愿，有爱幼的美德，还有尊老的传统美德。

7.组织小组活动：寻找身边的尊老风俗。

活动要求：

（1）交流在我们身边有哪些尊老风俗。

（2）完成小组学习任务单，做好汇报准备，组织小组交流汇报。

小结：随着时代的发展，生活中还出现了老人专座、老人专用通道等新事物，微信、支付宝等软件进行了适老化处理，方便老人使用。时代在变，生活在变，不变的是人们真挚的情感、美好的祝愿和生生不息的传统美德。尊老敬老的传统美德已经融入我们的日常生活，烙印在我们中国人的心中。

学生活动：

1.根据生活经历，交流给老人祝寿的风俗。

2.通过视频了解不同地方给老人祝寿的风俗。

3.体会"祝寿"风俗里蕴含的多样情感，懂得祝寿风俗体现了中华传统美德——尊老。

4.交流祝寿风俗。

5.了解祝寿风俗。

6.体会风俗中体现的中华传统美德。

7.默读小组活动要求并开展学习。

8.体会尊老敬老传统美德与生活之间的关系。

环节四：课堂总结

教师活动：

1.提问：说说这节课的学习收获。

2.小结：今天我们了解了很多伴随我们成长的风俗，可以说从出生到年老，风俗伴随着我们的一生。它已经融入我们的生活，与每一个人息息相关。它寄托了人们美好的祝愿，承载了中华民族的传统美德，让人们的生活更加和谐美好，有滋有味。还有很多风俗，蕴含在我们传统节日之中，请同学们课后找一找蕴含在传统节日里的风俗，下节课我们再继续交流探究。

学生活动：

1.回顾梳理课堂内容。

2.明确课后作业。

设计意图：学生结合自己的学习收获来梳理本课的学习内容，引导学生在回顾学习的同时，梳理伴随我们成长的风俗，并感悟这些风俗中蕴含着我们的情感，承载着我们的传统美德。总结部分提出除了这些伴随我们成长的风俗之外，还有很多传统节日中的风俗，引发学生对其他风俗的学习兴趣，为下节课做铺垫。

（二）课堂小结

今天我们了解了很多伴随我们成长的风俗，可以说从出生到年老，风俗伴随着我们的一生。它已经融入我们的生活，与每一个人息息相关。它寄托了人们美好的祝愿，承载了中华民族的传统美德，让人们的生活更加和谐美好,有滋有味。还有很多风俗，蕴含在我们传统节日之中，请同学们课后找一找蕴含在传统节日里的风俗，下节课我们再继续交流探究。

（三）板书设计

生肖　爱幼　尊老

10 我们当地的风俗

关爱　美好祝愿　尊重

（四）作业设计

找到蕴含在传统节日中的风俗。

（五）参考资料

1.人民教育出版社课程教材研究所、小学德育课程教材研究开发中心：《义务教育教科书　教师教学用书　道德与法治　四年级下册》，人民教育出版社，2019年。

2.中华人民共和国教育部：《义务教育道德与法治课程标准（2022年版）》，北京师范大学出版社，2022年。

八、教学总结与反思

本课共四个活动，依托智慧教学平台，借助授课工具、移动教学终端，引导学生交流伴随自己成长的风俗，感受风俗与自己生活的密切关系，探究这些风俗所蕴含的美好祝愿和传统美德，加深了对我国优秀传统文化的认同与理解，有效地实现了课程的育人价值。

1.借助学习资源，提高道德敏感性。本课课前设计了前置性学习任务"找找伴随自己成长的风俗，与家长共同回忆经历过的风俗"。学生在调查过程中不但收集了学习资源，知道了伴随自己成长的风俗，还了解了当时的情景，初步感受到在这些风俗中蕴含的长辈对自己关爱和美好期盼。学生课前收集的资源，极大地丰富了教材内容。课上借助资源，激发了学生的学习兴趣，引导他们在具体情境中去回望生活，去自觉主动地思考，风俗中所蕴含的寓意和传统美德，提高了学生的道德敏感性。

2.基于儿童立场，创设对话。话题教学中，努力从儿童的视角出发，充分利用多种学习资源来创设话题，对话由师生和生生对话，拓展到学生与教材对话、与资源对话、与自我对话中。对话不但注意营造儿童文化，还增强了趣味性，帮助学生感受伴随自己成长的风俗中所寄托的长辈对晚辈的美好祝愿、为长辈祝寿中所蕴含的晚辈对长辈的美好祝愿和尊重，体会到爱幼、尊老的中华美德代代相传的优秀传统，使学生加深了对我国优秀传统文化的认同与理解。

3.依托授课工具，改变学习方式。本课教学中，没有灌输价值观，而是价值说教转向价值探究，让学生在充分探究的基础上，借助区域智慧教学平台，充分利用授课工具，如投屏、聚焦、放大、勾画等功能，创设任务情境或问题情境，激发学生主动学习和探究的兴趣，自然而然地得出本课应习得的价值观。

立己达人的仁爱精神

铁岭凌源市朝阳街小学　杨　辉

一、课程基本信息

主讲课程：道德与法治

使用教材版本：人民教育出版社2019年版

教材章节出处：《道德与法治》五年级上册第四单元第十课《传统美德源远流长》

二、教学设计概述

《传统美德　源远流长》是教材第四单元"骄人祖先　灿烂文化"主题中的第十课，本课有三个板块："自强不息的人格修养""立己达人的仁爱精神""天下兴亡、匹夫有责的爱国情怀"。这三个话题是与《完善中华优秀传统文化教育指导纲要》中的"人格教育""社会关爱教育""家国情怀教育"相对应的，也是根据《完善中华优秀传统文化教育指导纲要》的要点选取的。

本教学设计是第二框话题"立己达人的仁爱精神"。在内容上遵循递进模式，即呈现了从"以己度人"到"推己及人"，再到"民胞物与"这样一个精神境界不断提升的线索。教学中选取了仁爱、宽容、敬老等方面的故事及相关传统美德格言，引导学生通过探究活动，体会传统美德在处理个人与他人、个人与社会、个人与自然的关系方面的智慧，并在生活中践行。

三、学情分析

五年级是小学的高年段，他们的生活范围不断扩大，具备一定的辨别是非能力。在他们的成长过程中，不断潜移默化地接受着中华传统美德的熏陶，也接受来自学校和家庭的中华传统美德教育。因此，大多数学生心存善念、理解他人、尊老爱幼、乐于奉献、热心公益慈善。他们愿意主动帮助他人，尊敬长辈，体现着一种积极向上的道德追求。但是，也有少数学生在与同学交往的过程中缺乏宽容心，欠缺严于律己、宽以待人的意识。因此，对学生进行立己达人的仁爱教育是极为重要的。

四、教学目标

（一）知识与能力

1.知道立己达人是儒家的重要思想，是仁爱的重要原则。

2.懂得宽容是仁爱的重要表现，在与人交往时要严于律己、宽以待人。

3.培养学生的领悟和理解能力。

（二）过程与方法

1.通过阅读猜想、情景表演，懂得宽容是仁爱的重要表现，能够以立己达人的心态与人交往。

2.通过收集资料、分享资料，并以故事、格言为载体讨论探究，感悟发扬仁爱精神要推己及人。

3.通过观看视频，激发学生向往民胞物与的精神世界。

4.通过制定践行立己达人的仁爱美德计划，培养学生实践能力，着力完善道德品质，培养理想人格，提升人文素养。

（三）情感、态度与价值观

培养以立己达人的心态与人交往的能力，激发内心向往民胞物与的精神境界，感受人间大爱。

五、教学重点难点

（一）教学重点

1.引导学生懂得立己达人的仁爱精神，能举例说出中华传统美德在社会关爱方面的具体表现。

2.体会中华传统美德格言的意蕴，能以立己达人的心态与人交往，传承中华传统美德。

（二）教学难点

培养学生以立己达人的心态与人交往，着力完善学生道德品质，提升人文素养，进而认同和践行中华传统美德。

六、教学设计总体思路

教学中，我依循从"以己度人"到"推己及人"再到"民胞物与"这一思路展开。首先通过阅读猜想、情景表演来激发学生的兴趣，感知什么是"立己达人"的仁爱精神。然后根据经典故事、经典格言进行动画播放、小组探究、汇报交流等活动，懂得宽容是仁爱的重要表现，在与人交往的时候要严于律己、宽以待人，真正做到推己及人。接下来通过阅读"阅读角"以及观看班级相册，讲亲身经历和亲眼看到的事，明白什么是民胞物与，如何做到民胞物与。最后总结升华，布置实践性作业。通过制定立己达人的仁爱美德计划，培养实践能力，着力完善学生道德品质，培养理想人格，提升人文素养。

七、教学过程

（一）教学流程设计

环节一：在阅读猜想、情景表演中感知"立己达人"

教师活动：

1.同学们请看大屏，读一读这句话，猜一猜这两句话分别是谁说的？

2.是的，第一句话是习近平总书记说的，第二句话是孔子说的。你对孔子了解多少呢？（出示孔子简介）我国最伟大的教育家孔子最推崇的是一个"仁"字，这节课我们就来了解一下仁爱精神！（板书：仁爱精神）

3.前几天，学校发生了这样一件事，请看大屏幕。（具体内容：小明去上体育课在走廊猛跑，在楼梯拐角处与来办公室找老师的小刚相撞，还好，谁也没撞坏）以你的生活经验来看，这两位同学会发生怎样的事情呢？同桌交流后表演。

4.引导：通过对这件事情的讨论，你懂得了什么道理？

5.小结：面对同一件事情，不同的处事方法会导致不同的结果。"严于律己、宽以待人"体现了对他人的宽厚、仁慈与爱护，这就是我们通常所说的"宽容之心"，是儒家仁爱思想的重要表现。以"宽容之心"与人相处，人际交往更加和谐、融洽，这就是孔子的仁爱思想。

6.其实这样的故事很多，请看大屏幕。播放《朱冲还牛》视频，这个故事讲了什么事？朱冲是怎么做的？反映了朱冲怎样的品质？

7.在中国历史上具有宽容仁爱之心的人你们知道的还有哪些呢？将你收集的人物和故事与同学分享。

8.人物故事能体现仁爱思想，有些名言也体现了仁爱思想。请同学们读一读这句名言，想一想这句名言是什么意思？

课件出示孔子的名言："己欲立而立人，己欲达而达人。"

9.点拨：这句话演变到现在已经变成了一个词语，就叫作"立己达人"。而立己达人这个词也就代表着孔子的仁爱精神。（板书：立己达人）那什么是"立己达人"的仁爱精神呢？

10.评价："仁爱"其实倡导的就是人与人之间和谐的关系，只有自下而上都能仁爱遵礼，社会才能稳定、人民才能安居乐业。

学生活动：

1.朗读大屏幕上出示的两句话。

"深入挖掘和阐发中华优秀传统文化讲仁爱、重民本、守诚信、崇正义、尚和合、求大同的时代价值，使中华优秀传统文化成为涵养社会主义核心价值观的重要源泉。"

"三人行，则必有我师焉。择其善者而从之，其不善者而改之。"

2.猜一猜，汇报答案。通过简介了解孔子。

3.同桌交流并表演。

预设：

（1）小明和小刚会"争吵"起来。

推测理由：他们两个人都站在自己的角度思考问题。

（2）小刚会"宽容"小明。

推测理由：他们在处理问题的时候，都表现出对他人的宽容以及对自己的严格。

4.全班交流。

5.读名言，结合教师所出示的释义，初步了解这句名言的意思。

6.观看《朱冲还牛》视频。

7.分享调查资料。

8.阅读名言，理解意思。

9.思考并回答。

预设：在自己谋求生存与发展的同时，也要帮助他人生存与发展，这就是传统美德中"立己达人"的仁爱精神。

设计意图：良好的开端是成功的一半。首先通过阅读猜想活动，激发学生的兴趣。同时，通过古代圣贤孔子对"仁爱"一词的提出和现代著名人物对"仁爱"一词的运用，这种时代价值，这种中华优秀传统文化成为涵养社会主义核心价值观在学生心中有了烙印。然后，通过学生贴近生活的情景表演，明白宽容就是仁爱的一种表现，在此基础上看视频、读孔子的名言，理解意思，明白什么是"立己达人"的仁爱精神，这样会达到深入浅出、水到渠成的效果。

环节二：在讨论探究、视频分享中感悟"推己及人"

教师活动：

1.引导：孔子的仁爱思想有多种层次，"己所不欲，勿施于人"便是其中的一种层次，小组之间讨论这句话的含义，并根据含义完成"活动园"中的内容。

2.播放动画视频《将心比心》。想一想：你有什么感受？

3.引导：在生活中，你经历或者看见过"己所不欲，勿施于人"的事例吗？和小组的同学一起说说吧！

4.全班分享。

5.小结：用自己的心意去推想别人的心意，设身处地地为他人着想，是推己及人的表现。（板书：推己及人）无论是推己及人，还是将心比心，都体现了这样的价值观念："己所不欲，勿施于人。"那么，我们在日常生活中怎样才能做到推己及人、立己达人呢？说一说自己的理解。

6.点拨：从他人的角度出发，学会换位思考问题，人与人之间的矛盾就会减少，许多问题也会迎刃而解。正如《孟子·梁惠王上》所说："老吾老，以及人之老；幼吾幼，以及人之幼。"（出示课件）读名言，说意思。

7.推己及人，首先我们先要尊敬家里的长辈，从而推广到尊敬别人家里的长辈，爱护自己家里的儿女，从而推广到爱护别人的子女，这就是推己及人的精神，我们发扬仁爱精神，就是要推己及人。读一读"阅读角"《杜环侍老》这一则故事，了解故事的内容，进一步体会"老吾老，以及人之老；幼吾幼，以及人之幼"这句名言揭示的道理。

学生活动：

1.小组交流。

2.全班分享交流课件内容。

3.观看《将心比心》的故事，思考老师提出的问题。

4.分享交流。

预设：陆慧晓厌恶别人对他无礼，将心比心，那么他也不会对别人无理，这与孔子提出的"己所不欲，勿施于人"的思想是一致的。而这也正是孔子立己达人的仁爱思想的体现。

5.小组交流"己所不欲，勿施于人"的事例。

6.全班分享交流。

7.联系实际说一说在日常生活中怎样才能做到推己及人。

8.读名言，说意思。

9.读一读"阅读角"《杜环侍老》这一则故事，了解故事的内容，进一步体会"老吾老，以及人之老；幼吾幼，以及人之幼"这句名言揭示的道理。

设计意图：学生通过讲述自己生活中的事例，明白"己所不欲，勿施于人"的道理，并知道在日常生活中要发扬仁爱精神，就要"推己及人"，以"己所不欲，勿施于人"的原则为人处世。

环节三：在资料分享、制定计划中践行"民胞物与"

教师活动：

1.过渡：发扬仁爱精神不光是要着眼于自己，更重要的是宽容待人、推己及人。如果将这种仁爱之心推广到极致，就是"民胞物与"的精神。

2.请同学们自由读一读"阅读角"《民胞物与》，初步了解什么是"民胞物与"的精神，怎样才能做到"民胞物与"。（板书：民胞物与）

3.（播放图形课件）古人善于用仁爱之心来处理人与人、人与社会、人与自然的关系。其实，在我们日常生活中，同学们早已有意无意地践行着，我们一起来看看吧！

4.播放班级相册视频（本班学生关爱他人、关爱社会、关爱自然的片段）。

5.引导：看到自己在生活中关爱同学、家人、老师、朋友的身影，你有怎样的感受？

6.引导：在这段视频中，除了看到关爱身边的人，你还看到了自己对谁的关爱呢？

7.你收集了哪些《民胞物与》的故事？讲一讲，并说一说你从中感受到了什么。

8.小结：人与人之间的相处，需要每个人都有立己达人的仁爱精神，只有每个人都做到严于律己，宽以待人，人与人之间才能和谐共处。

学生活动：

1.阅读"阅读角"《民胞物与》。思考什么是"民胞物与"的精神，怎样才能做到"民胞物与"。

2.回答问题。

3.观看视频。

4.谈谈感受。

5.说一说自己对别人的关爱。

6.交流收集的故事并谈谈感受。

设计意图：通过阅读"阅读角"《民胞物与》，学生明白民胞物与的来历，并通过图形幻灯片让学生明白人与他人、与社会、与自然的关系，进而明白民胞物与是仁爱精神的升华。在播放班级相册、交流收集资料过程中，内化学生的行为，升华思想。

（二）课堂小结

同学们，通过这节课的学习，我们感知了立己达人的仁爱精神，知道了在人与人交往的过程中，要严于律己，宽以待人，要推己及人，这便是孔子的仁爱之心。只有人人树立这种仁爱之心，才能真正实现社会和谐。中华民族的传统美德源远流长，在实现中华民族伟大复兴中，传统美德永远是我们实现中国梦的精神动力！

（三）板书设计

10 立己达人的仁爱精神

（四）作业设计

1.向家人介绍孔子的仁爱思想。

2.为自己践行仁爱美德制定一份计划。

（五）参考资料

1.人民教育出版社课程教材研究所、小学德育课程教材研究开发中心：《义务教育教科书　教师教学用书　道德与法治　五年级上册》，人民教育出版社，2019年。

2.中华人民共和国教育部：《义务教育道德与法治课程标准（2022年版）》，北京师范大学出版社，2022年。

3.中华人民共和国教育部：《义务教育课程方案（2022年版）》，北京师范大学出版社，2022年。

八、教学总结与反思

本课围绕教学内容和学生的实际情况进行教学设计。基于学生的学习基础，采用灵活多样的教学方法创设问题情境，激发学习兴趣，引导主动学习。在为学生搭设发现自我、审视自我的实践平台时，借助情景剧表演，让学生进行道德选择与道德判断，并通过调查资料、说身边的事例、谈体会等内化行为，自主建构"严于律己、宽以待人"的道德认知。在教学过程中，教师以《将心比心》《杜环侍老》等历史故事以及名言为载体，引导学生在阅读的过程中，感受传统美德的历史内涵与文化内涵，助推学生的文化认同，并且通过制定计划，将践行美德由课内引向课外。

了解中国文字，传承千年文明

大连市甘井子区西城小学　贾　晶

一、课程基本信息

主讲课程：道德与法治

使用教材版本：人民教育出版社2019年版

教材章节出处：《道德与法治》五年级上册第四单元第八课《美丽文字民族瑰宝》

二、教学设计概述

1.《新课标》要求，课堂要价值导向清晰，学生知行要求明确，因此在课程设计中尽可能让学生主动参与。因为所执教的班级有一定的甲骨文字的学习基础，学生对于古文字构件并不陌生，而且知晓应该如何查找资料，因此大胆设计了学生收集资料、学生汇报的形式，目的在于更广泛地调动起大家的积极性，更有助于学生理解古文字，从而为课堂上向古文字的文化内涵迈进做铺垫。

2.核心素养内涵方面，主要为"政治认同"。政治认同具体是指学生对于中华民族、中国文化的情感。主要标准在价值取向上，要践行和弘扬社会主义核心价值观，增进中华民族价值认同和文化自信。在家国情怀上，能够通过对于文字历史的认识和学习，形成对祖国、对中华民族的文化的认同和热爱，从而在文化传承上有使命感。

3.《新课标》学段教学提示：参观博物馆或收集资料，了解中华优秀传统文化的代表性成果和我国的文化遗产。这部分内容我们安排在作业中进行，也是对于课堂内容的延伸和拓展，激发学生兴趣。

三、学情分析

五年级是小学的高年级段，学生具备一定的道德是非判断能力。但是这个年龄段的学生思想还不够成熟、不够稳定，需要教师在思想上进行引领和激发，才能将他们更好地导向于积极向上和热烈拥护国家民族文化的思想。

教学方法上，需要创设情境，以便更好地体会和理解文化的内涵和家国情怀。通过增加亲身实践的时间和次数，使学生理解更加深入。

知识储备上，五年级学生正是应该大量学习文化知识，吸收历史经验，广泛涉猎各学科知识的阶段。在文化传统的继承方面也是如此，学生应该通过接触甲骨文，理解古文字的基本知识，懂得古文字的基本构件和含义，从而更好地理解文字背后的文化内涵。

四、教学目标

《新课标》对五年级学段目标要求：了解中华优秀传统文化的主要代表性成果及其意义，为中华民族创造的文明成就感到自豪。教学内容要求：了解中华民族对人类文明的贡献，为中华民族创造的文明成就感到自豪，坚定文化自信。

鉴于以上的指导思想，制定本课目标如下：

1.通过观察字形，分析字义（学习情境），理解汉字字形与字义之间的关系（获得知识），感悟汉字中所蕴含的丰富的文化意义（习得能力），产生传承中华传统文化的意愿（达到效果）。

2.通过对甲骨文资料的查找和整理（学习情境），初步了解中国古文字的构成和内涵（获得知识），体会中华文化源远流长，博大精深，为中华民族的灿烂文化而自豪（达到效果）。

3.通过课上对甲骨文的学习和课后对文字博物馆的查询（学习情境），进一步感悟中华民族祖先的勤劳和智慧创造了优秀的文化成果，树立创新意识（习得能力）。

五、教学重点难点

（一）教学重点

1.通过观察字形，分析字义，理解汉字字形与字义之间的关系，感悟汉字中所蕴含的丰富的文化意义，产生传承中华传统文化的意愿。

2.通过对甲骨文资料的查找和整理，初步了解中国古文字的构成和内涵，体会中华文化源远流长、博大精深，为中华民族的灿烂文化而自豪。

（二）教学难点

1.布置好收集课前资料的小组分工以及查找资料的方法。

2.初步了解文字的历史，了解祖先的文化意识，从而产生对传统文化的热爱和文化自信。

六、教学设计总体思路

本课的设计由两大部分组成：第一是学生汇报课前准备的甲骨文资料，感受先民文化；第二是给出一组古文字，学生尝试辨认并小组合作理解字义，感受3000年前的祖先就有了强烈的道德意识，并且这种道德品质传承至今，从而体悟中华文化的博大精深和跨越数千年的传承。作业设计上也是有所思考的，课前教师准备了一段河南安阳的中国文字博物馆的介绍，引起学生兴趣，激发学生课后延展学习的动力。

七、教学过程

（一）教学流程设计

导语：中华民族5000年的文化源远流长，而汉字，就是中国文化传承的标志。习近平总书记也曾指出，殷墟甲骨文距离现在3000多年，3000多年来，汉字结构没有变，这种传承是真正的中华基因。

环节一：汉字来源故事展示，感受先民汉字文化之广泛

教师活动：按照上次课布置的收集"有趣的甲骨文"材料的任务，进行小组展示。

学生活动：一组汇报。

俗话说"民以食为天"，我们组收集的是甲骨文中的饮食文化。先说炊具，就是做饭的工具："鬲"是一层的，可以煮粥和烧水；"鬳""甗"是两层的，是蒸煮用的炊具。

鬲：

鬳、甗：

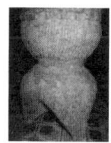

"鼎"最初是一种烹煮食物的青铜器皿，体积较大的鼎多用来煮肉，较小的则用来盛肉。到殷周时代，鼎就已经由炊器演变为祭祀等礼仪场合所使用的礼器。

再说盛装食物的器具："盂""監""盥"等各种与水有关的容器全都用"皿"来表示。你们看，"豆"这个青铜器和甲骨文写得很像，它不是食物，而是装食物的器皿。

皿、豆：

而"尊""爵""壶""罍"都是装酒用的，一般都是三条腿或者圆柱形的腿，看起来也很形象。

尊、爵：

教师活动：先请学生评价，然后由教师评价：先秦时期的古人不仅用

精巧的手艺创造出了陶器和青铜器来服务于他们的生活，他们还用各种汉字来给这些生活中的器具做了分类，让这些陶器不仅成为博物馆中的"活历史"，也让这些汉字成为文化史上亮丽的一笔。希望年轻的你们，也能具有这样的创新和钻研精神。

学生活动：二组汇报。

我们组的汇报是特别有趣的。请大家看一组图片来猜一猜，这些分别是哪些动物。

出示猛兽：虎、彘、兕、象

引导大家注意，"虎"强调了老虎的血盆大口，"彘"是一只被箭射穿的野猪，"象"突出了大象的鼻子，而"兕"意在突出类似于犀牛的动物头上的角。

出示小的禽兽：兔、豕、鸟、雀

"豕"强调了猪的肥壮，那个时候人们就已经开始饲养动物作为家畜。除了兔子，还有狗、鸡、牛、羊成为主要的饲养对象。"雀"字头上三点，表示"小"，所以古人说，大鸟为鸿，小鸟为雀。

凫：

"凫"下面是一只手，表示被人工驯服的野鸭。可见，人们对于禽类也开始驯服，他们大胆地和动植物进行接触，他们把马、牛、羊等都分出了很多很多的种类，可以看出他们是在不断地开创新的领域，丰富自己的生存环境，而且还不断地磨合和改进。通过查阅资料得知，那时候人们的平均寿命也就是三四十岁，而他们却留下了那么多记录，展现了那么丰富多彩的生活画卷。

教师活动：先请学生评价，然后由教师评价：据记载，生活在石器时代、青铜器时代的先民光是野兽就已经能够认识并分辨出30多种，并且开始驯化牲畜。人们还会细微地观察并记录这些禽兽的不同特点，他们非常有探索的精神，并且为后人留下了宝贵的资料。

学生活动：三组汇报。

我们组汇报的是先秦古文中的植物。

甲骨文中这棵柔弱的向上生长的植物，就是"草"，有趣的是，旁边的"莽"字，表示有狗出没在草中，表示野外的草地。

草、莽：

古人对于树的研究多于草，因为他们把树干标出来，就成为"本"或"朱"。

木、本（朱）：

两木并列，表示树木丛生，成为树林。树上长满了果子，是为"果"字；树上长满了叶子，表示古人多养蚕为生，希望桑树上面多多地长叶子。

林、果、桑：

教师活动：先请学生评价，然后由教师评价：你们看，树上的果子和叶子虽然看起来简陋，却是历史发展长河中不可磨灭的生命印记。桑树对于中国古人来说，并不是一棵普通的树，所以它的作用就永远地被镌刻在了文字中，而文字则让我们看到了数千年前的历史。

设计意图：这一环节极大地激发了学生的主动性，从选题到查字形、查字义，学生理解的汉字表意性已经超越了书本，并且在讲述的过程中，也会渗透对汉字内涵的认识。

环节二：读懂汉字背后的文化底蕴，感悟数千年来的道德传承

教师活动：

1.播放"李"字视频，共同认识"李"字的来源和"桃李"的内涵。

2.分组活动：开锦囊，识汉字。

（1）请各组打开第一个锦囊。

锦囊1内容："孝、伞、信、直、行、心"

（2）游戏任务：每人选择一到两个字先来辨认，然后和小组同伴进行交流。

（3）请打开第二个锦囊。

锦囊2内容：

孝：会意字，老人在上，小子在下。意为儿孙搀扶着老人，表示孝敬老人之意。

伞：象形字，挡雨的工具。

信：会意字，会人言有信之意。

直：会意字，下面是眼睛，上面的一条直线表示目光直视。后来引申为正直的意思。

行：会意字，四通八达的路。

心：象形字，心脏。后来引申为心思、思想。

（4）游戏任务：根据文字的释义（与锦囊1的文字一一对应）找到对应的汉字。

3.提问：在辨认汉字的过程中，你对汉字有什么新的体会？

4.小结：其实，先民在生存的过程中会遇到很多很多的困难，在温饱都不能保证的情况下，他们却在教导后辈要有正直、孝顺、互助、坦荡的品行，其实，"行"＋"直"＋"心"就构成了"德"。3000年后的今天，我们仍然还在接受祖先的教导，这种品德教育居然传承了3000年，这是全世界独一无二的文化传承，是我们永远应该引以为傲的文化自信！

5.播放视频《解密甲骨》。

学生活动：

1.认真观看，初步体会文字背后的意义的延伸和深化。

2.打开锦囊，先自行辨认再小组讨论。

3.汇报，对比幻灯片出示的正确答案。

预设1："孝"就是孩子要照顾长辈；"行"是人站在十字路口；"信"是人说的话要有诚信。

预设2："伞"下面站了四个人，表示为很多人遮风挡雨。"直"表示为人要直视，要坦荡，要正直。

预设3：字形和字义的关系非常密切，大部分可以猜出一点点，比如眼睛和伞。

预设4：很多字引申出来的意义都是教我们怎么做人。

预设5：古人造字的时候很有智慧。

设计意图：本环节通过识字的活动，一方面充分调动学生对汉字的兴趣，参与到学习活动中来，更深刻理解汉字的意蕴隽永；另一方面学生能认真地查阅、充分地思考、积极地交流。本环节意在帮助学生体会古文字中的道德观念，体会先民的品德意识，感受中华文化的道德根基，促进学生热爱中华文化，产生文化自信。

（二）课堂小结

1.2020年，国家启动"古文字与中华文明传承发展工程"，习近平总书记在河南殷墟考察时指出，中国的汉文字非常了不起，中华民族的形成和发展离不开汉文字的维系。

2.播放习近平总书记讲话视频。

3.希望年青一代的你们能延续5000年的文明火种，使中华文脉流淌不绝，让世世代代的中国人因为中华文化而骄傲。

设计意图：本环节通过习近平总书记的讲话，帮助学生不仅体会到汉字对中华民族的重要，而且体会到文字是中华文化的重要环节，是必不可缺

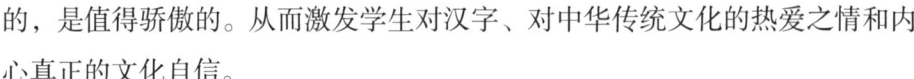

的，是值得骄傲的。从而激发学生对汉字、对中华传统文化的热爱之情和内心真正的文化自信。

（三）作业设计

1.继续查一查你感兴趣的汉字的甲骨文或金文的意义。

2.在河南安阳有一个中国文字博物馆，收藏了大量宝贵的文字历史资料，希望大家去博物院的官网看看，学习更多的汉字知识。

（四）参考资料

1.人民教育出版社课程教材研究所、小学德育课程教材研究开发中心：《义务教育教科书　教师教学用书　道德与法治　五年级上册》，人民教育出版社，2019年。

2.中华人民共和国教育部：《义务教育道德与法治课程标准（2022年版）》，北京师范大学出版社，2022年。

3.段瑾瑜：《汉字文化意蕴谈》，《河南商业高等专科学校学报》2004年第5期。

4.潘玮：《也谈甲骨卜辞蕴含的殷商祭祀文化》，《神州》2019年第12期。

5.陈炜湛：《甲骨文植物词语缀述》，《广东园林》2003年第1期。

网络资料：

1.《解密甲骨》，https://www.bilibili.com/video/BV1kx411B7t2.

2.《汉字趣谈：李》，https://www.bilibili.com/video/BV1R44y1y7Yy.

3.中华语文知识库，https://www.zhonghuayuwen.org/#/index.

4.汉语多功能字库，https://humanum.arts.cuhk.edu.hk/Lexis/lexi-mf/.

5.中国文字博物馆，https://www.wzbwg.com/.

八、教学总结与反思

本课实现了以学生为本，以学生活动为中心。学生充分参与并感受古文字的构字、内容和意义，为热爱汉字、热爱文化做了铺垫。

中华文化博大精深，本单元从文字、科技和美德这三方面展开。单纯学习古代的文字其实是枯燥的，这个课也是难上的。但是我们的最终目的不是会了多少字，而是了解文化。所以在这种清晰的目标指导下，我们的教学活动就更有方向。文字和文化的关联，体现在文字的创造性本身，但是学生往往会忽视；体现在文字所展现的先民生活，学生也不会自然地产生感受，需要教师去点透，因此也设计了第三个和文化的关联，就是文字的道德导向的意义，也是为单元的最后一部分"中华传统美德"部分做铺垫，形成前后的呼应，更好地感受文化的一体化、本源化。

课程中还存在很多的可改进之处，本课的三课时也是作为打开学生对于古文字兴趣的一扇窗，希望能激发学生继续学习和研究的动力。

中秋节，团圆夜

沈阳市皇姑区岐山路第一小学焕新校区　邵　鹏

一、课程基本信息

主讲课程：道德与法治

使用教材版本：人民教育出版社2017年版

教材章节出处：《道德与法治》二年级上册第一单元第四课《团团圆圆过中秋》

二、教学设计概述

《义务教育道德与法治课程标准（2022年版）》"政治认同"中明确规定："了解中华优秀传统文化的主要代表性成果及其意义，为中华民族创造的文明成就感到自豪。"基于这一课标要求以及对教材内容的研读，将"能够主动探究中秋节的文化习俗，感受中秋节的团圆内涵，热爱祖国的传统文化"作为主要的教学目标。故而本次教学设计了如下环节：

环节一：谜语激趣，导入新课。通过学生感兴趣的谜语进行导入，引导学生从日常生活众多的节日中直接想到印象比较深刻的传统佳节——中秋节，从而激起对中秋节相关文化知识探究的欲望。

环节二：探究新知，感悟体验。主要围绕了解中秋节、中秋的习俗、中秋话团圆和吟唱中秋夜四个活动展开。首先活动一：了解中秋节。教师通过在多媒体上呈现生活中的日历，学生观察日历找到中秋节时间的教学活动，调动了学生主动获取知识的积极性，体现了以生为本的课堂。接着教师提出关于中秋节，你还知道什么故事的问题，学生进入相互交流活动，通过讨论学生了解了有关中秋节的历史，感受到了这些故事都披着神秘色彩，蕴含着古老中国文化，代表人们追求幸福的美好愿景。为传承文化，人们都会庆祝中秋节，自然进入活动二：中秋的习俗。从学生自己家过中秋节的情景提问中秋节的习俗，既引起学生对中秋节习俗的了解，又是对学生生活的升华。在此基础上，带领学生观看祖国各地庆祝中秋的场景，感受文化的多元化。

活动三：中秋话团圆。在感受各地庆祝中秋的欢乐氛围中，教师播放中秋节仍奋斗在工作岗位的各行各业的人们不能回家团圆的视频，引发学生结合自身是否也有同样情况的思考，从而引导学生发自内心地表达美好祝福，在自然熏陶中自发地心存感恩，懂得珍惜。最后，活动四：吟唱中秋夜。学生朗诵咏月诗、展示书法、吟唱诗词，通过一系列的实践活动，达到学科融合，在唱、说、读、写中，渗透品德与生活的教育，在活动中，学生了解了丰富多彩的中秋文化，感受到祖国文化的博大精深，从而产生了强烈的民族自豪感，从而产生为传承民族文化而努力学习的责任感和使命感。

三、学情分析

中秋节是一个传统的节日，说到这个节日，学生一般对《嫦娥奔月》等中秋传说故事多有了解，对中秋节的习俗，如赏月、吃月饼，也都有过生活体验。但是学生年龄小，知识储备方面存在明显的不足，对中秋节有别于其他传统节日的文化内涵，缺乏更深入的了解，同时作为这次教学活动主体的他们，刚刚进入二年级，正是经历从以游戏为主到以学习为主的生活转变。他们还没有形成良好的学习习惯，有意注意的时间非常短暂，有意学习的意识比较薄弱，他们的学习和接受能力与中高年级相比存在较大差异，因此，本节课以儿童的眼睛去看待节日，通过猜儿歌、讲故事等各种活动加深学生对传统文化的初步了解，受到传统文化的熏陶，并增强他们的民族自豪感。

四、教学目标

（一）知识与能力

初步了解中秋的由来、传说和习俗，知道中秋节是我国的传统节日。

（二）过程与方法

通过资料收集和小组合作，学会探究、交流、分享，提高思维和语言表达能力。

（三）情感、态度与价值观

通过送祝福卡、书法展示、赛诗会、吟唱诗词等活动，体会家庭团圆、生活甜美的幸福，感恩节日里仍在职在岗的人们的奉献精神，激发学生珍爱亲情并热爱祖国的传统文化的情感。

五、教学重点难点

（一）教学重点

了解中秋节的由来、传说和习俗，知道中秋节是我国的传统节日，感受传统节日的魅力，理解中秋节的文化内涵，并能将这种文化内涵与日常生活事件联系起来，如吃月饼意味着对团圆的盼望；远在异乡的游子在这天望着天上的圆月是思乡等。

（二）教学难点

在"团团圆圆过中秋"的节日氛围中能够体会到家人之间的亲情，激发热爱祖国传统文化的情感，学会按传统的文化仪式来庆祝传统节日，愿意继承和弘扬中华优秀文化，做中华传统文化的践行者。

六、教学设计总体思路

在设计本节课时，考虑到二年级学生年龄小，有意注意的时间非常短暂，知识储备明显不足，对于传统文化的内涵不好理解等方面，为此，结合课标倡导的"主动、探究、合作的学习方式"，将"能够主动探究中秋节的文化习俗，感受中秋节的团圆内涵，热爱祖国的传统文化"作为主要的教学目标。在教学中，多媒体课件制作运用了影视制作中的3D动画来呈现动态的导入环节，可以更有效地吸引学生的注意力，激发学生对本课的兴趣；在小组交流时则应用了PA口袋动画制作实现倒计时，从而使小组交流更高效。同时设计了各种活动情境，比如：猜儿歌、讲故事、送祝福卡、赛诗会、书法展示和吟唱诗词等，在充满探究性和体验性的活动中，深化学生对中秋节的认识，感受传统文化的魅力，愿意继承和弘扬中华优秀文化。

七、教学过程

（一）教学流程设计

环节一：谜语激趣，导入新课

教师活动：

1.出示儿歌："迎佳节，庆丰收，歌舞表演乐融融；月饼香，月饼甜，全家欢乐大团圆。"

2.提问：这首儿歌中说到的"佳节"是什么节？

3.过渡：没错，就是中秋节。中秋节是我国的传统节日，是仅次于春节的第二大节日，今天就让我们一起来走进中秋，品味中秋。

学生活动：

1.认真观看多媒体出示的儿歌。

2.猜一猜：中秋节。

3.聆听。

设计意图：通过学生感兴趣的儿歌猜节的方式，引入新主题内容，激发学生的学习兴趣。

环节二：探究新知，感悟体验

活动一：了解中秋节

1.中秋节的由来

教师活动：

（1）出示日历：找一找中秋节的时间。

（2）介绍农历与阳历：农历又叫作阴历，是我国独创的时间计算方式，而日历上这些阿拉伯数字显示的日期是公历，又叫作阳历，是目前世界公用的计时方式。

（3）引发思考：为什么把这天定为中秋节呢？

学生活动：

（1）观察日历并回答问题：农历八月十五。

（2）聆听。

（3）思考并回答问题：中秋之所以叫中秋，是因为农历八月十五这一天是秋季中期，所以被称为中秋。这天的月亮比其他几个月的满月更圆、更明亮，所以中秋节又叫作"月夕""八月节""团圆节"。

设计意图：借助日历，了解中秋节的时间以及由来。

2.美丽的传说

教师活动：

（1）提问：关于这个美丽的月亮啊，还流传着许多有趣、动人的故事呢，你们知道吗？

（2）讲一讲：《嫦娥奔月》。

（3）读一读：《玉兔捣药》。

（4）看一看：《吴刚伐桂》，从中积累一个成语。

（5）提问：故事听完了，那成语是什么呢？

（6）小结：这些美丽的传说都披着神秘的色彩，蕴含着古老的中国文化，代表着人们追求幸福的美好愿望。中秋节历史悠久，是我国的传统节日，我国为传承民族文化，从2008年起中秋节被国务院列为国家法定节日。

学生活动：

（1）回答问题：《嫦娥奔月》《玉兔捣药》。

（2）讲解《嫦娥奔月》的故事。

（3）朗读《玉兔捣药》的故事。

（4）观看《吴刚伐桂》的动画视频并积累成语。

（5）回答问题：蟾宫折桂。

（6）聆听。

设计意图：通过讲故事、读故事、看视频等多种方式，了解中秋节的传说，知道中秋节是我国的传统节日，感受古老的中国文化。

活动二：中秋的习俗

1.一般习俗

教师活动：

（1）小组交流：想一想中秋节这天，你们家是怎样庆祝的。

（2）出示各种月饼图片并思考看完这些月饼发现了什么。

（3）思考：为什么大多数的月饼都是圆的？

（4）小结：月饼圆圆的，象征着团圆，月饼甜甜的，象征生活甜美。人们吃月饼是为了企盼阖家团圆。

（5）提问：那除了吃月饼，你们家中秋节还做了什么啊？

（6）分享并出示图片：教师家如何庆祝中秋。

学生活动：

（1）小组进行交流各自家中过中秋节的情景并汇报交流结果。

（2）观察图片并回答问题：月饼的大小不一样，颜色不一样；形状大部分是圆形。

（3）认真思考并回答问题：因为月亮是圆的，所以月饼也是圆的；代表着团圆。

（4）聆听。

（5）根据回答，共同总结中秋节其他习俗。

（6）认真观看拜月图片并听教师分享什么是拜月。

2.欣赏各地过中秋的习俗

教师活动：播放视频：《2017传奇中国节·中秋节》——祖国大江南北形式多样的中秋庆祝方式。

学生活动：观看视频并了解祖国各地过中秋的习俗，感受文化的多元化。

设计意图：通过小组交流、观看视频等多种形式，在了解中秋节习俗的基础上，学生感受中秋阖家团圆的情感，认同和传承中国传统文化。

活动三：中秋话团圆

教师活动：

1.播放视频：《月是故乡明》——各行各业忙碌在工作岗位上不能回家过节的人们的讲述。

2.谈一谈：同学们，你们家有过这样的情况吗？你有这样的体会吗？

3.写一写：请同学们拿起手中的祝福卡，写下最美好祝福，送给中秋仍在职在岗的人们（播放背景音乐）。

4.祝福语展示活动。

学生活动：

1.观看视频并有所触动。

2.结合实际，讲述自己身边的节日里仍在职在岗的父母们的奉献精神。

3.书写祝福语。

4.到讲台前分享自己的祝福，并送出祝福。

设计意图：通过观看中秋节仍奋斗在工作岗位的各行各业的人们不能回家团圆的视频，引导学生发自内心地表达美好祝福，在自然熏陶中自发地心存感恩，懂得珍惜。

活动四：吟唱中秋夜

教师活动：

1.过渡：节日里每个人心中都向往团圆，当远方的游子不能回家团聚时，这个日子更是充满了思念，也正是这种深深的思念才有了那一首首感人肺腑的动人诗篇！

2.赛一赛：同学们，你们课前还收集到了哪些和月亮有关的诗句呢？

3.播放歌曲：《静夜思》。

学生活动：

1.聆听。

2.吟诵课前收集的诗句。

生1：收集到了唐代李白的《古朗月行》：小时不识月，呼作白玉盘。又疑瑶台镜，飞在青云端。

生2、生3讲台前背诵咏月诗词并进行书法作品展示。

生4：我知道《静夜思》是可以唱的。

3.全班吟唱：《静夜思》。

设计意图：通过品诗词和吟唱歌曲活动，引导学生感悟中秋节的文化情结，品出中国人向往团圆的情感。

（二）课堂小结

通过这节课的学习，我们深入地了解了"中秋节"，也真切地感受到：中秋节这天，天上月圆，人间团圆。"团圆"和"思念"都是中秋的味道。老师希望今后同学们无论身在何方，在这一天里都能望一望天上的那一轮圆月，因为那不仅是中秋的味道，更是家的味道。

（三）板书设计

中秋夜，团圆夜

农历八月十五

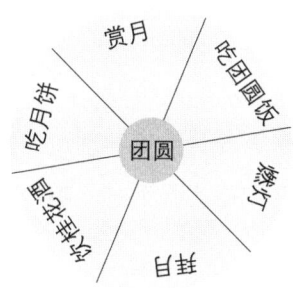

（四）作业设计

鼓励学生与家长一起制作月饼、赏月等，增进家庭感情，体验中秋节的温馨氛围。

（五）参考资料

1.人民文学出版社编辑部：《唐诗三百首详析》，人民文学出版社，2021年。

2.袁珂：《中国神话故事集》，中国少年儿童出版社，2017年。

3.《2017传奇中国节·中秋节》，http://tv.cctv.com/2017/09/28/VIDAfdPsfw06fhS5qsXSVQ6d170928.shtml.

4.《月是故乡明》，https://v.douyin.com/i6bTRy6T/.

八、教学总结与反思

　　活动不仅是儿童认识的源泉，也是儿童发展的助力。课堂上，主要通过各种活动，如猜儿歌、讲故事、小组交流、送祝福卡、赛诗会、书法展示和吟唱诗词等，学生便可用心去体验，感悟中秋节的文化内涵，从而真正丰富他们的内心和情感。

　　二年级学生的年纪较小，知识储备不够丰富，造成个别学生不敢发言，表达不清晰的问题。对此，我主要用了三大课堂调控的策略：一是正面表扬肯定，二是善用目光交流，三是创设多种活动。课堂教学中我用期待的目光、亲切的语言和微笑与学生进行心与心的交流。从正面肯定学生参与课堂活动的行为，形成良好的教师期望，使学生感受积极的心理暗示，形成良好的课堂教学氛围。比如：讲玉兔捣药的故事时，一名男同学不敢举手，我便调动了全班同学为他鼓掌，给他勇气，使他顺利地讲解了故事；赛诗会时学生的参与性很高，通过背诵诗歌、书法展示、吟唱古诗等活动，学生感受中秋佳节的团圆和思念。

　　由此可见，低年级学生有的时候会因为阅读面狭窄、社会参与活动比较少、积累不足等原因，出现课堂发言不太积极踊跃、不善交流的现象。因此，在日后的教学中我会多表扬鼓励他们，给学生们推荐更多的知识链接，督促学生多看书，开阔学生们的视野，增强学生对传统文化的认知和了解。

古人的科技梦

沈阳市和平区望湖路小学　周丹婷

一、课程基本信息

主讲课程：道德与法治

使用教材版本：人民教育出版社2019年版

教材章节出处：《道德与法治》五年级上册第四单元第九课《古代科技耀我中华》

二、教学设计概述

首先，我深入研究和理解《古代科技　耀我中华》这一课题在教材中的地位和作用，确保教学内容与课程目标紧密相关。理论与实践相结合。既注重科技知识的传授，又强调知识在现实生活中的应用，使学生能够将所学知识与实际相联系。根据学生的认知发展规律，设计由浅入深、由易到难的教学内容，逐步提高学生的认知水平。注重活动性教学，通过组织丰富多样的教学活动，使学生在亲身体验中感受古代科技的魅力，增强对中华文化的认同感和自豪感。强调跨学科融合，将科技知识与历史、文化、道德等多个领域相结合，培养学生的跨学科思维能力和综合素质。注重评价反馈，通过作业、测试、问卷调查等方式收集学生的反馈意见，及时调整教学策略和方法，确保教学效果的持续优化。

三、学情分析

5—6年级是小学的高年级段，延续小学低、中年段，与初中相衔接。本学段的学生经历了1—4年级的学习和生活，对于我国的传统文化已经有了初步了解，已经能够知道传统节日与纪念日的来历与含义，具有作为中国人的自豪感，能够结合日常生活体会勤俭节约和自强不息是中华民族传统美德，了解中华优秀传统文化的代表性成果，举例讲述新中国建设的伟大成就，对祖国未来充满信心。5—6年级学段致力于在此基础上让学生能够用实例说明中华文化的源远流长与博大精深，了解中华民族对人类文明的贡献，从而培养学生强烈的文化自信和爱国情感。

四、教学目标

1.确定要研究的相同领域古代科学家，通过多种方式收集他们的相关资料，了解我国古代科学家的故事，培养学生勤于思考、持之以恒的能力。

2.通过情景剧、小视频以及小组讨论等形式引导学生从各个角度，了解我国古代灿烂辉煌的科技成就，提高学生的课堂参与度，培养学生的表达能力和逻辑思维能力。

3.通过师生的活动在学生心中种下科技的种子，提高学生的综合分析能力和创新思维，鼓励学生从古代科技中汲取智慧，为现代科技发展贡献力量，有以实现中华民族伟大复兴为己任的使命感。

五、教学重点难点

（一）教学重点

第一课时的教学重点为通过故事汇、情景剧、小视频以及小组讨论等形式引导学生从中医药、农学、天文学的各个角度，了解我国古代灿烂辉煌的科技成就，提高学生的课堂参与度，培养学生的表达能力、演绎能力和逻辑思维能力。

（二）教学难点

运用多种形式让学生真正体会到古代科技对世界的影响力和重要性，提高学生的综合分析能力和创新思维，鼓励学生从古代科技中汲取智慧，为现代科技发展贡献力量，培养学生深厚的文化自信和民族自豪感。

六、教学设计总体思路

（一）简化专业知识

在教学过程中，对专业术语和复杂原理进行适当简化，用通俗易懂的语言解释给学生听。同时，可以通过类比、图示等方式帮助学生更好地理解古代科技知识。

（二）情景模拟与案例分析

为了让学生更好地体验古代科技的实际应用和社会背景，设计情景模拟和案例分析等活动。例如，模拟古代的天文观测过程、医学诊疗场景等，让学生在实践中感受古代科技的魅力。

（三）精选文献与资源整合

对古代科技文献进行精选和整合，挑选出适合学生接受和理解的内容进行教学。同时，利用多媒体教学资源如图片、视频等辅助教学，提高学生的学习兴趣和效果。

（四）多元化教学方法

尝试采用多元化的教学方法和手段，如小组讨论、课堂互动、实地考察、项目式学习等。这些方法可以提高学生的参与度和兴趣，使古代科技教学更加生动有趣。

七、教学过程

（一）教学流程设计

环节一：情境导入　追溯千古

教师活动：

1.多媒体课件出示背景视频和音乐。

2.创设情境，穿着古代服饰，扮演明代医学家李时珍，再现李时珍立志学医景象。

设问：同学们，你们知道我扮演的是谁吗？没错，正是我们明朝的大医学家李时珍，你了解李时珍吗？

学生活动：认真观看，思考并回答教师问题。

李时珍，从小喜爱医药，立志悬壶济世，经过刻苦学习和实践，在三十岁时已经成为当地名医，他撰写了最著名的医药学著作《本草纲目》。

设计意图：创设情境，吸引学生兴趣，激发学生参与课堂的积极性。

环节二：小组汇报　古人智慧

教师活动：

1."科技巨人"故事汇。

上节课下课前老师已经对大家进行了分组，并让同学们四人为一小组选择同一领域的古代科技人才进行了小调查，不知道同学们进展如何呢？下面让我们进入今天的"科技巨人"故事汇。

2.我国古代科学家追求真理、献身科技的故事对你有怎样的启发呢？

3.小结：对学生的汇报成果进行评价与总结。

学生活动：

1.小组汇报。

（1）认识"科技巨人"：蔡伦、张衡、华佗、祖冲之、李时珍、毕昇，等等。

（2）了解他们的"科技故事"。

建筑学：喻皓。北宋初年的建筑师，设计了北宋国都汴梁（今河南开封）安远门内开宝寺中的灵感塔，并撰写了《木经》。

桥梁设计：李春。在605—617年间，首创了在主拱图上设小腹拱的敞肩式拱桥，设计了著名的赵州桥。

发明家：丁缓。汉代发明家，创造了被中香炉、常满灯、旋转风扇等物品，有长安巧工之称。

数学：刘徽。魏晋时期的数学家，发明了割图术的方法，取 π 值3.14，提出了不定方程问题，建立了等差级数前几项和公式。

（3）我想对"他"说。

2.思考并回答问题。

设计意图：小组调查和汇报，分工明确，发挥学生的课堂主体地位，充分地培养学生的小组合作意识和表达能力。引发学生思考，初步建立学生的创新意识及爱国思想。

环节三：观看视频　世界地位

教师活动：

1.观看古代科技人才对世界的贡献小视频。

这么多不同领域的科学家，他们的科技成果不仅为我们的国家贡献了力量，更对世界的发展起到了巨大的作用，有了他们的创新作为，我们的世界才不断出现生机，不断得到发展和进步，我们一起去看看吧！

2.提出问题：看到我们的科技人才对世界有如此深远的影响，你又有怎样的感受呢？

3.教师总结：古代的科学家们凭借自己的聪明才智，不断追求真理，献身科技。最终成就辉煌璀璨的古代科技史。不光影响着中华民族的科技发展，甚至对世界科技的发展也产生了深远的影响。他们的创新精神也将激励我们不断前行，续写辉煌。

学生活动：

1.观看视频。

2.表达自身感受。

设计意图：学生通过观看视频了解到我国的科学巨人不光对于我们的国家影响巨大，对世界而言更是影响深远，从而增强学生的文化自信，让学生树立强烈的民族自豪感。

环节四：图片翻转　古代科学

教师活动：

1.出示针灸、推拿、拔火罐图片。

同学们，这张图片上的人在做什么，你们知道吗？

同学们真是博学多才，见多识广，那你们知道做这些的人都是谁吗？

2.出示外国运动员拔火罐的视频及他们对拔火罐的看法。

3.看见这样的场景，你有什么感受呢？

4.总结：我国的中医药学已有几千年的历史，它独特的医学理论、诊疗方法和丰富的中草药，为无数人解除病痛。中医药学是世界医学宝库中的瑰宝，至今仍闪耀着智慧的光芒，得到了很多国家的认同。

学生活动：

1.回答问题（针灸、推拿、拔火罐）。

2.观看视频。

3.分享自身感受。

设计意图：出示图片能更加直观地让学生了解中医疗法，同时也能吸引学生的兴趣，出示外国人拔火罐的视频及他们的感受是为了让学生充分认识到中华文化的深远影响，从而激发学生的文化自信，表达自身对中华文化的认同感。

环节五：情景演绎　真切感受

教师活动：小组情景演绎，再现中医诊疗场景。

老师刚刚扮演了一名中医——李时珍，有关李时珍的医学故事数不胜数，刚刚同学们也讲述了不少，既然李时珍是一名中医，也必然少不了运用针灸等方式治病救人，接下来我们就以小组的方式结合李时珍的真实小故事演绎一下李时珍施针救人的场景吧！

学生活动：小组演绎。

设计意图：让学生更好地体验古代科技的实际应用和社会背景，模拟古代医学诊疗场景等，让学生在实践中感受古代科技的魅力。

环节六：阅读教材　了解屠呦呦

教师活动：

1.介绍屠呦呦。

古老的中医铸就了不朽的传奇，踏着前人的脚步，中国科学家们还在续写辉煌。根据以下文字，猜猜她是谁。

有这样一位科学家，她研制出了抗疟疾的青蒿素，拯救了数百万人的生命。并成为首位获得诺贝尔科学类奖项的女科学家。

她就是我国著名的科学家——屠呦呦。

2.学生阅读书上对于青蒿素的介绍。

请同学们默读教材，了解青蒿素。

3.简介疟疾，配以疟疾导致的大量人员死亡的图片。

学生活动：

1.认真思考，回答问题。

2.阅读教材。

3.认真听讲。

设计意图：学生对于屠呦呦只有初步认识，并没有深刻了解青蒿素的作用，通过对疟疾的介绍，进一步让学生感受青蒿素的重要意义。

环节七：活动拓展　探索科学

教师活动：

1.阅读链接，了解《甘石星表》。

除了历史悠久的中医药学，我国天文学的地位也不容小觑，请大家仔细阅读"阅读角"的内容，了解《甘石星表》。

2.出示视频，组织讨论。

同桌互相讨论对天文学的了解和感受。谁想来说一说？

3.总结：中国天文学作为一门古老而又现代的科学，自古以来就有着深厚的历史底蕴和丰富的研究成果。在现代化的发展过程中，中国天文学也在不断地发展和壮大，逐渐成为世界上的一支重要力量。

4.共唱二十四节气歌。

中国天文学在历史上取得了许多重要的成就。中国古代的天文历法不仅具有很高的精度，而且在世界上也有着广泛的影响。例如，中国的二十四节气被列入了联合国教科文组织的非物质文化遗产名录。提到二十四节气，大家会唱节气歌吗？我们一起来唱吧！

5.共话节气特点。

根据课前准备的资料，你能选择一个节气，讲一讲它的特点吗？

6.播放视频《最强大脑》。

7.出示《九章算术》。

8.总结。

学生活动：

1.阅读链接。

2.观看视频，同桌讨论。

3.认真听讲。

4.共唱二十四节气歌。

5.讲解节气特点。

6.观看视频。

设计意图：引导学生初步了解天文学为我们国家乃至世界带来的影响，同时，利用多媒体教学资源如图片、视频等辅助教学，提高学生的学习兴趣和效果。

（二）课堂小结

回顾这段课堂旅程，我们不仅了解了古代科技的发展历程和主要成就，更感受到了中华民族深厚的文化底蕴和智慧光芒。这些宝贵的科技遗产不仅是我们的骄傲，也是我们不断前进的动力和灵感来源。

在未来的学习和生活中，让我们继续深入挖掘和传承古代科技的智慧，同时积极拥抱现代科技的创新和发展，为中华民族伟大复兴贡献属于自己的力量。

（三）板书设计

9.古代科技　耀我中华

中医药学　天文学　农学　数学

筑民族骨气

肩复兴责任

树民族自信

（四）作业设计

1.小组项目式学习《寻找身边的科技人才》。

2.到辽宁省科学技术馆、沈阳科学宫、东北大学科学馆任意一个地点进行参观。

（五）参考资料

1.中华人民共和国教育部：《义务教育道德与法治课程标准（2022年版）》，北京师范大学出版社，2022年。

2.人民教育出版社课程教材研究所、小学德育课程教材研究开发中心：《义务教育教科书　教师教学用书　道德与法治　五年级上册》，人民教育出版社，2019年。

3.黄正华：《伦理学基础》，社会科学文献出版社，2019年。

八、教学总结与反思

（一）教学目标的反思

在本次《古代科技　耀我中华》第一课时的教学中，我设定的教学目标是让学生了解中国古代科技的辉煌成就，培养学生的民族自豪感和文化自信。通过反思，我认为这一目标基本达成。学生在课堂上积极参与，对中国古代科技产生了浓厚的兴趣，同时也为身为中华儿女而自豪。

（二）教学内容与方法的反思

在教学内容上，我选择了中国古代科技中最具代表性的几个领域，如古代科学家、天文历法、医学等，通过讲解、图片展示、视频资料等多种形式，让学生全面了解古代科技的辉煌。在教学方法上，我注重与学生互动，鼓励学生提问、讨论，营造了一个积极的学习氛围。

然而，在教学过程中也存在一些不足。首先，由于时间有限，部分内容讲解得不够深入，导致学生对其中的一些概念和原理理解不够透彻。

（三）学生反应的反思

从学生的反应来看，他们对中国古代科技的兴趣非常浓厚，尤其是对一些具体的科技成就和背后的故事表现出了浓厚的兴趣。这也说明我的教学内容和方法在一定程度上是成功的。但同时，我也注意到部分学生在课堂上的表现不够积极，这可能与我的教学方法和课堂管理有关。

（四）改进措施与建议

针对以上反思，我认为在今后的教学中可以采取以下改进措施：一是适当增加教学时间，以便更深入地讲解相关内容；二是采用更多元化的教学方法，如小组讨论、角色扮演等，以提高学生的参与度；三是加强课堂管理，确保每个学生都能积极参与到课堂中来。

赓续文化血脉　坚定文化自信

朝阳市建平县太平庄乡九年一贯制学校　周　燕

一、课程基本信息

主讲课程：道德与法治

使用教材版本：人民教育出版社2023年版

教材章节出处：《道德与法治》九年级上册第三单元第五课第二框《凝聚价值追求》

二、教学设计概述

《赓续文化血脉　坚定文化自信》来自教材第三单元《文明与家园》第五课第二框，本框有两个板块："高扬民族精神"和"构筑中国价值"。本课对应课程标准中的内容是：理解中华民族孝悌忠信、礼义廉耻的荣辱观念，崇德向善、见贤思齐的社会风尚，践行中华民族自强不息、敬业乐群、脚踏实地、实事求是的思想，感悟天下兴亡，匹夫有责的担当意识，厚植爱国主义情怀。

《赓续文化血脉　坚定文化自信》是初中道德与法治课中华优秀传统文化教育主题的内容。传承文化基因，赓续文化血脉，做中华优秀传统文化的传播者和建设者，才能坚定文化自信，为实现中国式现代化、实现中华民族伟大复兴提供精神动力，为文化建设学习内容奠定基础。

三、学情分析

九年级学生对中华民族精神和价值观有了一定的认识，但对中华民族精神的了解还停留在为数不多的英雄人物身上。生活在价值观日趋多元化的今天，主流意识形态的主导作用受到诸多挑战，学生可能出现价值观盲目认同的情况。

本节课坚持素养导向，注重情境设计和案例教学，以问题串层层递进的形式加深学生的知行体验，在思维的交锋和碰撞中，触动学生的内心。强调问题解决，强化行为实践，学以致用。

四、教学目标

（一）政治认同

通过杭州第19届亚运会运动健儿顽强拼搏的视频情境和图片情境，自主探究民族精神的内涵、特点、本质，热爱祖国、热爱中国共产党，提高中华文化认同感、民族自豪感。

（二）道德修养

通过戍边英雄、消防队员事例，小组合作探究中华民族精神的作用。明确应自觉弘扬伟大民族精神，汲取精神力量。认识民族精神是凝聚各族人民的巨大精神力量，知道在日常学习和生活中传承和弘扬伟大民族精神。

（三）法治观念

通过观看杭州第19届亚运会崔宸曦夺冠视频并结合赛会志愿者"小青荷"具备的优秀品质的情境分析，合作探究社会主义核心价值观的内涵、作用，达成价值认同与共识。通过"习语"进课堂情境材料，观看"数字火炬人"开幕式点火图片和闭幕式比心告别图片环节，分析做时代的"弄潮儿"就要在实践中培育和践行社会主义核心价值观，增进中华民族价值认同和文化自信。

（四）责任意识

通过配乐朗诵和发出"强国有我，请党放心"的铮铮誓言，体验到少年强则国强，从而自觉传承弘扬伟大民族精神，在日常生活中培育和践行社会主义核心价值观，要从小事做起，从现在做起，培养责任担当，让家国情怀核心素养落地。

五、教学重点难点

（一）教学重点

中华民族精神的内涵、核心，社会主义核心价值观的内容。

（二）教学难点

自觉弘扬伟大的民族精神，积极践行社会主义核心价值观。

六、教学设计总体思路

依据课标要求，按照大中小学思政课一体化的思路，以立德树人为根本任务，发挥思政课程的思想引领作用。围绕"赓续文化血脉　坚定文化自信"这一主题，遵循学生的认知特点进行设计。设计了"铸民族之魂　扬民族精神""明复兴之任　筑中国价值""担使命责任　助民族复兴"三个环节，围绕对伟大民族精神、社会主义核心价值观的认知到如何弘扬和自觉践行的层层推进这一明线，再到素养立意，沿着"体验感悟—合作交流—应用实践"素养进阶结构的暗线设计。这种循序进阶的能力结构表现在"课前播报齐点评—亚运情境共探讨—生生交流同分享—感悟升华担重任"的任务安排中，基于课程标准和学情分析，整合中华优秀传统文化、中华民族精神、社会主义核心价值观的相关内容，从学生的认知特点出发，引导学生的学习行为。培养他们关注时事、关注社会发展，热爱伟大祖国的政治认同；通过亚运会视频、图片、文字、配乐朗诵、齐唱歌曲等情境开启探究之旅，针对学生真实成长问题，以"自主探究—合作探究—发现式探究"的素养化路线展开。在架构课堂教学环节中，巧妙地选取学生的困惑点所在，并以此为主线展开对问题串的探寻，在体验感悟、自主思考、讨论分享环节，贯彻立德树人、铸魂育人理念，展现思政课堂学科魅力。在提升学生高阶思维水平的同时，引导学生深度学习，高度参与。在任务进阶的过程中坚定文化自信，培养责任担当，形成关键能力。培养学生为实现中国式现代化、中华民族伟大复兴而奋斗的社会责任感和爱国情怀，并落实到具体行动中，自觉做一名有社会责任感和家国情怀的时代新人。做到素养立意、基于情境、问题导

向、思想引领、价值导向，切实达到思政课的育人实效。

七、教学过程

（一）教学流程设计

环节一：铸民族之魂　扬民族精神

教师活动：

1.组织新闻播报及点评。

2.提示同学们分角度点评并找到与教材的结合点。

3.播放第19届杭州亚运会五星红旗入场视频并提出问题：五星红旗入场画面和升旗仪式表达了一种什么样的情感？

学生活动：

1.变身新闻播报员，尝试从不同角度联系教材内容点评新闻。

2.分组派代表从创新和文化角度点评时政。

教师活动：

1.导入新课。

五星红旗和祖国的大美河山惊艳同框，绝美瞬间震撼人心，这一抹中国红，带着全体中国人深深的家国之恋、爱国之情。这是一种高尚的爱国主义情感，是一种伟大的中华民族精神，同时也凝聚了一种崇高的价值追求，今天，我们要探讨的课题就是《赓续文化血脉　坚定文化自信》。

2.讲授新课。

（1）播放杭州第19届亚运会我国运动健儿顽强拼搏的视频，设问：亚运健儿们夺冠体现了一种什么精神？

（2）出示赛艇运动员邹佳琪、女篮夺冠、体操运动员章瑾夺冠、"六边形战士"马龙的图片。设问：他们身上具有哪些精神和品质？中华民族精神的内涵、核心、本质是什么？

（3）出示时事链接：习近平总书记指出，实现中国梦必须弘扬中国精神。这种精神是凝心聚力的兴国之魂、强国之魄。设问：中国精神指的是什么？

小结：所谓"中国精神"就是：以爱国主义为核心的民族精神（链接第八课，教材115页）和以改革创新为核心的时代精神（链接第二课，教材18页）。

（4）幻灯片展示亚运知多少环节，追问：中国人民具有什么精神？组织学生讨论，引导学生分析伟大建党精神，出示朝阳市2022年中考试题。

（5）播放亚运会运动健儿夺冠精彩瞬间视频，情境探究。设问：中华民族精神的作用有哪些？

（6）出示戍边英雄、消防队员和学生情境图片。设问：青少年应如何传承和弘扬民族精神？出示中考材料分析题，启发学生思考。

学生活动：

1.带着问题观看视频，热点分析，体验思考并回答。

2.齐读总书记语句，联系旧知，感悟理解、合作探究。

3.结合自身实际谈做法，思考答题角度，完成练习。

教师活动：总结：我们要掌握中华民族精神的内涵和核心，明确中华民族精神的作用，并自觉传承和弘扬伟大的民族精神。

设计意图：选取重大时政热点课前播报，培养学生关注时事，增强对国家的认同感。利用熟知的亚运会开幕式，引起学生的情感共鸣，又给学生创造了体验感悟的空间。在真实、典型的富有时代性的情境中体验到中华民族精神是具体的、有形的，引导学生参与体验，促进感悟和建构。旨在培养学生的中华文化认同感、民族自豪感和中华民族价值认同核心素养，为下一内容做好铺垫。

环节二：明复兴之任　筑中国价值

教师活动：

1.播放崔宸曦夺冠视频，思考：崔宸曦身上有哪些优秀的品质？

设问（1）：什么是价值观？我们中国人共同的价值追求是什么？

设问（2）：社会主义核心价值观是怎么形成的？内容有哪些？

2.出示情境材料，分析亚运赛会志愿者"小青荷"身上具备的优秀品质并思考社会主义核心价值观的作用有哪些。

3.出示"习语"进课堂情境材料，观看"数字火炬人"点火图片和比心告别图片，思考怎样做新时代的"弄潮儿"。生逢盛世，我们应如何培育和践行社会主义核心价值观？

4.出示2023年朝阳市中考试题，小组以抢答方式完成。

学生活动：

1.观看视频并独立分析感动的画面，结合真实情境，从不同角度思考问题。选派代表班内交流分享，结合自身实际分享做法。

2.自由发言、畅所欲言，小组讨论，完成问题。

3.结合本节所感所见所学谈认识和体会。

教师活动：总结：我们要明确社会主义核心价值观的内容、作用并落实在具体的行动中。

设计意图：遵循育人规律和学生成长规律，创设丰富的教学情境，引发学生的认知和情感共鸣，设计的活动体现互动性和多样性，围绕核心素养目标进行科学设计，帮助学生亲历和感悟的同时，让学生独立思考、理性思维，深化思想认识，让学生做出选择，注重生成，达到知行合一。

环节三：担使命责任　助民族复兴

教师活动：

1.播放音乐，配乐朗诵。设问：谈谈你的感悟和理解。

2.出示谈收获和体会环节，引导学生发出"强国有我，请党放心"的铮铮誓言，激发学生说出自己的爱国宣言。

3.出示年仅13岁的崔宸曦夺得金牌的图片，设问：我们能为中华民族伟大复兴做些什么？同桌讨论作答。

学生活动：

1.共同朗诵，说出自己的心里话，体味情感。

2.以喜欢的方式（诗词、歌曲、图画）表达爱国情感，分享感言。

3.小组情境问题讨论，轮流发言，说说在学习和生活中的做法。

设计意图：让学生在配乐朗诵和体会爱国情怀中情感得以升华，从而升华本课主题，培养学生的责任担当和家国情怀。通过图片情境激发为中华民族伟大复兴而奋斗的使命感，增强学生做中国人的志气、骨气和底气，坚定自信，培育学生的政治认同、道德修养、健全人格和责任意识等学科核心素养。

（二）课堂小结

本节课我们开启了杭州第19届亚运会探究之旅，明确了中华民族精神和社会主义核心价值观的内容、作用，并知道了在日常生活中怎样践行。我们不仅要有更高的道德境界，还要有崇高的价值追求，让我们赓续文化血脉，守望精神家园，坚定文化自信，让青春绽放时代光彩。

情感升华：播放歌曲《少年中国说》，齐唱歌曲，体现学科思想性，在螺旋上升的素养进阶中进行价值引领。

教师寄语：幸逢伟大时代，我们要明确自己肩负的伟大使命，在实现中国式现代化、实现中华民族伟大复兴的历程中，青少年要自觉弘扬伟大民族精神，积极践行社会主义核心价值观，勇担重任，为建设文化强国助力添彩。

设计意图：坚持为党育人、为国育才的教育思想，体现以学生发展为本。既关注学生学习能力的提高，又关注学生学科核心素养的养成。激励学生勇担重任，争做时代新人。

（三）板书设计

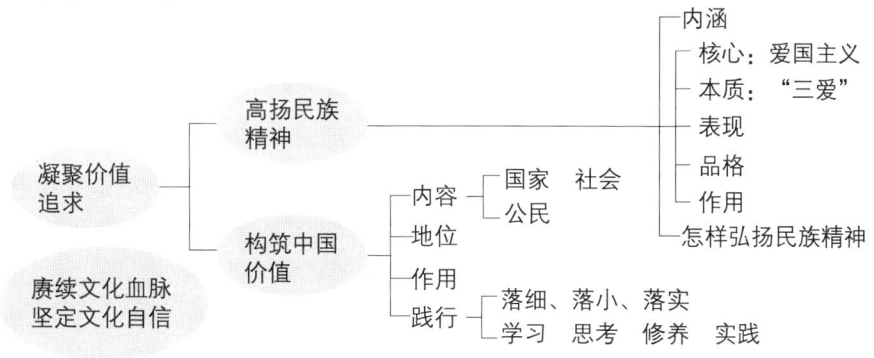

（四）作业设计

1.完成本课思维导图设计。（必做）

2.搜集最新发生的与文化建设有关的时政内容，制作传统节日的手抄报，分组汇报并从不同角度联系教材内容进行点评。（选做）

3.为了探究建平县的历史文化，用好建平红色资源，赓续建平红色基因，我县持续开展党史融入思政课教育教学实践活动，某中学积极响应号召，把牛河梁遗址博物馆、建平县博物馆、陈镜湖烈士陵园作为研学基地，运用所学知识，谈谈你的研学收获。（必做）

（五）参考资料

1.中华人民共和国教育部：《义务教育道德与法治课程标准（2022年版）》，北京师范大学出版社，2022年。

2.习近平：《习近平谈治国理政》第二卷，外文出版社，2017年。

3.《第十九届亚洲运动会在杭州隆重开幕》，中国政府网，https://www.gov.cn/yaowen/liebiao/202309/content_6906057.htm.

4.《习近平文化思想首次提出》，新华社，2023年10月9日。

5.《积极探索文化强国实践路径》，新华网，2024年5月31日。

八、教学总结与反思

本节课很好地完成了立德树人、铸魂育人的根本任务，在课堂教学环节的准备和架构上，基于学生真实学情和育人规律，帮助学生解决真实问题，符合设计初心。

导入环节，旨在植根爱国主义情怀，培养学生的政治认同和责任意识。第一环节，在关注学生情感体验的同时，更注重激发学生的中华文化认同感、民族自豪感，注重培养学生热爱祖国、热爱中国共产党等学科核心素养。第二环节，以开启杭州第19届亚运会之旅为主线，选取的都是学生熟知或身边发生的真实案例，学生能生动立体地体验当时情形，同时也能做出正确的判断与选择，从而达到学科育人实效。第三环节，在课堂情感升华环节，学生有感而发，进而端正自己日常生活中的言行。切实做到培养学生爱国爱党爱人民的政治认同，达到思政课为党育人、为国育才的教育目标。在突破难点时，以第19届杭州亚运会为情境底色，通过适切性的案例架构课堂，从而回归学科本质，有效提升教学的实效性和时政性。本节课，学生沉浸到课堂中，积极思考，突出了课堂的主体地位。

　　反观本节课堂教学，在大中小学思政课一体化理念的引领下，坚持思政课的思想与价值引领作用，在学科核心素养的培育中，教学相长。学生学有所感，学有所得，老师也努力成长为有情怀、有温度的好老师、大先生。在以后的教学工作中要大力弘扬"教育家精神"，用自己的行为示范做好学生的引路人，让孩子们感受到更美好的成长陪伴。

传承家庭美德，塑造美满家庭

朝阳市第一中学燕都分校　庄宝丽

一、课程基本信息

主讲课程：道德与法治

使用教材版本：人民教育出版社2016年版

教材章节出处：《道德与法治》七年级上册第三单元第七课第三框《让家更美好》

二、教学设计概述

党的二十大报告提出，用社会主义核心价值观铸魂育人，完善思想政治工作体系，推进大中小学思想政治教育一体化建设。思想政治教育是一个系统性工程，从小到大，从幼儿到成人，思想政治教育不论是内容、方法还是形式，皆存在着层层递进、相互衔接的内在体系。

家庭是社会的细胞，是最长久的人生学校，也是社会治理的基础单元，更是对大中小学进行思想政治教育的微观环境。党的十八大以来，习近平总书记多次谈到要"注重家庭、注重家教、注重家风"。家风正则民风正，民风正则国风正，良好家风是学生成长成才的土壤，更是对弘扬中华优秀家庭美德的践行。

本课所依据的课程标准的相应部分是"我与他人和集体"中的"交往与沟通"。具体对应的内容标准是："增强与家人共创共享家庭美德的意识和能力。"本课内容承接小学阶段所学习的《弘扬优秀家风　传承传统美德》相关内容，引导学生继续弘扬家风美德，增强家庭责任意识，建设和谐家庭，同时也为高中、大学学习弘扬中华优秀传统文化奠定基础。本课大胆整合了教材内容，环节紧凑，层层递进，从学情出发，基于学生的学习兴趣、认知水平来设计教学过程。教学过程大量运用案例分析法、小组合作探究法等，注重对学生核心素养目标即道德修养、健全人格、法治观念、责任意识的培养。

通过观看部分同学的家庭合照导入本课，引导学生认识到主干家庭和核心家庭的差异。通过对传统家庭与现代家庭的比较，引导学生认识现代家庭的特点。通过分享家庭中常见的矛盾与冲突，引导学生学会与家人之间进行积极有效的交流与沟通，找到解决冲突或矛盾的方法。通过"践行美德有行动"活动引导学生认同"家和万事兴"的观念，使道德教育更贴近实际生活，增强建设美好家庭的美德意识，共同创造一个和谐美好的家园。本课问题设计具有较强的思辨性，注重对学生思维的启发，引导学生深入地思考与探究，提高学生获取知识及解决问题的能力。

三、学情分析

七年级学生逐渐进入青春期，身体及心智都发生了显著的变化，他们不仅渴望获得家长们的保护和照顾，同时也易因家庭纷争而感到困惑并引发亲子间的摩擦。在这个关键时刻，他们的家庭观念主要停留在情感层面的体验上，并未深入了解整个家庭结构。此外，这个阶段的孩子正在形成自己的独立思考能力，可能会对父母的爱意表示出部分的不满或者误解，从而产生了消极的家庭感情反应，使得亲子之间的联系变得更加紧密却也更具挑战性。所以，研究这种发展的模式及其解决方案对于改善两者的和谐关系是十分必要的。

再者，对于七年级的学生来说，他们对现代家庭的理解和认知相对薄弱，未能充分意识到家庭文化的建立及家庭道德建设的价值所在，也未曾深刻领悟到家族传统和优良的家风是一种珍贵的精神资源。他们在承担起构建温暖家庭环境的责任方面表现得不够积极主动，也没有足够的动力去分享并维护良好的家庭品行。所以，引导学生如何为创建美好家庭出一份力，提升

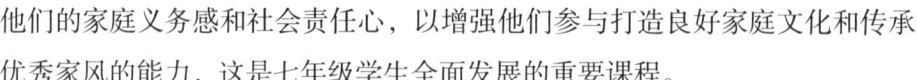

他们的家庭义务感和社会责任心，以增强他们参与打造良好家庭文化和传承优秀家风的能力，这是七年级学生全面发展的重要课程。

四、教学目标

基于课标要求、初中道德与法治核心素养目标要求，为了促进家庭成员之间的和谐与互动，传承中华家庭文化传统美德，践行和谐的社会主义核心价值观；为了倡导家庭成员的社会责任感与责任意识，制定以下教学目标：

1.通过与家人一起制作"家庭美德卡"，挖掘家庭的美德故事，认识到家庭美德建设的重要性，传承中华家庭文化传统美德，涵养道德修养，自觉做一个传承家庭美德的好少年。

2.通过班级小组合作讨论，围绕家庭中常见的矛盾与冲突，思考解决方法，组内成员互相交流，从而认识到建设和谐家庭关系、营造和谐家庭氛围的重要性，促进代际之间的交流与互动，认同家和万事兴的家庭文化观念。

3.通过书写"我为家庭出份力"，增强构建和谐家庭的责任意识，树立家庭主人翁责任感，树立共建共享家庭美德的意识，积极承担家庭责任。

4.通过图片的对比、分析、归纳，了解家庭结构的演化和现代家庭的特点以及现代家庭在生活观念、沟通方式、生活内容上的变化，激发对家庭的关注和热爱。

五、教学重点难点

（一）教学重点

1.认识到家庭美德建设的重要性，知道中国的家庭文化中有许多传统美德需要我们继承和发扬，感受到让家更美好是一种发自内心的呼唤。

2.围绕家庭中常见的矛盾冲突，思考解决冲突的方法，学会与父母正确交往，从而认识到建设和谐家庭关系、营造良好家庭氛围的重要性，认同"家和万事兴"的家庭文化观念。

3.知道现代家庭结构、规模、观念等方面发生的变化，了解现代家庭中的核心家庭和主干家庭，认识到现代家庭应该具备怎样的特征。

（二）教学难点

掌握如何做家庭小小"黏合剂"，增强构建和谐家庭的责任意识，培养家庭主人翁意识，树立共建共享家庭美德的意识和能力。

六、教学设计总体思路

本课从学情出发，共设计五个环节，其中包括一个课堂导入环节和四个讲授新课环节。首先，通过PPT欣赏部分同学与家人的合照及绘制自己的家庭成员导入本课，让学生从一开始就参与到课堂中来；其次，通过"今昔对比知变化""美德故事我来说""争做小小黏合剂""践行美德有行动"四个环节讲授新课，环节紧凑，层层递进，从学生的知、情、意、行出发，使教学能够从课堂延伸到学生的生活领域，提倡行为践行。在教学过程中，注重把课堂还给学生，充分体现以学生为主体。如"美德故事我来说"这一环节，通过课前布置的"家庭美德卡"，使学生了解自己的家风、家庭美德，课上小组讨论，互相分享，畅谈感悟，投屏展示，大大提高了学生的课堂参与度。

七、教学过程

（一）教学流程设计

环节一：导入新课

活动设计：欣赏家庭合照，绘制家庭成员

教师活动：播放课前收集的全家福和学生绘制的家庭成员图。

学生活动：一起欣赏"全家福"，绘制自己的家庭成员图，互相分享自己的全家福及家庭成员图。

设计意图：将学生的个人生活体验作为教育的起点，同时播放图片和歌曲，能更好地贴近学生的情感需求，更容易引起共鸣，从而创造出一个温馨的课堂环境。

环节二：新知讲授

活动设计1：今昔对比知变化

教师活动：

1.家庭结构的变化

PPT出示第一张反映主干家庭结构的学生全家福（李宇轩同学的三口之家）。

像李宇轩的家庭这样由父母与未婚子女两代人构成的就是现代家庭中典型的核心家庭。

PPT出示第二张反映核心家庭结构的全家福。

设疑：这张跟刚才那张有什么不同？

总结：这种由祖父母（外祖父母）、父母及第三代组成的家庭称为主干家庭。

PPT出示第三张反映过去的大家庭的全家福。

设疑：这张全家福又有什么不同？

总结：这种由三代或三代以上直系、旁系亲属构成的家庭就是过去的大家庭。

从刚才的三张家庭照片中，我们可以观察到现代家庭的规模正在逐渐缩小，趋向于更为小型化，现在主要以核心家庭和主干家庭为主。

2.生活方式的变化

PPT出示第二组照片。

设疑：家庭的哪些方面发生了变化呢？

总结：伴随着现代交流工具的多样化，家庭成员之间的对话和沟通方式已经有了显著的转变。

3.生活内容的变化

除了家庭结构和规模的变化，现代家庭在生活内容上又有何改变呢？

A.关心世界和国家大事，经常收看新闻。

B.更注重健康的生活方式。

C.氛围民主和谐，长辈受到尊敬爱戴，子女能自由发表意见。

D.注意学习现代文化知识。

E.财权共享，量入为出，各取所需，有计划消费。

F.健康的业余爱好。

小结过渡：虽然现代家庭在结构、规模、生活方式以及生活的内容上不断地变化和发展，但是"家和万事兴""尊老爱幼"等中华民族传统美德是不变的。

学生活动：

1.认出同学的全家福，说出名字。

2.介绍自己的家庭成员。

3.观察全家福，回答问题。

4.根据图片的对比，归纳小结。

设计意图：通过选择不同时期具有代表性的家庭结构，让学生直观感受家庭结构随时代的发展变化。基于大多数学生对于当代家庭生活内容的理解相对有限，采用连线的方式，帮助学生理解，让学生初步感受家庭成员有共同的成长动机和行动是现代家庭的共同特征，并为接下来的环节做好铺垫。

活动设计2：美德故事我来说

教师活动：

1.课前准备"家庭美德卡"并发放给学生，让学生与家人共同探寻家庭美德，然后记述一个小小的相关的故事，并在完成之后带回学校。

2.分享时刻：我来传承好家风。

（1）每个小组六人先组内互相分享家庭美德故事以及制作"家庭美德卡"的收获和感受。

（2）每组推荐一位学生代表上台展示"家庭美德卡"，讲述家庭美德小故事，以此传播优良的家风和道德品质。

分享完毕的小组举手示意！

总结过渡：在中国人的心目中，家是代代传承、血脉相连的生活共同体，家风美德更是中国人家庭的财富，但是尽管家是幸福的港湾，有时也会出现"爱的碰撞"。

学生活动：

1.六人小组内，每个成员依次分享。

2.每组成员推荐代表上台分享。

3.教师和学生以及学生之间进行评论或分享心得体会。

设计意图：鼓励引导学生和家人一起创建"家庭美德卡"，以此来发现他们家庭的优良品质。通过家庭美德小故事谈启示，培养家庭主人翁意识，提升自我传承家庭美德的责任感。此外，这也有助于增进家庭成员间的沟通与合作，让他们共同探讨如何助力构建和谐的家庭环境。

活动设计3：争做小小黏合剂

教师活动：PPT展示小美一家的生活情境。

设疑：小美一家的冲突可以解决吗？如果你是小美，你会怎么做？

总结：根据学生的回答归纳出家庭成员之间相互尊重、理解、体谅、包容、信任等就是家庭美满幸福的重要条件。

结合教材中给出的方法与技能，尝试归纳出应该如何做家庭小小"黏合剂"。

PPT出示：

1.帮助家庭成员舒缓情绪。

2.明确自己是不偏不倚的中立者。

3.引导家庭成员看到对方的优点。

4.帮助家庭成员走出"面子"困境。

……

这些就是化解冲突的智慧锦囊！

学生活动：

1.阅读情境。

2.小组成员合作讨论：每个小组派一位代表分享方法。

设计意图：情境创设取材于日常家庭生活中的常见的矛盾，符合学生现有认知与实际，通过思考案例中奶奶与妈妈之间产生冲突的原因，理解家庭成员之间存在冲突或矛盾会影响家庭和睦。引导学生掌握调解家庭矛盾和冲突的方法，培养学生的协调能力，提高与家人共建和谐家庭的素养和能力。

活动设计4：践行美德有行动

教师活动：请同学们拿出"家庭美德卡"，再次对比你自己的家庭，你觉得如何才能让家更美好呢？请在"家庭美德卡"的背面写出你想为家庭做的两三件事，可以独立做，也可以与家庭成员一起做。

总结：同学们，今天我们用一节课的时间来探讨如何让家更美好！但是，真正让家变得美好需要我们每个家庭成员去努力、去建设。最后，祝愿同学们的家庭都能相亲相爱幸福美满。

学生活动：写下计划为家庭做的两三件事，推选几位学生进行分享。

设计意图：最后进行相关行为和行动能力方法的指导，如帮父母做力所能及的家务，使教学能够从课堂延伸到学生更广阔的生活领域。提倡行为践行、培养实践能力，符合德育回归生活的理念。

（二）课堂小结

家，是心灵的港湾，是温暖的归宿。让家更美好，需要我们用心去经营。以爱为基石，以责任为梁柱，用心浇灌，用行动呵护，就能让家绽放出更加绚烂的幸福之花，成为我们永远的避风港和力量之源。

（三）板书设计

让家更美好

礼貌　　包容
和谐　　体谅
尊重　　沟通
尊老爱幼　信任
……　　……

（四）作业设计

1.周末为家庭做两到三件事并拍摄成视频。

2.将"家庭美德卡"作为礼物赠送给家人。

（五）参考资料

1.中华人民共和国教育部：《义务教育道德与法治课程标准（2022年版）》，北京师范大学出版社，2022年。

2.人民教育出版社课程教材研究所、中学德育课程教材研究开发中心：《义务教育教科书　教师教学用书　道德与法治　七年级上册》，人民教育出版社，2022年。

八、教学总结与反思

1.本节课设计的问题符合学情，也具有思维性，但仍有学生没有积极参与到课堂活动中。对于班级里较为安静的学生的关注度不够，忽略了较为沉默的那一部分同学。

2.课堂的预设与智慧生成相统一才是真正的好课。本堂课学生的思维非常活跃，精彩回答也不少，但是教师对教学过程中生成性事件处理得不够灵活，教学智慧欠缺一些。

3.在课堂教学过程中没有利用好评价反馈，缺少小组加分奖励机制，在以后的教学过程中要多反馈多评价。

4.在课堂时间把控上仍存在不完善的地方，有些地方用时过长，导致后面学生活动的时间相对较少，前松后紧，在今后的教学过程中，会加强时间观念。

赓续精神血脉，坚定文化自信

沈阳市苏家屯区沙河九年一贯制学校　孙　丽

一、课程基本信息

主讲课程：道德与法治

使用教材版本：人民教育出版社2021年版

教材章节出处：《道德与法治》九年级上册第三单元第五课第一框《延续文化血脉》

二、教学设计概述

《延续文化血脉》作为九年级上册第三单元的开篇，起到了统领作用，应尤其重视。由此，我设计了七部分的内容，并安排了八个探究活动。其中，第一目探究中华文化的来源和特征，揭示中国特色社会主义文化是中华文化的血脉延续。重点落在文化自信的角度，使学生认同中国特色社会主义文化，从而坚定文化自信。第二目的探究活动从代代传承的中华传统美德角度，使学生体会中华传统美德的力量，自觉践行与弘扬中华传统美德，为中华文化与美德的传承发展担当责任。让学生在探究中学会学习，在学习中爱上探究。

整堂课的重点在于激发学生学习的兴趣，体验探究的过程与方法，培养分析问题与解决问题的能力。在探究活动过程中，我只做适当的引导，主要发挥学生的主体作用。每次探究活动完成后，会请小组代表发言，分享观点，最后教师总结归纳，实现情感上的升华与行动上的体验。

三、学情分析

本课是九年级上册第五课第一框的内容，在七年级到八年级的学习中，已经涉及学生的心理美德与交往道德的内容，学生对于中华文化也有了一定认知，对这一话题并不陌生；同时，部分学生也掌握了某些传统文化技艺，参观过文化景点等。但是随着网络文化的发展，学生除了在课内学习中华文化之外，在网络和生活中也接触到良莠不齐的文化内容，学生受其心理发展水平和认识能力及辨别是非能力的限制，在一定程度上会淡漠对中华文化与传统美德价值的认识，从而影响对它们的继承与发展。

因此引导学生深刻理解中华文化与传统美德的价值，辩证看待全球化趋势下的际遇与挑战，树立理智的文化自信与道德观念，增强传承、弘扬中华文化的责任感和使命感就尤为重要。

基于以上分析，设置了本课内容。

四、教学目标

（一）政治认同

通过对本框的学习，认同中国特色社会主义文化，自觉铸牢中华民族共同体意识，努力为建设社会主义文化强国贡献自己的微薄之力。

（二）道德修养

科学把握实现中华优秀传统文化的创造性发展与创新性的转化，体会中华传统美德的力量，自觉践行中华传统美德、弘扬中华传统美德；做一个"明大德、守公德、严私德"的文明社会成员。

（三）法治观念

以社会主义核心价值观为引领，普及法律知识，养成守法意识，提高对中华文化的认知和运用能力。

（四）健全人格

通过本框题的学习，除了加强学生对中华文化以及中华传统美德的认知与理解外，还要注重学生的全面发展，引导学生养成热爱生活、锐意进取、乐观向上的意志品质。

（五）责任意识

自觉弘扬中华优秀传统文化、革命文化与社会主义先进文化，践行中华传统美德，敢于同有损我国文化形象的行为做斗争，为中华文化传承发展担当责任。

五、教学重点难点

（一）教学重点

体会中华文化的源远流长与博大精深；理解中华优秀传统文化、革命文化与社会主义先进文化的核心思想理念、人文精神和中华传统美德的内容与价值，坚定文化自信，培养文化认同感，厚植家国情怀。

（二）教学难点

增强对中华文化、传统美德的认同，做美德的践行者。由于各种因素的影响，使得一些中学生盲目地认为西方的文化要比中国先进，西方的价值观念和生活方式也要比中国先进，所以要改变学生的这种观念，就要让他们认识到博大精深的中华文化和传统美德有着深远的影响。

六、教学设计总体思路

九年级学生对于中华优秀传统文化在情感与知识经验上都有所认知，有些学生还掌握了一定的传统文化技艺，因此本节课应多为学生提供自主学习和合作学习的机会。依据《义务教育道德与法治课程标准》与党的十九大相关精神进行教学内容的安排，即选题—学情分析—教学目标的设定—重难点的把握—设计教学环节—课堂小结—板书—教学反思等。

在教学过程中，我采用了情境探究法、讲授法、小组合作学习法、自学法等，共八个探究活动，抛出一个问题，独立思考或者在小组长的带领下讨论、交流观点，充分发挥学生的主体作用，教师只做适当的引导。

此外，我还引用了多个图片、文字资料、时事政治、小游戏等，利用信息化的教学手段，激发学生的学习兴趣，使其学会分析、归纳、整理。

七、教学过程

（一）教学流程设计

环节一：课前准备，预习新知

教师活动：准备教具，给学生布置课前预习的任务。

学生活动：课前自主预习《延续文化血脉》教材内容，归纳总结知识点。

设计意图：让学生预习本节课所学内容，培养学生自主学习能力与分类归纳能力，有利于初步掌握本课相关知识点，并为后续教学作准备。

环节二：创设情境，导入新课

教师活动：播放视频《喜迎十九大，文脉颂中华》，引导学生在观看视频的同时，积极地思考：如何从两个角度为中华文化写介绍词？

学生活动：

1.认真观看视频。

2.根据教师提问内容认真思考，踊跃举手回答问题，感知传统文化的独特魅力。

设计意图：播放视频，让学生从视觉上感受中华文化的美，引起学生的学习兴趣，激发思考；通过从两个角度为中华文化写介绍词，更是帮助学生感受中华文化的魅力和延续，引出本课关键词——中华文化。

环节三：寻根——赏中华文化之美

教师活动：

探究活动1：分组完成任务。

分享你喜欢或熟悉的文化形式。

思考：这些文化都是由谁创造的？

教师总结。

学生活动：

1.仔细阅读材料并认真聆听教师讲解有关传统节日的相关信息。

2.结合生活经验积累，认真思考问题，并踊跃举手发言分享，并在课本对应位置做好知识点勾画和笔记整理。

设计意图：从学生熟知的节日出发，旨在让学生认识到中华文化就在我们身边，明确中华文化是由各族人民共同创造的，使其学会独立思考、提高分析与解决问题的能力。

教师活动：

探究活动2：我是小导游。

外国友人来学校参观，他们对中华文化非常感兴趣，想请你介绍一下中国的传统文化。你会向外国人介绍些什么？

思考：中华文化的内容和特点是什么？

教师总结。

学生活动：

1.组内讨论、探究。

2.小组代表分配任务，在形成结果后，由组员共同归纳总结，一名组员展示成果，一名组员进行介绍。

3.展示活动成果，并在教师的引导下完成知识点的落实。

设计意图：通过分组展示，更加形象直观地让学生感受中华文化的内容与特点，感知中华文化所具有的精神力量；激发学生的爱国主义精神，民族自信心、自豪感以及对中华文化的认同。

教师活动：

探究活动3：展示图片及其材料。

思考：为什么中华文化能薪火相传、历久弥新？

教师总结。

学生活动：

1.阅读材料、观察图片、结合教材，小组讨论、交流。

2.小组代表发言，并在课本上的对应位置做好知识点勾画和笔记整理。

设计意图：利用图文并茂的材料引导学生积极地参与探究活动，理解中华文化能薪火相传、历久弥新的原因，有利于为学生树立文化自信的意识奠定理论基础，增强文化认同感。

教师活动：

探究活动4：展示愚公移山、红军长征、铁人王进喜、载人航天精神等不同历史时期的图片。

思考：文化源远流长，那我们的中华文化是不是只包括这些优秀传统文化呢？

教师总结。

学生活动：

1.阅读材料，结合教材，小组讨论、交流。

2.通过探究分析，认识到中国特色社会主义文化，源自于中华优秀传统文化，熔铸于革命文化和社会主义先进文化，根植于中国特色社会主义伟大实践。

3.阅读教材61页，归纳总结中华文化的意义、作用，由小组代表发言。

设计意图：创设具有综合性、富有挑战性的问题，激发学生的学习兴趣，让学生从心灵上感受中华文化的了不起，在情感上深入体会中华文化的价值；这既符合学生的思维逻辑，又能使学生的感性认识逐步上升为理性认识。

教师活动：

探究活动5：展示图片及其材料。

（1）小调查：展示相关资料。

（2）展示相关链接。

教师言语引导，点拨学生回答，多元化评价学生，总结知识点，即为什么要坚定文化自信及怎样坚定文化自信。

学生活动：

1.仔细阅读小调查所展现的社会现象和习近平总书记的讲话内容，尝试运用课本知识进行分析。

2.认真聆听，在教师引导下，积极思考，并结合自己的生活经验积累，认真参与到小组讨论当中去。

3.踊跃举手发言回答问题。

4.大声齐读坚定文化自信的原因以及做法，加深对知识点的掌握程度。

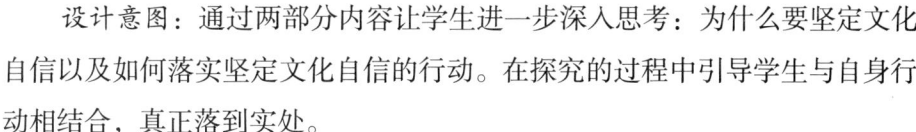

设计意图：通过两部分内容让学生进一步深入思考：为什么要坚定文化自信以及如何落实坚定文化自信的行动。在探究的过程中引导学生与自身行动相结合，真正落到实处。

环节四：铸魂——扬中华美德之意

教师活动：

探究活动6：说故事，颂美德。

教师总结：中华民族在五千多年的发展过程中，不仅创造了灿烂辉煌的中华文化，而且也形成了代代传承的美德。这些中华传统美德内涵丰富、博大精深。

学生活动：

1.积极参与小组讨论分享自己所知道的传统美德小故事。

2.小组派代表进行分享。

设计意图：通过对历史人物事迹以及典型故事的分析，引导学生感悟中华传统美德的代代相传和其本身蕴含的巨大能量，认识到新时代更要继承和弘扬中华传统美德。

教师活动：

探究活动7：展示材料。

（1）呈现材料：中华传统美德的地位。

（2）呈现材料：反映中华传统美德的古诗词、图片及视频。

教师言语引导，点拨学生回答，多元化评价学生，总结知识点，即中华传统美德的内容、特点和重要性。

学生活动：

1.仔细阅读材料，感悟中华传统美德的重要性。

2.积极参与课堂活动，踊跃举手回答问题。

3.仔细阅读材料，认真聆听老师讲解，欣赏PPT展示的中华传统美德的图片、视频，理解识记中华传统美德的内容、特点。

4.跟随教师引导，结合自身情况，在课本的对应位置做好知识点勾画和笔记整理。

设计意图：归纳总结，树立正确的"三观"，认识到传统美德的重要性，积极弘扬传统美德；同时从同学们容易理解的古诗词、图片、视频出发，更有利于掌握知识点，提高理论联系实际的解决问题的能力。

教师活动：

探究活动8：寻找新时代好少年。

内容要求：1.在我们身边有哪些美德值得我们称赞的好少年？2.请以小组为单位推荐一名学生，并说说推荐的理由。3.他（她）的事迹启示我们应该怎样践行美德？

教师总结。

学生活动：

1.积极参加活动，结合自身经验选出心目中的新时代美德好少年，并小组讨论。

2.小组派代表进行发言。

设计意图：创设具有综合性、富有挑战性的问题，激发学生的学习兴趣。教师精讲点拨，引导学生认识到在日常生活中应该怎样践行中华传统美德、传承中华传统美德，使学生由理论认识上升到行动体验。

教师活动：播放视频，与同学一起合唱《三德歌》。

学生活动：齐唱《三德歌》并做手势舞。

设计意图：以轻松愉悦的歌曲结束本节课的教学内容，并通过歌曲进一步引导同学们传承中国特色社会主义文化，发扬中华传统美德，做一名有品有德的好少年！

（二）课堂小结

通过这节课的学习，我们知道了中华文化的形成、内容、特点，坚定文化自信的原因、做法；知道了中华传统美德的重要性和怎样弘扬中华传统美德；对中华文化和中华传统美德有了更多的认识，增强了民族自豪感和民族自信心。要在日常生活中自觉传承中华文化，增强文化自信，争做美德少年，弘扬中华传统美德。让美德走进生活、走向未来，让生活变得更加美好、更加幸福。

（三）板书设计

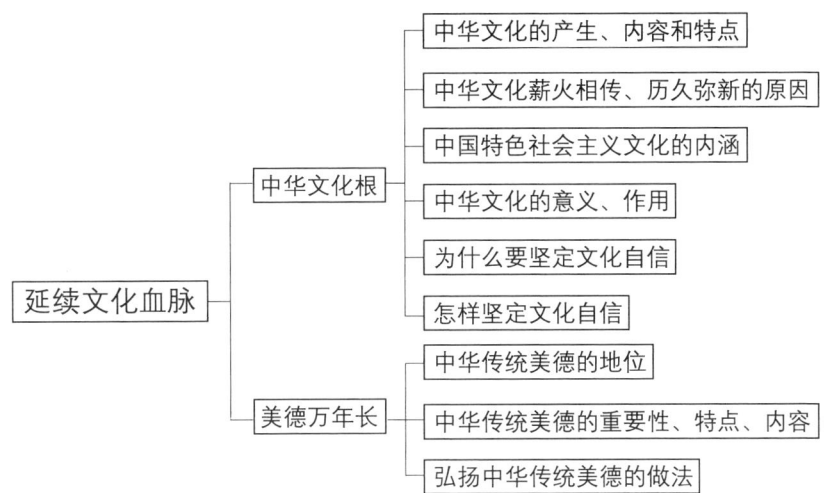

延续文化血脉
- 中华文化根
  - 中华文化的产生、内容和特点
  - 中华文化薪火相传、历久弥新的原因
  - 中国特色社会主义文化的内涵
  - 中华文化的意义、作用
  - 为什么要坚定文化自信
  - 怎样坚定文化自信
- 美德万年长
  - 中华传统美德的地位
  - 中华传统美德的重要性、特点、内容
  - 弘扬中华传统美德的做法

（四）作业设计

1.以小组为单位，制作中华文化黑板报。

2.观看电影《逃出大英博物馆》或《长安三万里》，并写下观后感。

（五）参考资料

1.中华人民共和国教育部：《义务教育道德与法治课程标准（2022年版）》，北京师范大学出版社，2022年。

2.苗玉荣：《中考备考全攻略》，吉林大学出版社，2024年。

3.人民教育出版社课程教材研究所、中学德育课程教材研究开发中心：《义务教育教科书　教师教学用书　道德与法治　九年级上册》，人民教育出版社，2021年。

八、教学总结与反思

（一）教学亮点

1.采用创设情境、设置讨论话题的方式来教学，引导学生自主思考、合作探究、交流展示、归纳提升，增强学生爱国主义情感，践行社会主义核心价值观。

2.精选素材，在材料的选择上，紧跟时政浪潮，具有鲜明的学科特色。

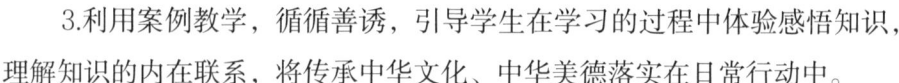

3.利用案例教学，循循善诱，引导学生在学习的过程中体验感悟知识，理解知识的内在联系，将传承中华文化、中华美德落实在日常行动中。

（二）存在的不足

1.对学生引导语的精准度有待提高，语言不够精练。

2.对学生评价主体的多元性有待提高。

（三）改进措施

1.锻炼语言表达能力，精简语言，提高对学生引导语的精准程度。

2.提高对学生主体多元性评价，丰富课堂评价语言。

传承中华文化，延续文化血脉

沈阳市虹桥中学　杨玉坤

一、课程基本信息

主讲课程：道德与法治

使用教材版本：人民教育出版社2018年版

教材章节出处：《道德与法治》九年级上册第三单元第五课第一框《延续文化血脉》

二、教学设计概述

本节课教学内容出自《道德与法治》九年级上册第三单元《文明与家园》第五课《守望精神家园》，本框有两个板块："中华文化根"和"美德万年长"。

"中华文化根"主要介绍了中华文化的产生及特点，文化是一个国家、一个民族的灵魂，在新时代，要延续中华文化需要发展中国特色社会主义文化。文化一脉相承，中国特色社会主义文化是中华文化的血脉延续，中华文化积淀着中华民族最深层的精神追求，代表着中华民族独特的精神标识，为中华民族伟大复兴提供精神动力。建立并坚定文化自信事关国运兴衰、文化安全和民族精神的传承发展。坚定文化自信，发展中国特色社会主义文化，必须坚持以马克思主义为指导，推动中华优秀文化创造性转化、创新性发展，继承革命文化，发展社会主义先进文化，不忘本来，吸收外来，面向未来，不断铸就中华文化新辉煌。

中华传统美德是中华文化的精髓，蕴含着丰富的道德资源，熔铸了中华民族坚定的民族志向、高尚的民族品格和远大的民族理想，是世代相传的民族智慧，是建设富强民主文明和谐美丽的社会主义现代化强国的精神力量。中华传统美德经过长期的历史积淀已经融入中华民族的思维方式、价值观念、行为方式和风俗习惯，成为一种文化基因。在新时代，我们要积极推进社会公德、职业道德、家庭美德、个人品德建设，倡导向上向善、孝老爱亲、忠于祖国、忠于人民的美德风尚，从而创造更加美好、幸福的人生。

本节课教学设计依据《义务教育道德与法治课程标准（2022年版）》中政治认同部分的"体会中华文化的源远流长与博大精深；理解中华优秀传统文化的核心思想理念、人文精神和传统美德，弘扬民族精神，具有强烈的中华民族自豪感；学习和理解社会主义先进文化和革命文化，坚定文化自信"。

三、学情分析

随着经济全球化与信息技术的发展，历史的和现实的、本土的和外来的、先进的和腐朽的各种各样的文化相互激荡。在这一大环境下，九年级的学生受其心理发展水平、认知能力以及辨别是非能力的限制，在一定程度上会淡漠对中华文化价值的认识，从而忽视对优秀文化的传承，更难以在此基础上建立文化自信。因此，当今世界，面对各种思想文化，需要学生从中华优秀传统文化中发掘资源，建立并坚定文化自信，积极培育和践行社会主义核心价值观，推动中华优秀传统文化创造性转化、创新性发展，继承革命文化，发展社会主义先进文化，加深对中华文化的认识，打牢中华文化底色，传承中华美德，发展中国特色社会主义先进文化。

四、教学目标

（一）核心素养目标

1.通过收集格言、故事，理解中华民族传统美德的主要内涵。

2.通过选择、列举民族文化的实例，知道灿烂的文化是由各民族共同创造的。

3.列举我国古代具有代表性的科技成就、文艺作品等，感受中华文化源

远流长、博大精深，萌发民族自豪感，树立文化自信。

（二）学段目标

1.以"中华优秀传统文化的魅力何在"为议题，探究中华优秀传统文化核心理念的当代价值。

2.能够举例说明社会主义先进文化、革命文化和中华优秀传统文化的主要特征，坚定文化自信。

3.初步具备正确的道德判断和道德选择能力，自觉践行良好的个人品德、家庭美德和社会公德，理解"明大德、守公德、严私德"，做一个文明的社会成员。

五、教学重点难点

（一）教学重点

中华传统文化、传统美德的内涵。

（二）教学难点

以实际行动弘扬中华优秀传统文化、传承中华传统美德，进而坚定文化自信。

六、教学设计总体思路

1.本课以探寻中华优秀传统文化的主要代表性成果为切入点，初步感受灿烂的文化是各民族共同创造的，并在此基础上通过列举中华优秀传统文化的代表性成果和我国的文化遗产，对比中外文明发展历程，感受中华文化对人类文明的贡献，为中华民族创造的文明成就感到自豪的同时，体验中华文化的价值、了解中华文化的内涵及特点，感受中华优秀传统文化的魅力。

2.通过多媒体展示和视频播放，介绍传统文化、革命文化、社会主义先进文化，深刻了解文化是一个国家、一个民族的灵魂。在社会主义新时代，延续文化血脉需要建立并坚定文化自信，发展中国特色社会主义文化。

3.通过对孟子和范仲淹"忧乐思想"的比较，探寻文化思想体现的中华传统美德，而中华传统美德是中华文化的精髓，已融入中华民族的思维方式、价值观念、行为方式和风俗习惯中，成为中华民族的文化基因。在新时代，青少年要践行并传承中华传统美德，发展中国特色社会主义文化，传承并延续文化血脉。

七、教学过程

（一）教学流程设计

环节一：探寻文化之根，延续文化血脉

教师活动：

1.播放视频：《国家宝藏：一眼万年》。

2.设置问题：在视频中，你看到了哪些国家宝藏的典型代表？最能打动你的是什么？看到这款宝藏藏品你有什么感受？

学生活动：观看视频，谈谈自己了解的国家宝藏的历史典故及感受。

设计意图：让学生感受中华文化的力量，唤醒文化认同感和自豪感。

环节二：探寻中华文化系列活动——中华文化根

第一部分：中华文化特点

1.细数中华文化之数量

教师活动：

（1）多媒体展示国家宝藏图片。

（2）设置问题：你知道这些"宝藏"背后的故事吗？

学生活动：了解"宝藏"背后的故事，知道灿烂的文化是各民族共同创造的。

设计意图：感受文化的力量，增强文化认同感和归属感。

2.探寻中华文化之广博

教师活动：

（1）设置问题：你还知道哪些优秀的中华文化？总结中华文化的内涵及特点。

（2）多媒体展示中国独具特色的语言文字、浩如烟海的文化典籍、名扬世界的科技工艺、异彩纷呈的文学艺术。

思考中华优秀文化的代表性成果，总结中华文化的内涵及特点。

（3）小结：中华文化源远流长、博大精深。

设计意图：感受中华文化的博大精深，激发文化自豪感。

3.比较中华文化之源远

中外文明发展对比表

国家	产生时间	发展	结果
古巴比伦	公元前3500年	波斯入侵，巴比伦王国灭亡	烟消云散
古印度	公元前3000年	雅利安人入侵，印度文化雅利安化	雅利安化
古埃及	公元前3000年	先后希腊化、罗马化、伊斯兰化	面目全非
中国	公元前2100年	夏商周秦汉三国两晋南北朝隋唐五代十国宋元明清至今	流传至今

教师活动：设置问题：

（1）为什么中华文明在几千年的历史中没有中断过？

（2）中华文化历经沧桑仍薪火相传、历久弥新的重要原因是什么？

学生活动：思考中华文明成为唯一没有中断并延续至今的文明的原因。

教师活动：总结：中华文化具有应对挑战、与时俱进的创造力和海纳百川、有容乃大的包容力。

设计意图：直观了解中华文化及其所创造的中华文明所展现的历史张力，中华文化不仅博大精深，而且源远流长，虽历经沧桑，但薪火相传、历久弥新。

第二部分：文化自信

1.多媒体展示传统文化、革命文化、社会主义先进文化相关图片。

教师活动：文化是一个国家、一个民族的灵魂。新时代，延续文化血脉需要发展中国特色社会主义文化。

学生活动：观看多媒体展示的图片，体验中华文化一脉相承，在中国特色社会主义伟大实践中，更是形成了独具一格的中国特色社会主义文化。

设计意图：通过列举内容体验文化的传承与发展，了解中国特色社会主义文化。

2.播放视频：从远古到如今的中国文化中的精髓。

教师活动：

（1）设置问题：

①弘扬中华文化的意义是什么？

②为什么要坚定文化自信？

③如何坚定文化自信？

（2）小结：

①弘扬中华文化的意义：中华文化积淀着中华民族最深层的精神追求，代表着中华民族独特的精神标识，为中华民族伟大复兴提供精神动力。

②坚定文化自信的原因：坚定文化自信，事关国运兴衰、文化安全和民族精神的传承发展。

③坚定文化自信的措施（图示辅助讲解）：

以马克思主义为指导

推动中华优秀传统文化　创造性转化　古为今用、洋为中用

　　　　　　　　　　　　创新性发展　辩证取舍、推陈出新

继承革命文化

发展社会主义先进文化　不忘本来、吸收外来、面向未来

学生活动：观看中华文化在历史发展中的价值展现，体验中华文化的意义，建立并了解文化自信。

设计意图：引导学生增强对民族文化的自尊心、自信心和自豪感。

3.活动设置：辨析探究。

观点一：君要臣死，臣不死，臣为不忠；父要子亡，子不亡，子为不孝。

观点二：小杖则受，大杖则走。

辨析上述两个观点，谈谈现代社会中关于"孝"的新变化。

教师活动：提示：古为今用、洋为中用、辩证取舍、推陈出新。

学生活动：小组讨论，辨析上述两个观点，谈谈现代社会中关于"孝"的新变化。

设计意图：此活动承上启下，链接到中华传统美德。

第三部分：美德万年长

1.问题设置一：中华传统美德有哪些？

教师活动：提示：

（1）爱国主义精神："先天下之忧而忧，后天下之乐而乐""天下兴亡，匹夫有责"。

（2）新型人际关系："先人后己""舍己为人""己所不欲，勿施于人""我为人人，人人为我"。

（3）强调尊老爱幼、孝敬父母等美德："老吾老，以及人之老；幼吾幼，以及人之幼。"

学生活动：列举中华传统美德，感悟中华文化的精髓。

设计意图：培养学生热爱中华文化和中华传统美德的情感。

2.问题设置二：为什么要弘扬中华传统美德？

学生活动：思考并讨论中华传统美德的意义。

教师活动：小结：中华传统美德是中华文化的精髓。

设计意图：引导学生深入思考中华传统美德在社会发展中的作用和意义，感受中华文化的影响。

3.多媒体链接材料：

齐宣王见孟子于雪宫。王曰："贤者亦有此乐乎？"孟子对曰："有。人不得，则非其上矣。不得而非其上者，非也；为民上而不与民同乐者，亦非也。乐民之乐者，民亦乐其乐；忧民之忧者，民亦忧其忧。乐以天下，忧以天下，然而不王者，未之有也。"

——《孟子·梁惠王下》

嗟夫！予尝求古仁人之心，或异二者之为，何哉？不以物喜，不以己悲，居庙堂之高则忧其民，处江湖之远则忧其君。是进亦忧，退亦忧。然则何时而乐耶？其必曰"先天下之忧而忧，后天下之乐而乐"乎！噫！微斯人，吾谁与归？

——范仲淹《岳阳楼记》

教师活动：

（1）设置问题：虽然孟子和范仲淹生活的年代相隔一千多年，但他们的忧乐思想一脉相承。阅读这两段名言，你得到什么启发？

（2）讲解：范仲淹的思想是对孟子思想的传承和发展，说明中华传统美德具有一脉相承、生生不息的品质，熔铸了中华民族坚定的民族志向、高尚的民族品格和远大的民族理想，是世代相传的民族智慧。

学生活动：与同学们分享自己的认识。

设计意图：了解中华文化中的思想传承，并感受其中的美德情操。

4.多媒体展示最美逆行者、志愿者、清洁工、关爱老人等图片。

教师活动：

（1）设置问题：向身边的榜样学习，传承中华传统美德，青少年应该怎么做？

（2）小结：美德的力量在于践行。

学生活动：与同学们分享自己的认识。

设计意图：了解中华传统美德时刻闪耀着光辉，青少年要传承中华传统美德。

（二）课堂小结

通过这节课的学习，了解了中华文化的形成及价值、内涵及特点和传承文化血脉要发展中国特色社会主义文化，坚定文化自信，了解了中华传统美德是中华文化的精髓。作为新时代的青少年，在日常生活中要传承并弘扬中华文化与传统美德，争做美德少年。

（三）板书设计

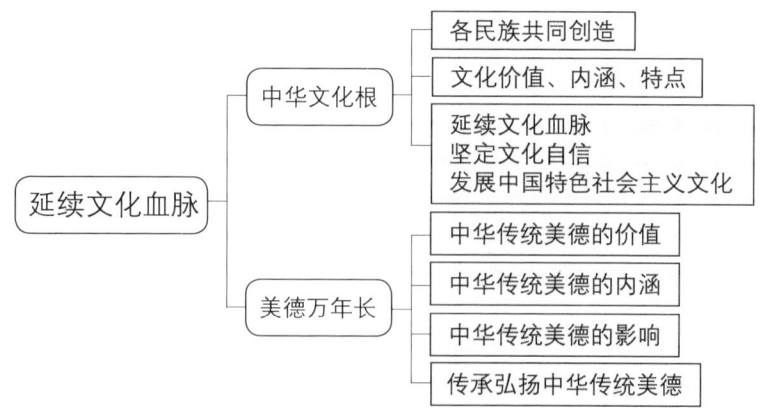

（四）作业设计

以"中华优秀传统文化的魅力何在"为议题，探究中华优秀传统文化核心理念的当代价值。

（五）参考资料

1.中华人民共和国教育部：《义务教育道德与法治课程标准（2022年版）》，北京师范大学出版社，2022年。

2.人民教育出版社课程教材研究所、中学德育课程教材研究开发中心：《义务教育教科书　教师教学用书　道德与法治　九年级上册》，人民教育出版社，2021年。

八、教学总结与反思

本节课内容主要涉及了中华文化和中华传统美德。

在"中华文化根"中，从国家宝藏图片、中华文化代表性成果、中外文明发展比较等问题入手，引发对中华文化的思考。中国各民族创造了灿烂的中华文化，而文化又以其特有的方式发展，影响着中国、惊艳着世界。中华文化博大精深、源远流长，又随着时代的发展而薪火相传、历久弥新，可见，中华文化不只是文化符号，更是融于生活、融于血脉的基因符号，对我们的思维方式、价值观念、行为方式和社会的风俗习惯都产生着深远的影响，尤其是近年来，中华文化以其独特的魅力不仅惊艳了生于斯长于斯的"我们"，更以中国式的方式展现于世界，让更多的人和民族认识中华文化、了解中国思想、学习中国经验、赞叹中国智慧。从而坚定文化自信，发展中国特色社会主义文化。

中华文化的精髓是中华传统美德。在"美德万年长"中，以不同的方式深入探讨了中华传统美德的价值、其在传统文化与思想中的表现，更展现了以孟子和范仲淹的相隔千年却一脉相承的"忧乐观"为代表的中华传统美德的深刻的思想内涵。进而探究美德中的文化密码，解锁时代化的美德传承与弘扬。

　　《延续文化血脉》一课以文化为线索，以深入浅出的方式探寻了文化的足迹，展现了中华文化的深邃与独特，融文化、历史、生活、时代于一体，更给现代的我们提供了思想发展的线索和借鉴。

赓续文化基因

铁岭市教师进修学院　李岩松

一、课程基本信息

主讲课程：道德与法治

使用教材版本：人民教育出版社2023年版

教材章节出处：《道德与法治》九年级上册第三单元第五课第一框《延续文化血脉》

二、教学设计概述

（一）设计思路

本课的核心设计思路是围绕"延续文化血脉"这一主题，结合学生认知，由浅入深设计一系列富有启发性和实践性的教学活动。旨在通过本课的学习，使学生能够深刻理解文化传承与创新的重要性，增强文化自信，同时培养学生的批判性思维和创新精神。

（二）理论依据

本课依据《义务教育道德与法治课程标准（2022年版）》课程目标中政治认同的核心素养、总目标中的"热爱中华文化"、学段目标中政治认同第四学段文化方面的内容。

（三）设计特色

采用课题在授课过程中自然呈现，而非通过导课后直接明确课题的方式呈现；通过小组讨论、观点辩论，培养学生的合作精神和团队协作能力。

三、学情分析

九年级学生对中华文化有了一定的认识。但是，随着经济全球化与信息技术的发展，历史的和现实的、本土的和外来的、先进的和腐朽的等各种各样的文化相互激荡。在这一大环境下，九年级的学生受其心理发展水平、认知能力及辨别是非能力的限制，在一定程度上会淡漠对中华优秀传统文化价值的认识，从而忽视对中华优秀传统文化的继承与发展。

通过学习本课，引导学生有意识地了解中华文化的特点及其内在的创造力和包容力，感悟中华传统美德蕴含着丰富的道德资源，自觉重视中华文化的价值，践行社会主义核心价值观，认同民族文化，增强对中国特色社会主义文化的价值认同与自信。

四、教学目标

1.通过观看视频，获得中华文化的内涵这一知识目标，习得概括分析的能力。

2.通过小组讨论，获得中华文化的产生这一知识目标，习得思考问题的能力；通过辩论、观点碰撞以及交换观点再辩论，获得中华文化的特点、坚定文化自信这两个知识目标，点明本课标题。

3.通过两段文字材料，获得传统美德的价值、中华传统美德的内涵、践行美德这三个知识目标，达到阅读感悟、分析材料、明确概念、学会思辨、身体力行的效果；增强对党推动文化事业和文化产业繁荣发展的理解，增强对文化建设方面的理解，增强以社会主义核心价值观为引领，发展社会主义先进文化，弘扬革命文化，传承中华优秀传统文化的理解；培养学生理解问题、分析问题、学会辨析等能力。

五、教学重点难点

（一）教学重点

中华优秀传统文化的现代价值与传承。树立高度的文化自觉和文化自

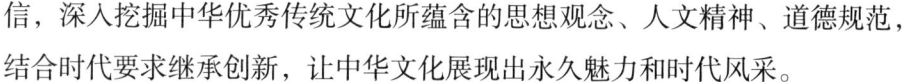

信，深入挖掘中华优秀传统文化所蕴含的思想观念、人文精神、道德规范，结合时代要求继承创新，让中华文化展现出永久魅力和时代风采。

（二）教学难点

理解中国特色社会主义文化的内涵、来源、发展。

六、教学设计总体思路

本课采用《非遗中国龙》视频导入的方式，激发学生的学习兴趣。

提问学生除了龙之外你还知道哪些是中华文化的标志？图片展示，呈现中华文化的内涵。追问中华文化是如何产生的？接着通过一段文字叙述自贡灯会的制作过程，提出辩论问题，理辩则明，在辩论的过程中得出中华文化的特点、明确本课标题、坚定文化自信。接着，通过习近平总书记的讲话，提高本课的政治高度，得出文化自信的重要性。通过两个文字材料，让学生明确传统美德的价值，中华传统美德的内涵，更重要的是践行美德。最后，通过学习，学生自己按照所学内容绘制思维导图，下节课展示。

本节课采用小组讨论，分组辩论，材料分析的教学方法。注重培养学生的思辨能力，激发学生的学习兴趣。

七、教学过程

（一）教学流程设计

环节一：导入新课

教师活动：

1.播放视频：《四川自贡灯会"非遗中国龙"》。

2.提问：我们都是龙的传人，一说到龙就能想到中国，除了龙之外，你还知道哪些是中华文化的标志呢？

学生回答后，教师补充展示具有中华文化特色的图片（文字、书籍、四大发明、京剧脸谱等）。

3.独具特色的语言文字，浩如烟海的文化典籍，名扬世界的科技工艺，异彩纷呈的文学艺术共同组成中华文化。

学生活动：观看视频，思考并回答问题。

设计意图：通过观看视频，让学生对本课的学习内容产生兴趣，积极回答问题，通过图片展示，让学生更直观地明确中华文化的内涵，增强对中华文化的自信。落实政治认同核心素养。

环节二：合作讨论

教师活动：

1.追问：这么多元素都能彰显中华文化，我们上下五千年的中华文化是怎么产生的呢？（小组讨论）

2.中华文化的产生：长期以来，中华民族就在中华大地上劳动和生活。各民族人民团结互助，相互学习，用自己的勤劳和智慧共同开发建设祖国大好河山，创造了灿烂的中华文化。

学生活动：思考追问，通过小组讨论解决问题。

设计意图：培养学生勤动脑、勤思考的习惯，小组讨论，培养学生合作学习的能力。落实政治认同核心素养。

环节三：思辨点睛

教师活动：刚刚同学们看到的视频，是2023年2月自贡彩灯的一个打卡点，我们根据一段文字，再详细了解一下这条"非遗中国龙"。请学生阅读文字内容：

龙年观灯，主角"龙"不能少。灯会一条长达202.4米的"非遗中国龙"尤其引人注目。灯组整体造型设计取材于故宫"九龙壁"蟠龙造型，整体造就成为从谷底喷薄而出、腾空而起的壮丽景象，以一个造型实现正面近看与反面远观的双重震撼性效果。

那么，为啥叫"非遗中国龙"？据了解，灯组采用的塑料瓶镶嵌粘接制作工艺是自贡灯会非遗工艺里的一个重要组成部分，用此工艺制作如此大体量的灯组也属首次。

不仅如此，龙身"鳞片"采用20万个回收矿泉水瓶捆扎而成。通过透明玻璃漆给这些塑料瓶着色，最终实现七彩变光、绚丽多彩的效果，让观众真切感受到自贡是如何做到"万物皆可成灯"的。

在矿泉水瓶用材工艺上,技术人员就不同部位、不同大小瓶子的选材、拼接方法、剪切规格及瓶体色彩的呈现技术等问题,反复进行上百次试验。为给这20万只回收矿泉水瓶集体上色,15名工人连续作业20天才完成。

龙鳞局部绿色低碳的环保理念,与国家级非遗技术相融合,夜色下遥望,"非遗中国龙"光影流转,似在翩然起舞。

提问:有人说有些文化遗产在现代生活中没有使用价值,没必要保护。你认同这种说法吗?为什么?我们就这一问题开展辩论赛。

要求:一方的一名同学说出自己的观点,另一方的同学进行反驳,若其中一方没有反驳观点,则倒计时5秒钟,发言权留给对方。1分钟准备时间。之后男女双方互换观点进行辩论。

男方:认为文化遗产在现代生活中没有使用价值。

女方:认为文化遗产在现代生活中有使用价值。

学生活动:阅读文字材料,理解文字内容并思考,进行辩论。

设计意图:培养学生阅读材料、理解材料的能力,通过辩论产生新的观点,转换思考问题的方式,培养学生的思辨能力,更容易理解文化的重要性和如何坚定文化自信。男女双方互换观点,培养学生多角度而非单一方向思考问题的能力。

教师活动:文化遗产很重要,而且没有文化遗产的延续,也不能有我们源远流长、博大精深、薪火相传、历久弥新的中华文化——中华文化的特点,所以我们要"延续文化血脉"(板书本课题目)。

我们作为中国人,要知道只有中华文化是有源头的、是没有中断的文化,其他国家的文化,或者因为战争,或者因为殖民入侵导致该国的文化都有中断,只有我们中华文化一直延续至今。

文化是一个国家、一个民族的灵魂——文化的重要性。就像同学们说的,可以像"非遗中国龙"一样,用创新的方式推动中华文化向前发展,所以,坚定文化自信,发展中国特色社会主义文化,必须坚持以马克思主义为指导,推动中华优秀传统文化创造性转化、创新性发展,继承革命文化,发展社会主义先进文化,不忘本来,吸收外来,面向未来,不断铸就中华文化新辉煌。

学生活动：在辩论的基础上，学生通过教师点拨领会知识内容，更容易理解文化的重要性和如何坚定文化自信。

设计意图：通过知识点的逐层深入，明确本课课题《延续文化血脉》，顺理成章呈现课题，更改以往先呈现课题再授课的方式，也是本课设计的一个创新点。落实政治认同核心素养。

环节四："习语"感悟

教师活动：展示教材61页相关链接内容：

2023年6月，习近平在文化传承发展座谈会上指出，在新的历史起点上继续推动文化繁荣、建设文化强国、建设中华民族现代文明，要坚定文化自信，坚持走自己的路，立足中华民族伟大历史实践和当代实践，用中国道理总结好中国经验，把中国经验提升为中国理论，实现精神上的独立自主。要秉持开放包容，坚持马克思主义中国化时代化，传承发展中华优秀传统文化，促进外来文化本土化，不断培育和创造新时代中国特色社会主义文化。要坚持守正创新，以守正创新的正气和锐气，赓续历史文脉、谱写当代华章。

通过习近平总书记的讲话，我们能够感受到文化自信的重要性：文化自信是一个国家、一个民族对自身文化价值的充分肯定，是对自身文化生命力的坚定信念，是更基础、更广泛、更深厚的自信，是一个国家、一个民族发展中最基本、最深沉、最持久的力量。坚定文化自信，事关国运兴衰、文化安全和民族精神的传承发展。

这是我们文化的根。有根才能枝繁叶茂，美德才能万年长。

学生活动：齐读文化自信的重要性。

设计意图：从国家层面理解中华文化的重要性，培养学生的大局意识和国家观。

环节五：典籍增智

教师活动：中华民族创造出灿烂的文化，形成了代代相传的美德。中华传统美德是中华文化的精髓（中华传统美德的价值），蕴含着丰富的道德资源，是世代相传的民族智慧，是建设富强民主文明和谐美丽的社会主义现代化强国的精神力量。

阅读教材63页探究与分享《孟子·梁惠王下》节选和范仲淹《岳阳楼记》节选，并说说你得到什么启发。

列举你知道的中华传统美德。

学生活动：通过阅读，体会他们忧乐思想的一脉相承，列举知道的中华传统美德，体会中华传统美德的内涵。

设计意图：通过阅读，学生体会中华传统美德的博大精深。知道中华传统美德代代相传，早已融入中华民族的思维方式、价值观念、行为方式和风俗习惯，成为一种文化基因。

环节六：故事启迪

教师活动：我们来看一个关于践行美德的故事。

"顺其自然"，这位宁波温暖而又神秘的好心人，1999—2021年每年都向宁波市慈善总会捐款，捐款数额从几万到上百万元不等。

"顺其自然"捐款有相同的特点：每年都是在差不多的时间段，每次都用虚拟地址，每次都把汇款收据寄给宁波市慈善总会，署名总是"顺其自然"这几个字。二十多年来，"顺其自然"已累计捐款1000多万元。"顺其自然"的捐款已经全部用于助学、助困。

对于这样一位宁波好人，宁波市慈善总会出于尊重，已放弃寻找他究竟是谁。在"顺其自然"的影响下，宁波逐渐形成一股匿名捐款的潮流，活跃着一群特殊的爱心人士。

提问：作为青少年，我们如何践行美德？

学生活动：思考并回答问题。

设计意图：从故事中受到启迪，学生在实际生活中自觉践行美德，身体力行，认识到践行美德的重要性。

（二）课堂小结

通过本节课的学习，我们明确了中华文化的内涵、中华文化的特点，认识到文化自信的重要性，在生活中践行美德。在知、思、悟中坚定文化自信，对中华文化的传承与创新有新的认识，感悟中华传统美德蕴含着丰富的道德资源，自觉重视中华文化的价值，发展社会主义先进文化，弘扬革命文化，传承中华优秀传统文化，作为中国人的自豪感油然而生。

（三）板书设计

延续文化血脉

（四）作业设计

通过学习，学生按照所学内容绘制思维导图，下节课展示思维导图。

（五）参考资料

《来这儿就三件事儿：看灯！看灯！看灯！》，央视新闻，https://mp.weixin.qq.com/s/7uII3Xj–Q–9NHzWUzlBc6A.

八、教学反思与总结

（一）教学反思

本课理论性很强，又是爱国主义一个很重要的课题，用视频、图片和辩论等多种教学方式，以学生为主体，让学生自主思考问题，得出结论，达到理解和应用的目的。但本节课对于中华文化的产生，直接让学生小组讨论，没有给出一个恰当的材料引导，概念抽象，学生理解起来较困难，需要找到更适合的资料进行补充。

（二）教学总结

本课内容较为抽象，不容易理解，我利用视频导入的方式，调动学生学习兴趣，符合学生认知特点和水平，利用图片明确中华文化的概念，通过小组合作的方式思考中华文化是如何产生的，并延续视频内容，给出一段文字材料，让学生辩论文化遗产在现代生活中是否有使用价值。辨析明确知识点，引出本课课题，学习习近平总书记的讲话，从国家层面理解中华文化的重要性，培养学生的大局意识和国家观，通过两段材料让学生明确中华传统美德的价值和中华传统美德的内涵，身体力行，践行美德。

探中华文化魅力　做新时代美德少年

大连市高新区第一中学　汤　颖

一、课程基本信息

主讲课程：道德与法治

使用教材版本：人民教育出版社2018年版

教材章节出处：《道德与法治》九年级上册第三单元第五课第一框《延续文化血脉》

二、教学设计概述

（一）设计思路

本课以2024年央视春晚节目《山河诗长安》为线索，共设置四个环节：数千年诗意风流，探中华文化前世；看今朝盛世华彩，析中华文化今生；擎传承创新火炬，畅中华文化未来；承千年品质准则，做新时代美德少年。环节间层层递进，螺旋上升，引领学生通过《山河诗长安》了解中华文化的内容及其特点；通过阅读网友评论、分享学习中华文化的意义，感受中华文化魅力；通过分析中外元素，知晓文化创新的途径；通过分析李白人物特点和背后制作团队的故事，学习中华传统美德。

（二）理论依据

1.在党的二十大报告中，习近平总书记指出要传承中华优秀传统文化，"推进文化自信自强，铸就社会主义文化新辉煌"；习近平总书记还强调，中国文化源远流长，中华文明博大精深。只有全面深入了解中华文明的历史，才能更有效地推动中华优秀传统文化创造性转化、创新性发展。

2.教育部在2014年出台了《完善中华优秀传统文化教育指导纲要》，文件指出，加强对青少年学生的中华优秀传统文化教育至关重要。初中阶段要以增强学生对中华优秀传统文化的理解力为重点，提高对中华优秀传统文化的认同度，引导学生认识我国的文化传统。

3.《义务教育道德与法治课程标准》中提到的"政治认同"核心素养，要求学生具备热爱中华民族、中华文化的情感，体会中华文化的源远流长与博大精深，理解中华优秀传统文化的核心思想理念、人文精神和传统美德，弘扬民族精神，增进中华民族价值认同和文化自信，提升民族自豪感。

（三）设计特色

2024年央视春节联欢晚会爆款节目《山河诗长安》，以李白重回长安的视角进行一场跨越时空的盛宴，本课时内容结合该节目展开，形式新颖，妙趣横生，能够较好地调动学生的兴趣和积极性。

三、学情分析

首先，从思想特点来说，九年级学生思维能力空前提高，且处于价值观形成的关键时期，部分学生缺乏对传统文化的系统了解，对中华文化的认识和文化自信不足，在网络信息爆炸的时代，容易崇尚外来文化。

其次，在知识储备上，小学阶段学生们学习过中华民族的悠久历史和博大精深，了解过中华民族对人类文明的贡献；同时，在七年级和八年级两年的学习中，也涉及了很多有关传统文化和传统美德的相关知识，这些都可以为九年级学生学习本课奠定基础。

最后，在能力水平上，九年级学生对于传统文化和传统美德有着粗略的认知，但不够深入和精细。部分学生可能具备某些传统文化技艺，但也仅停留在一般的知识和操作层面。

因此，对于本课所学内容，需要有意识地引导学生感受中华文化的力量及其魅力，以实际行动增进中华民族的价值认同，坚定文化自信，践行传统美德。

四、教学目标

1.通过观看视频《山河诗长安》和对节目中传统文化元素的挖掘，能够了解中华文化的内涵，知道中华文化是在各族人民相互学习的过程中形成的，能概括出中华文化所蕴含的丰富内容；在思考以唐诗为代表的传统文化何以能够穿越古今的过程中，感受中华文化的魅力，理解中华文化独一无二的理念能够增添中国人民内心深处的自豪；通过华春莹向世界推荐节目以及寻找节目中的外国元素，引导学生明晰传统文化的发展是需要创新并融合吸收其他文化的，同时增强学生的文化自信、民族价值认同和民族自豪感，为自己是一名中国人而自豪，不负时代，不负韶华。

2.通过对诗人李白和导演团队的品质概括，引导学生了解中华传统美德的丰富内涵与博大精深，理解传统美德是中华文化的精髓，是世代相传的民族智慧；通过书写"美德践行卡"活动，能够做到理论和实际的结合，将书本知识和千年美德真正落实到日常行动中，能够形成初步的道德认知和判断，能够明辨是非善恶，在日常生活中养成团结友爱、自尊自敬、诚实守信、自强不息、勤劳勇敢等传统美德。

3.通过书写美德践行卡活动，能够自觉践行传统美德，将认知、态度和情感转化为日常生活中的实际行动。具有担当精神，自觉推进社会公德、家庭美德和个人品德建设，为中华传统文化传承发展担当责任。

五、教学重点难点

（一）教学重点

感受中华文化的魅力。首先，从教学内容上说，本课内容承担了承上启下的作用，其中启下更多一些，学生理解中华文化的魅力，懂得践行传统美德对接下来的弘扬民族精神、构筑中国价值等内容的学习都起到了很好的铺垫作用；其次，就学生的个人发展而言，了解中华文化的魅力能够增强其对中华文化、中华民族的自信，增进中华民族价值认同和民族自豪感。

（二）教学难点

如何坚定文化自信和践行美德。九年级学生处于价值观形成的关键时期，对于他们来说，理解文化自信和传统美德难度不大，但是由于行为的转化和思想的转化是一个长期的过程，无法在短期内形成，因此，从理论到实践层面的转化对学生来说是难点，需要教师在日常教学中有意识地帮助和引导学生。

六、教学设计总体思路

（一）总体设计思路

本课共设计教学导入和新课讲授两大部分。

在教学导入部分，采用学生耳熟能详的"春晚"话题，以播放视频的形式引入新课，激发学生兴趣。

在新课讲授部分，以2024年央视春晚节目《山河诗长安》为线索，共设置四个教学环节。在讲述中华文化的内容及其特点时，组织同学们分析春晚节目中的传统文化元素，思考这些文化为什么能够穿越古今；在讲授传统文化的意义时，展示网友的热门评论，分享同学们对万人齐颂《将进酒》的感受，以分享感受的方式让学生体会中华文化的魅力；在讲授文化创新途径时，设问：《山河诗长安》中有没有其他国家的文化元素？为什么一个传统文化的节目，要加入这些元素？引发学生思考，明晰传统文化的发展需要创新并融合吸收其他文化元素。最后，以设计美德践行卡收尾，书写"美德践行卡"，做到理论和实际的结合，将书本知识和千年美德真正落实到日常行动中。

（二）教学方法

本课时采用讲授法、讨论法和情景教学法。同时辅以视频资源，能够让学生从听觉和视觉双层面感受传统文化，从而更好地消化吸收知识，将知识转化为实际行动。

七、教学过程

（一）教学流程设计

第一部分：教学导入

教师活动：2024年央视春晚，"西安分会场 赢麻了"登上微博热搜。《山河诗长安》为何能够燃动观众的心？今天，就让我们跟随李白，共同体验中华文化的魅力。

播放视频：2024年央视春晚节目《山河诗长安》片段。

学生活动：观看视频，思考并回答问题。

设计意图：借助学生耳熟能详的"春晚"话题，能够迅速拉近与学生的距离；以视频的形式创设情境，激发学生兴趣，将学生的注意力和情绪快速拉到情境中，从而展开新课。

第二部分：新课讲授

环节一：数千年诗意风流，探中华文化前世

教师活动：在这个节目中，你看到了哪些传统文化？

学生活动：讨论并交流，总结视频中的传统文化。

教师活动：总结：中华文化的内容丰富，有独具特色的语言文字、浩如烟海的文化典籍、名扬世界的科技工艺、异彩纷呈的文学艺术等。

在节目中，张若昀与李白共同诵读《将进酒》，我们感受到了唐诗的魅力。为何唐诗可以穿越古今，在历史长河中永不褪色？

学生活动：小组讨论并派代表汇报。

教师活动：总结：中华文化源远流长、博大精深，薪火相传、历久弥新。

设计意图：通过对节目内容的分析，学生能够清晰判断并找出唐朝的作品成就，以及思考这些文化为什么能够穿越古今，从而概括出中华文化的内容和特点。

环节二：看今朝盛世华彩，析中华文化今生

教师活动：《山河诗长安》节目播出后，在国内外广受好评。有的网友说：西安这个节目太震撼了！古诗词一句一句出来的时候浑身起鸡皮疙瘩，中华文化的厚重感和底蕴直接让我热泪盈眶；有的网友说，春晚打开了时空之门，连接了两个盛世。

提问：看到万人齐颂《将进酒》，你有什么感受？这个场景为何使得人们热血沸腾？

学生活动：分享感受，思考问题。

1.中华文化能够代表着中国人的精神。

2.中华文化能够激起中国人的民族自豪感。

设计意图：以分享感受的方式让学生体会中华文化的魅力，以网友评论激发学生阐明中华文化的意义。

环节三：擎传承创新火炬，畅中华文化未来

教师活动：时任外交部部长助理华春莹在海外发表文字，向全世界推荐《山河诗长安》；第78届联合国大会通过决议将中国的春节正式列为联合国假期……这体现了一种什么精神？

学生活动：小组讨论，思考问题并回答。中国越来越走向了世界舞台的中央；我们国家的文化值得称赞。

教师活动：

1.总结：文化自信是一个国家、一个民族对自身文化价值的充分肯定，是对自身文化生命力的坚定信念，是更基础、更广泛、更深厚的自信，是一个国家、一个民族发展中最基本、最深沉、最持久的力量。

2.在《山河诗长安》中，李白驾鹤重回今日长安。他看到的不是一座毫无朝气的古城，而是一座"高颜值、文艺范儿"的世界人文之都，是经历了西安事变的革命圣地，是连通西方文明的丝绸之路。城还是那座城，如今的西安，是什么发生了变化？

3.提问：《山河诗长安》中有没有其他国家的文化元素？为什么一个传统文化的节目，要加入这些元素？

学生活动：寻找节目中的外国元素并思考为什么要加入这些元素。

教师活动：总结：要推动传统文化创造性转化、创新性发展。不忘本来，吸收外来，面向未来。

设计意图：通过向全世界推荐节目以及节目中的外国元素，引导学生明晰传统文化的发展是需要创新并融合吸收其他文化的，同时增强学生的文化自信。

环节四：承千年品质准则，做新时代美德少年

教师活动：传统美德知多少。

1.展示材料："我们为什么如此喜欢李白。"

提问：结合材料，你认为诗人李白有哪些宝贵的品质？哪个品质最为触动你？

2.展示材料：《山河诗长安》视觉导演说，在李白进城门的视频中，两个加起来不到5秒钟的动作，动画团队从凌晨拍摄到早上7点，"李白每一步怎么走，每一步走多少米，第几步要转头笑，都是一点点算出来、磨合出来的"。

提问：你认为导演团队的身上有哪些珍贵的美德？

学生活动：跟随材料，总结李白和导演团队的美德。

教师活动：

1.总结：传统美德内涵丰富。有忧国忧民、道济天下的爱国情怀，有勤劳勇敢、自强不息的奋进品格，有自尊互敬、助人为乐的和乐风范等。

2.传统美德我践行。作为新时代的青少年，请你书写"美德践行卡"，把中华民族传统美德落实在具体行动中！

美德践行卡

在学校中，我要……

在家庭中，我要……

在社会生活中，我要……

学生活动：书写"美德践行卡"，将传统美德落实到行动中。

设计意图：通过对诗人李白和导演团队的品质概括，引导学生了解中华传统美德的丰富内涵；通过书写"美德践行卡"活动，能够做到理论和实际的结合，将书本知识和千年美德真正落实到日常行动中。

（二）课堂小结

"求木之长者，必固其根本；欲流之远者，必浚其泉源。"中华优秀传统文化是中华民族的精神命脉，也是我们在世界文化激荡中站稳脚跟的坚实根基。广大青少年要时刻不忘习近平总书记的嘱托，把中华优秀传统文化传播到五湖四海，让传统美德熠熠生辉。

（三）板书设计

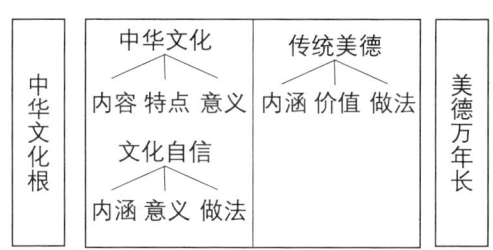

（四）作业设计

当李白再次出现在你的面前，你希望他看到一个怎样的中国，你能为这样的中国做些什么？请你结合所学知识，给李白写一封信。

（五）参考资料

1.中华人民共和国教育部：《完善中华优秀传统文化教育指导纲要》，http://www.moe.gov.cn/srcsite/A13/s7061/201403/t20140328_166543.html.

2.中华人民共和国教育部：《义务教育道德与法治课程标准（2022年版）》，北京师范大学出版社，2022年。

3.《2024年央视春节联欢晚会》，https://chunwan.cctv.com/index.shtml.

4.《跟着总台春晚看西安｜一睹"山河诗长安"的今朝瑰丽》，https://www.xiancn.com/xzt/content/2024-02/12/content_6846005.htm.

八、教学反思与总结

本课以2024年央视春晚节目《山河诗长安》为线索，四个环节层层递进，螺旋上升，对于知识性的内容把握较好。但依然存在问题：

第一，没有挖掘更多的素材支撑本课时的内容，导致部分知识点的授课内容较为单一，仅仅依靠一个节目贯穿始终，不能较好地拓展学生的视野。同时，在备课时遇到的异彩纷呈的古诗词和传统文化，我深感自己文化素养的不足，还需要在此方面多下功夫，做与学生共发展的老师。

第二，授课时应多给学生自己发挥的空间，给他们体验式学习的机会，将传统课堂转化为学生体验感满满的、有参与感的生动课堂。

传承传统文化，传递文化自信

鞍山市第四十八中学　王诗琦

一、课程基本信息

主讲课程：道德与法治

使用教材版本：人民教育出版社2021年版

教材章节出处：《道德与法治》九年级上册第三单元第五课第一框《延续文化血脉》

二、教学设计概述

（一）本课地位

本课主题关键词是"文化"，是第三单元的开篇一课。作为"五位一体"总体布局中的"文化建设"，挖掘传统文化，弘扬传统美德，坚定文化自信，具有重要的现实意义。

（二）内容依据

7—9年级是初中年级段，是小学高年级段的延续，与高中阶段相衔接，是培育道德品格，形成世界观、人生观、价值观的重要时期。本学段学生正处于青春期，独立思考能力和判断能力进一步增强，情绪波动性大，可塑性强。依据上述特点，设置生命安全与健康教育、法治教育、中华优秀传统文化教育、革命传统教育、国情教育等五个主题，通过与中华优秀文化传统、革命传统、国情教育等方面的关联，从真实的社会情境角度进行道德教育，强化学生的道德体验和道德实践，旨在引导学生正确认识自己以及个人与家庭、他人、社会、国家和人类文明的关系，了解国家发展和世界发展大势，

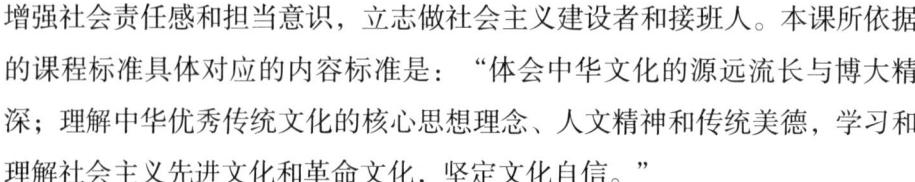

增强社会责任感和担当意识，立志做社会主义建设者和接班人。本课所依据的课程标准具体对应的内容标准是："体会中华文化的源远流长与博大精深；理解中华优秀传统文化的核心思想理念、人文精神和传统美德，学习和理解社会主义先进文化和革命文化，坚定文化自信。"

（三）本课设计

通过教材的两个栏目，介绍中华文化的内容，让学生去列举日常生活中所体验和感知的中华文化的内容，通过同学的分享与介绍感知身边的中华文化的博大精深、源远流长。通过比较和分析，去思考坚定文化自信对民族、对国家、对个人的意义。通过设计研学活动路线，去探究中国特色社会主义文化内涵中的三种文化的区别和联系。中华文化是非常重视伦理道德规范的文化，由此，去理解中华文化的精髓——中华传统美德，从身边人物和事例入手，感受中华美德的力量，进而身体力行。

三、学情分析

当今世界，有各种思想文化在不断相互碰撞，九年级的学生受其心理发展水平、认知能力及辨别是非能力的限制，在一定程度上会受到外来的诸多因素的影响，往往会忽视对中华优秀传统文化的继承与发展。初中学生正处于世界观、人生观、价值观形成的关键时期，"人生的扣子从一开始就要扣好"。需要从中华优秀传统文化中发掘资源，构筑共同的精神家园。使学生打牢中华文化底色，传承中华传统美德，增强文化自信。感受个人成长与民族文化和国家命运紧密相连。对学生的健康成长具有重要意义。

四、教学目标

（一）政治认同

体会中华文化的源远流长和博大精深；理解中华优秀传统文化和传统美德，理解中国特色社会主义文化，坚定文化自信。

（二）道德修养

感受中华文化的魅力，树立自觉传承中华优秀传统文化的积极态度。知

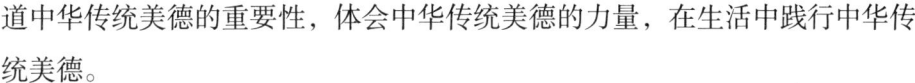

道中华传统美德的重要性，体会中华传统美德的力量，在生活中践行中华传统美德。

（三）责任意识

感受中华文化的力量，增强对中华文化的认同感和归属感。培养热爱中华文化和中华传统美德的情感。自觉弘扬中华文化，践行传统美德。

五、教学重点难点

（一）教学重点

弘扬中华传统文化、弘扬中华传统美德。

重点突破：传统文化和传统美德作为民族的精神财富必须予以继承和发扬，在课堂带领学生从生活中去发现它们，寻找它们，然后才能继承与发扬。这部分知识点，需要耐心引导，学生的理解并不难，关键是要有感受，可以让学生多谈谈自己对传统文化的认识和理解，讨论越多越好。教师可以细数近年来的热点，启发学生去挖掘背后蕴藏着什么，不正是我们的中华文化吗？

（二）教学难点

以实际行动坚定文化自信。

难点突破：该难点有一定的理解难度。自信是更高层次的继承与发展，是在对自身文化的理解、认同基础上，更多地去宣传、普及，向全世界骄傲地介绍本民族的文化。在课堂上，可以结合第二课的内容，例如：中国航天器名称的由来，不仅体现了科技的力量，还融入了丰富的文化元素。这些名字不仅展现了中国人对宇宙的向往和探索，也向世界展示了中华文化的独特魅力，进而坚定文化自信。

六、教学设计总体思路

本节课的主题是"延续文化血脉"。进行本节课的设计，以"中国文化1000问"作为素材引入。

具体环节如下：

（一）中华文化根

（二）美德万年长

（三）金句必背与本框小结

1.以金句必备的方式，总结本节课最核心的知识，帮助学生以最高的效率完成学业。

2.以框架的形式梳理知识，更加明确知识线索。

3.以答题指向归类知识，将知识与考试有机结合起来。

4.以重难点形式突出标注，更有针对性地攻克知识。

七、教学过程

（一）教学流程设计

环节一：新课导入（以问题导入）

教师活动：提问：

1.一代等于多少年？（25年）

2.一世等于多少年？（30年）

3.一甲子等于多少年？（60年）

4.弱冠之年指的是多少岁？（20岁）

5.在演出中压轴戏一般是指的第几个节目？（倒数第2个）

6.床前明月光里的"床"指的是什么？（井上的围栏)

7.一个时辰等于多长时间？（两个小时）

8.一炷香等于多长时间？（半个小时）

9.豆蔻年华指的是多少岁？（十三四岁）……

学生活动：思考并以抢答的方式回答。

设计意图：结合语文知识、生活常识等，通过一问一答的形式，引发学生的兴趣，提高课堂参与度。引出本课主题——延续文化血脉。

环节二：讲授新课

探究一：中华文化的形成、组成、特点、薪火相传的原因及作用

教师活动：提问：

1.你知道下面诗句指的是什么节日吗？

爆竹声中一岁除（春节）

梨花风起正清明（清明）

海上生明月，天涯共此时（中秋）

2.你知道我们国家还有哪些传统节日吗？你知道它们的由来吗？

3.为什么这些传统节日能够传承至今？

4.除了这些传统节日，你在生活中还知道哪些中华文化？你认为我们中华文化有什么特点？

学生活动：带着问题，思考总结中华文化的相关知识点。师生共同总结中华文化的形成、组成、特点、薪火相传的原因及作用，形成笔记。

设计意图：从古诗文入手，了解传统节日，引申出其他的中华文化，学生自己总结，感受中华传统文化的源远流长、博大精深。

探究二：中国特色社会主义文化的内涵

教师活动：设计一条研学路线。

第一站：辽宁省博物馆。馆藏文物总量达11.2万件（套）。

第二站："九·一八"历史博物馆。馆内共设序厅和6个展厅，通过大量文物、历史照片及多种现代化展示手段，真实再现了东北人民和全国人民一道，在中国共产党领导下不屈不挠、浴血奋战，最终取得抗日战争伟大胜利的历史画卷。

第三站：辽宁省科学技术馆。该馆由儿童科学乐园、探索发现、创造实践、工业摇篮、科技生活五大展厅及趣味空间、公共空间展示区组成。

思考：它们分别都代表什么文化？这三种文化之间有怎样的内在联系？

学生活动：分组讨论，得出结论。在教材中划出问题的答案。

设计意图：通过研学路线的设计，让学生理解中国特色社会主义文化不是凭空产生的，它源自于中华优秀传统文化，熔铸于革命文化和社会主义先进文化，植根于中国特色社会主义伟大实践。以便更好地理解这三者之间的关系。

探究三：坚定文化自信（内涵、重要性）

教师活动：多媒体展示中国航天器的图片及问题。

提问：你知道它们的名字吗？你还知道哪些中国航天器的名字？它们名字的由来是什么？

学生活动：观看图片，说出名字，并简要说出名字的由来。在教材中划出问题的答案。

教师活动：总结：中国航天器的命名充满了中国特色和文化内涵。中国式的浪漫是五千年历史的文化基地，是对本民族文化的充分肯定，我们要对自己的文化有坚定的自信，要不断发扬源远流长、博大精深的中华文化，让文化自信成为祖国崛起的坚实后盾。

设计意图：不仅让学生感受到科技的力量，还要感受到文化的魅力，从而坚定文化自信，坚定民族自信。

探究四：中华传统美德（内涵、重要性、如何做）

教师活动：多媒体展示课前收集的中华传统美德的典故。

提问：以上典故体现了中华传统美德的哪些内容及特点？

学生活动：根据典故回答问题。

设计意图：通过典故，重温中华传统美德。

教师活动：提问：你知道我们身边有哪些美德的事例吗？这些人或事对我们有哪些影响？

学生活动：进行讨论，总结中华传统美德的重要性及如何做。在教材中划出问题的答案。

总结：美德的力量在于践行。

设计意图：通过设置课堂互动活动，引导学生找身边的好人，感受美德的力量，从身边小事做起，引导学生践行中华传统美德。

（二）课堂反馈

教师活动：多媒体展示本节课的重点问题。

1.中华文化的形成、组成、特点及薪火相传的原因。

2.中国特色社会主义文化的内涵。

3.中华文化的作用。

4.文化自信的含义、重要性。

5.如何坚定文化自信，发展中国特色社会主义文化？

6.为什么要弘扬中华传统美德？

7.中华传统美德的特点及内容。

8.青少年应怎样践行中华传统美德？

学生活动：整理教材，查缺补漏。

（三）课堂小结

通过这节课的学习，我们知道了中华文化的形成、内容、意义和怎样发扬中华文化；知道了中华传统美德的重要性和怎样践行中华传统美德；对中华文化和中华传统美德有了更多的认识，增强了民族自豪感和民族自信心。要在日常生活中自觉传承中华文化，弘扬中华传统美德。让美德走进生活、走向未来，让生活变得更加美好、更加幸福。

（四）板书设计

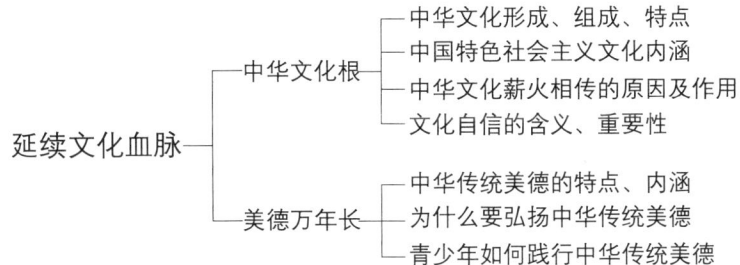

（五）作业设计

教材65—66页"拓展空间"中举荐的作品，认真阅读经典，在好书中修养品格，亲近优秀人物，提升人生境界，与同学交流。

（六）参考资料

1.翟文明：《中国文化1000问》，中国华侨出版社，2010年。

2.陈玉新：《中国人的传统节日》，化学工业出版社，2019年。

3.中华人民共和国教育部：《义务教育道德与法治课程标准（2022年版）》，北京师范大学出版社，2022年。

4.《闪耀太空！宇宙级中国式浪漫都藏在这些名字里》，央视新闻客户端，https://content-static.cctvnews.cctv.com/snow-book/index.html?item_id=7976006567049581677.

八、教学总结与反思

　　本课主要学习了两个问题，一个是中华文化根，重点是认识中华文化的重要意义，另一个是美德万年长，是对中华传统美德的认识。教学中设计了抢答、讨论等环节，选取事例贴近学生生活。学生参与度高，尤其是导课环节，学生积极发言。在授课环节，结合学生较为熟悉的人物和事例来学习。通过小组合作探究的方式，运用多样化的探究形式，积极拓展教材，创设课内外不同情境，引导学生践行，从而落实培养学生核心素养，践行中华传统美德，坚定文化自信。

扬优秀传统　立文化自信

大连庄河市第四高级中学　李婧贤

一、课程基本信息

主讲课程：高中思想政治

使用教材版本：人民教育出版社2019年版

教材章节出处：高中思想政治必修四《哲学与文化》第三单元第七课第二框《正确认识中华传统文化》

二、教学设计概述

高中思政课是落实立德树人根本任务的关键课程，以培育社会主义核心价值观为目的，是帮助学生确立正确的政治方向、提高思想政治学科核心素养、增强社会理解和参与能力的综合性、活动型学科课程。要求紧密结合社会实践，引导学生经历自主思考、合作探究的学习过程，坚定中国特色社会主义"四个自信"，基本形成正确的世界观、人生观、价值观。

基于此，本课坚持理论与实践相结合的原则，对学生进行基础理论教育，使学生意识到文化自信的力量，自觉做合格的社会主义建设者和接班人。本课根据辽宁地域特色文化，由点到面，深入挖掘中华优秀传统文化的当代价值，引导学生自觉传承和弘扬中华优秀传统文化，面对当前形势下的新挑战、新问题，能够用历史的眼光、辩证的眼光、文化的眼光和国际的眼光，引领学生通过观察、辨析、反思和实践，真学真懂真信真用中华优秀传统文化。

本课采用议题式教学方法，充分利用现代信息技术，通过议题的引入、引导和讨论，推动教学在师生互动、开放民主的氛围中进行；通过问题情境的创设和课后参与社会实践活动的作业，促进学生转变学习方式，在合作探究和探究学习的过程中，培养创新精神，提高实践能力。

本课设置五个教学环节，导入环节简介沈阳故宫的建造史，辅助学生理解传统文化是如何形成与发展的。之后通过辽宁省博物馆展品，从学生的兴趣、爱好、生活经验出发，激发学生对现实生活中文化现象的关注度，进而学习中华优秀传统文化的主要内容及其特点。再通过玉文化在杭州亚运会中的实际运用以及辽博特色的文创产品，拉近学生与历史文化的情感距离，学习对待中华优秀传统文化的态度及其当代价值。最后播放《逃出大英博物馆》微短剧宣传片、讲述故宫文物南迁的故事，激发学生的爱国热情以及保护文物的意识，形成正确的价值观，讲好中国故事。

三、学情分析

（一）学生已有认知水平和基础

本节课授课对象为高二年级学生，学生初步具备分析社会现象的心智和能力，能够通过收集资料对比、归纳总结、归因分析等方法对社会现象作出基本评价和理解，也学完了历史学科的中国古代史，对中国传统文化有一定的了解，但学习广度有余而深度不足。

（二）学生在本课中可能会遇到的问题

学生对国家所提出的要发展中国特色社会主义文化只是一知半解，并未真正领会和认同，缺乏文化自信，通过学习中华优秀传统文化的相关内容，帮助学生更好认识中华优秀传统文化的当代价值，坚定文化自信，做合格的中华优秀传统文化弘扬者，做合格的社会主义建设者和接班人。

四、教学目标

（一）教材内容分析

本课为思想政治必修四《哲学与文化》第三单元第七课第二框，下设两目。第一目"中华优秀传统文化的主要内容及特点"，学生了解中华文化的形成与发展、重要成就、重要内容及特点。第二目"中华优秀传统文化的当代价值"，学生要辩证认识传统文化，形成正确态度。本框着眼于中华传统文化，解决中华传统文化"是什么"和"为什么"的问题，为学习第三框做铺垫，在教材中起到承上启下作用。

（二）聚焦核心素养

通过本节课的学习，学生能够结合社会实践活动，运用马克思主义哲学基本原理，坚持用辩证唯物主义和历史唯物主义观点，认识继承中华优秀传统文化和革命文化，发展社会主义先进文化，尊重世界文化多样性，增强中国特色社会主义文化的自觉自信，形成正确的人生观、世界观、价值观。

（三）核心素养目标

1.政治认同：通过云游沈阳故宫、辽博，深入挖掘中华优秀传统文化当代价值，引导学生发自内心地认同中华优秀传统文化，坚定文化自信，激发学生的家国情怀和政治认同。

2.科学精神：通过对比玉文化在杭州亚运会和在中国古代的运用，辅助学生提升思辨能力，运用理性思维，挖掘对中华优秀传统文化的当代价值的理解，提升对中华文化的认同感和归属感，从而作出正确的价值判断和行为选择。

3.法治意识：通过讲好文物保护的中国故事，呼吁对优秀传统文化的保护需要完善的法治公约，增强学生的社会责任感和使命感。

4.公共参与：借鉴辽博火爆出圈的成功密码，培养学生的公共参与能力，设计一些文创产品，推动优秀传统文化创造性转化和创新性发展，增强学生的社会实践能力。

五、教学重点难点

1.重点：中华优秀传统文化的主要内容、特点、当代价值。

2.难点：中华优秀传统文化的当代价值。

3.原因：教材上运用大量篇幅阐述中华优秀传统文化的当代价值，对世界文明的贡献，正确认识中华优秀传统文化的当代价值，才能在此基础上理解我国当前在经济和政治上的相关政策方针，才能增强文化自信，进而自觉弘扬中华优秀传统文化，然而学生对中华优秀传统文化和"一带一路""构建人类命运共同体"等概念一知半解，所以，对中华优秀传统文化的当代价值有必要进行深入分析。因此，我认为这既是本课重点也是难点内容。

六、教学设计总体思路

（一）思路来源

辽博"簪花"系列文创产品从2023年年底走红全网，2024年年初更是"一串难求"。2024年春节期间，辽博成为沈阳市民和外地游客的热门文化打卡地，"博物馆里过大年"成为老百姓欢度新春的一种新年俗。这一现象成为本课的灵感来源，本课大体基于辽博展品、文创引申知识点，通过这样的背景使学生能够更好地沉浸在课堂中。

（二）情境创设

从云游沈阳故宫到云游辽博展品及文创，达到沉浸式教学的目的，帮助学生更好感受传统文化的魅力。

（三）议题式教学

通过探索沈阳故宫与辽博，帮助学生形成对优秀传统文化的认同感，树立正确的价值观，意识到中华优秀传统文化的当代价值，播放《逃出大英博物馆》短剧以及讲述故宫南迁故事，激发学生守护文物、传承优秀传统文化的热情。教学环节层层递进，议题设置环环相扣，使学生在学习书本知识的同时，能够做到理论联系实际。

七、教学过程

（一）教学流程设计

环节一：云游故宫

教师活动：

1.导入：沈阳故宫为清朝初期皇宫，始建于1625年，建成于1636年，是我国仅存的两大皇家宫殿建筑群之一，蕴含了丰富的中华优秀传统文化。今天，让我们一起云游沈阳故宫，感受它的雄伟壮丽！

2.播放视频：《一分钟带你游遍沈阳故宫》。

3.提出议题（1）：这么恢宏的建筑是由谁创造出来的？故宫建筑带有什么风格？（图片展示）

4.板书：传统文化的形成与发展。

学生活动：观看视频，感受沈阳故宫的大气恢宏，从而对中华文化产生自豪感，拉近与文化、历史的距离。积极主动回答问题。

设计意图：通过情境，调动学生兴趣，激发学习热情，坚定文化自信，培养爱国情感，使所学内容真正做到入脑入心。

环节二：云游辽博——《万岁通天帖》

教师活动：

1.逛完故宫，我们再去辽博看看吧，这是新中国建立的第一座博物馆，藏品丰富，其中王羲之的《万岁通天帖》作为镇馆之宝，享誉古今中外。

曾有人评价王羲之"右军人品甚高，故书入神品"。

事例（1）："戢山卖扇"——君子之仁。

事例（2）：《荀葛帖》——忠诚之义。

事例（3）："举荐家奴"——教化之礼。

事例（4）："淡泊名利"——淡泊之智。

事例（5）："以诚待人"——真诚之信。

2.提出议题（2）：王羲之的处世哲学中蕴含哪些中华优秀传统文化？

3.板书：优秀传统文化的主要内容。

学生活动：总结，踊跃回答问题。通过学习王羲之的处世之道提升自身素质。

设计意图：通过王羲之的事例，让学生在学习书本知识的同时，提升自身道德修养，帮助学生树立正确的世界观、人生观、价值观。

环节三：云游辽博——红山文化玉器

教师活动：

1.中国玉文化历史悠长，发源于新石器时代早期并绵延至今，是中华传统文化的重要组成部分。新石器时代，北方以红山为代表，南方以良渚为代表，形成了中国早期玉文化的"双璧"。展示红山文化玉器的代表作玉猪龙相关图片。

2.提出议题（3）：图片上展示的玉器有什么寓意和用途呢？中华传统文化有什么样的特点呢？

寓意：象征着对子孙后代的祝福与庇佑，是吉祥的象征物，同时也是权力和尊贵的代表。

3.板书：中华传统文化特点。

学生活动：分小组讨论，从玉器的外形、年代等角度分析玉猪龙背后的故事。

设计意图：引导学生合作探究，感悟中华文化的强大凝聚力和延续性，使感性认识上升为理性认识，增进学生对祖国历史文化的认同，增强其国家认同感和归属感。

环节四：云看亚运会开幕式

教师活动：

1.展示案例：

案例（1）：在杭州第19届亚运会开幕式上，一场以玉琮、玉鸟等良渚文化元素为主题的迎宾表演"水润秋辉"吸引了无数观众的眼球。内圆外方的玉琮是杭州亚运会的一大宠儿，从吉祥物、火炬到奖牌，不少设计都有它的元素。玉琮上大下小象征天地，中央的穿孔既是沟通天地的通道，也是旋转的宇宙中轴，它是中华文明最早的宇宙观模型，是中华文明源远流长、博大精深的重要文化标识。

案例（2）：

"巫能以玉事神。"——段玉裁《说文解字注》。

弄璋之喜、弄瓦之喜——源出《诗经·小雅·斯干》。

汉魏以后，门阀世族子弟、官宦士绅无不佩玉。

2.提出议题（4）：玉文化中有哪些"精华"，又有哪些"糟粕"呢？

3.板书：对待传统文化的态度。

学生活动：观察感悟，踊跃回答问题。

设计意图：通过对比材料，引导学生总结对待传统文化的态度，学会用辩证思维思考问题。

环节五：云游辽博——文创产品

教师活动：

1.传世名画《簪花仕女图》家喻户晓，如今，画中人通过特色文创产品"走"进了现实——辽宁省博物馆推出的簪花系列手作饰品凭借超高颜值、精巧设计和独特内涵火爆出圈。

除了这些，传统文化还有哪些当代价值需要我们去传承？

2.播放视频《逃出大英博物馆》预告片。小短剧，大情怀，书写家国大义。此剧一经上线引起广泛热议，好评如潮，引起了观众极大共鸣，并有网友仿剧仿妆，引起了一波呼唤文物归家热潮。

3.提出议题（5）：从民族认同角度，思考继承传统文化对当代中国有什么作用，对国际社会又有什么样的作用。

4.板书：传统文化的当代价值。

学生活动：进行小组讨论，推选一名代表作为发言人进行总结。

设计意图：通过了解辽博文创以及播放视频，拉近学生与历史、文物的情感距离，获得对传统文化的认同感，坚定文化自信，弘扬以爱国主义为核心的民族精神。增强公共参与能力，贴近生活，激发学习热情。

（二）课堂小结

只有认识了传统文化的当代价值，只有对中华文化有着强烈认同感和归属感，我们才会传承和保护我们的传统文化，才会对我们的文化高度自信，文化自信是一个民族的血脉与灵魂，为什么文化有着如此重大的作用呢？

真实故事：故宫文物南迁——一场旷世的文化长征。

1931年九一八事变后，东北沦陷，第一批文物踏上南迁之路，1933年2月始至1949年以后文物陆续北返，20年来辗转上万公里，路经十余省，百万文物无一件损毁，文物南迁不只是故宫人的倡行，更是政府、军队、老百姓共同参与的壮举，是中华民族精神的浓缩。

联系习近平总书记在党的十九大报告中提到的"文化兴国运兴,文化强民族强。没有高度的文化自信,没有文化的繁荣兴盛,就没有中华民族伟大复兴",我们来自同一个民族,流淌着同样的血脉,我们有一个共同的烙印"中国"!

(三)板书设计

正确认识传统文化

1.形成与发展

2.主要内容

3.特点

4.态度

5.当代价值

(四)作业设计

1.为博物馆设计一些文创产品。

2.收集3—5个国宝背后的故事。

3.观看《国家宝藏》《如果国宝会说话》等与传统文化有关的综艺节目并写一份200字的观后感。

4.结合我们的家乡,谈谈有哪些可以被传承保护的优秀传统文化。

(例:庄河正月十五点属相灯)

(五)参考资料

1.《一分钟带你游遍沈阳故宫》,https://haokan.baidu.com/v?pd=wisenatural&vid=6516499512867093394.

2.《逃出大英博物馆》预告片, https://www.bilibili.com/video/BV1594y167Ea/.

3.习近平:《决胜全面建成小康社会 夺取新时代中国特色社会主义伟大胜利——在中国共产党第十九次全国代表大会上的报告》,人民出版社,2017年。

4.中华人民共和国教育部:《普通高中思想政治课程标准(2017年版2020年修订)》,人民教育出版社,2020年。

八、教学总结与反思

1.本课以情境为载体，以议题为主线，以体验感贯穿始终，突出问题导向，引导学生探索、交流、合作，扎实推进铸魂育人。

2.坚持落实活动型课程要求，强化辨析教学，通过真情景、真问题、真任务，使学生对所学内容做到真懂、真信、真用。

3.坚持落实党和国家对思政课的精神和要求，在素材选取、课堂引导、课下渗透上下功夫。

4.研读教材、理解教材、用足教材、用好教材、用活教材，要做到精准到位。

揭晓沈阳旅游爆火密码

—— 文化发展的基本路径

沈阳市第十七中学　冯晓玉

一、课程基本信息

主讲课程：高中思想政治

使用教材版本：人民教育出版社2019年版

教材章节出处：高中思想政治必修四《哲学与文化》第三单元第九课第二框《文化发展的基本路径》

二、教学设计概述

党的二十大报告指出，坚持以人民为中心的创作导向。社会主义文艺是人民的文艺，必须在深入生活、扎根人民中进行无愧于时代的文艺创造，实现世界各民族之间"美美与共"。

"文章合为时而著，歌诗合为事而作。"衡量一个时代的文艺成就最终要看作品。推动文艺繁荣发展，最根本的是要创作生产出无愧于我们这个伟大民族、伟大时代的优秀作品。

"不忘本来"是我们的根、我们的历史；"吸收外来"就是吸收国外的文明成果，吸收合理、精华的东西；"面向未来"就是要有前瞻性，要看到历史发展的大趋势。

通过挖掘本土特色旅游资源，以独特新颖的教学活动形式，实现"思政小课堂+社会大课堂"的理念。通过本框的学习，帮助学生了解文化发展要坚定理想信念，坚持以人民为中心；立足时代之基，回答时代问题；融通不同资源，实现综合创新。在学习的过程中，帮助学生坚定中国特色社会主义文化发展道路的信心，坚定文化自信，培养和提升政治认同核心素养，提升参与文化生活的能力。

三、学情分析

学生通过第一框的学习对中国特色社会主义文化发展的道路和目标等知识有了一定的了解，通过社会生活对沈阳旅游爆火有了一定的认识，这需要教师通过教学将学生原有认知系统化、科学化，并在授课过程中促进学生的核心素养落地生根。

高二学生的逻辑思维能力和课堂参与感进一步提升，这需要教师基于学生认知特点，结合有感染力的情景，设计小组活动，开展本课教学，使抽象理论与具体实际相结合，把思政课小课堂与社会大课堂相结合，提高学生发现问题、分析问题和解决问题的能力。

四、教学目标

1.通过观看"听劝"的沈阳文旅视频，直观理解文化发展要坚定理想信念，坚定文化自信，认识到人民是文化发展的主体，文化发展要依靠人民，懂得人民是文化发展的最终享有者和受益者，增强文化发展要以人民为中心的政治认同。

2.通过制作沈阳旅游攻略，理解文化发展必须融通不同资源，坚持综合创新，明确把握中华优秀传统文化、国外优秀文化等资源的重要意义，在融通古今中外各种文化资源过程中，我们要树立各民族文化一律平等的意识。

3.通过参与"喊话文旅局长"，切身理解每一种文化都是特定文化的产物，文化创新的关键是回答时代问题，提高解决时代问题的能力。

五、教学重点难点

（一）教学重点

文化发展要立足时代之基；文化发展要坚持以人民为中心。

人民的生活是一切文化产品取之不尽、用之不竭的创作源泉。问题是时代的声音，只有立足时代、解决特定的时代问题，才能推动社会进步；只有倾听时代声音，才能吹响促进经济社会发展的时代号角。

（二）教学难点

文化发展要融通不同资源，实现综合创新。

发展中国特色社会主义文化，要坚持以马克思主义为指导，要融通古今中外各种资源，特别是要把握好中华优秀传统文化、国外优秀文化等资源。我们要坚持不忘本来、吸收外来、面向未来。通过综合创新，形成民族的科学的大众的社会主义文化。学生对这一发展路径的理解有一定困难，应结合实例加以说明。

六、教学设计总体思路

本节课在授课时对内容进行了结构化处理，以文化发展路径为主线，阐述发展中国特色社会主义文化要坚持"立足时代之基，回答时代问题""融通不同资源，实现综合创新"，把"坚定理想信念，以人民为中心"作为本节课的落脚点。通过内容的层层深化，实现最后的情感升华，增强文化自觉和文化自信。本节课采取"情景感染，角色模拟，议题牵引，感悟提升"的教学方法，引导学生在喊话文旅局长、点赞"听劝"的沈阳文旅、制作攻略宠"金豆儿"等真实的生活情境中围绕议题开展探究性的学习，运用所学知识去分析和解决一定的社会问题，由学生进行课堂小结、学习评价、学习感悟，培育学生的政治认同、科学精神、公共参与素养。

七、教学过程

（一）教学流程设计

课前将学生分成六个小组，到沈阳故宫博物院、张学良旧居、中街、"九·一八"历史博物馆、老北市和西塔韩国风情街参观，查询资料，总结需要改进的方面，并制作旅游攻略推荐卡。

环节一：导入新课

教师活动：最近，东北被全国关注，而且得到很高的赞誉，还来了很多"客（qiě）"，我们沈阳也迎来了"泼天的富贵"。下面我们一起观看视频，感受沈阳这个春节的旅游战绩。大家边看边思考沈阳旅游火爆的原因。本节课我们一起揭晓沈阳旅游火爆的密码，探寻文化发展的基本路径。

学生活动：

1.认真观看视频，动笔记下关键词。

2.认真研读议学问题，列出自己的观点，经过小组合作探究，每一小组中心发言人归纳整理本组成员的观点，做好分享准备。

设计意图：新课导入是课堂教学的一个重要环节，好的开始是成功的一半。新课导入直接影响着课堂教学的效果，它是开发学生智力和启迪学生思考的良好机会。本节课从视频入手，从贴近学生实际的素材入手，更能激发学生的学习热情，并且从实际案例非常顺利地过渡到理论分析，帮助学生快速地进入新课学习状态。

环节二：点赞"听劝"的沈阳文旅

教师活动：

1.引导：在"尔滨"爆火后，有网友要求把地铁"沈阳站"更名为更可爱的"沈阳站站"，数小时后就得到回应，沈阳因此迅速以"听劝"出圈，沈阳文旅也做出一系列"听劝"举动来吸引各地游客。下面我们一起来观看视频，感受极具情绪价值的沈阳。大家边看边思考沈阳为什么能迎来"泼天的富贵"，这为文化发展带来哪些启示。

2.总结：更名地铁站、安排行李箱寄存处、增加休息座、协调西塔春节营业时间等举动都是立足于人民的需要，是富有创造能力的人民创造的。

（1）为什么要坚持以人民为中心？

（2）如何坚持以人民为中心？

学生活动：

1.观看视频，提取有效信息，做好议学准备。

2.认真研读议学问题，列出自己的观点，经过小组合作探究，每一小组中心发言人归纳整理本组成员的观点并分享。

3.根据议学提示，在课本对应位置将基本观点备注清楚。

设计意图：以点赞"听劝"的沈阳文旅的活动形式展开，思考沈阳旅游火爆的原因，增强学习趣味性，调动学习积极性，使学生在探究中明白坚持人民立场的必要性与重要性，为后续学习做好准备。同时，小组成员互相协作，合作探究，在分享过程中增进理解，在思维碰撞中加深对课本基本理论的认识，在小组成果展示中增强凝聚力和自豪感，调动学习积极性，提高学生参与度，掌握必备知识，锻炼关键能力，提高核心素养。

环节三：制作攻略宠"金豆儿"

教师活动

1.引导：同学们已经参观过沈阳六处景点，请查询资料，总结需要改进的方面，并制作旅游攻略推荐卡，下面请各小组展示攻略推荐卡并说明推荐理由。

议学活动要求：结合同学们创作的攻略推荐卡，分析沈阳旅游资源的特点、沈阳旅游爆火的原因，并谈一谈这对文化发展有何启示。

2.总结：同学们从不同的角度分析了我们应该如何实现文化发展。文化发展就是要融通不同资源，实现综合创新。

（1）总体要求。

（2）具体表述：原则、要求、目的。

学生活动

1.分小组展示并介绍沈阳旅游攻略推荐卡。以下是学生的成果：

2.小组讨论议学问题，提取推荐卡上的关键信息，列出自己的观点，经过小组合作探究，每一小组中心发言人归纳整理本组成员的观点，做好分享准备。

3.根据议学提示，在教材对应位置将基本观点备注清楚。

设计意图：发展中国特色社会主义文化需要不忘本来、吸收外来、面向未来。本环节以攻略推荐卡创作、展示、讨论为线索，在增强学生分析能力的同时，提高提取和把握关键信息的能力；分析发展中国特色社会主义文化需要正确对待民族文化与外来文化，融合不同资源，则意在提升学生综合分析能力，为后续学习奠定知识与能力基础。

环节四：喊话文旅局长

教师活动：

1.引导：时任沈阳市文旅局局长刘克斌以"主打一个听劝"快速出圈，激发了全民参与的热情，网友们纷纷"喊话"克斌局长，提出很多建设性建议，并且得到回应、落实。请各小组提出"让沈阳旅游四季常青"的建议，老师会为大家录制视频，再由各小组分别发布到自媒体。

2.总结：实现沈阳文旅的四季常青，必须与时俱进，不断完善相关服务，必须立足时代之基，回答时代问题。

（1）文化与时代的关系。

（2）文化创新和发展的关键。

学生活动：

1.认真研读议学问题，列出自己的观点，经过小组合作探究，每一小组中心发言人归纳整理本组成员的观点，做好分享准备。

2.根据议学提示，在课本对应位置将基本观点备注清楚。

设计意图：文化是一个国家、一个民族的灵魂，文化发展对社会发展具有引导和制约的作用，积极向上的文化生活，能够促进人的全面发展。沈阳文旅需要与时俱进，能够反映时代精神、时代风貌，只有这样才能实现沈阳旅游的四季常青。引导学生分析"如何让沈阳旅游四季常青"，可以帮助学生更深刻地认识到时代对于文化发展的重要作用，同时也培养了学生的家国情怀。

具体操作建议：

课前准备。教师指导学习小组围绕"文化发展的基本路径"这一主题进行研究性学习，熟悉主要概念和基本观点；运用所学新知识，解释教材和生活中所遇到的文化现象；围绕小组的探究主题，设计有价值的探究问题，小组内交流讨论。

明确任务。教师指导学生围绕研究主题，分解具体的研究任务，并将任务落实到人。

课堂展示。学习小组展示学习内容，围绕研究主题，提出由全班同学共同深入探究的问题。教师引导学生回顾所学知识，明确文化发展要"坚定理想信念，坚持以人民为中心""立足时代之基，回答时代问题""融通不同资源，回答时代问题"；指导学生要用精练且准确的马克思主义原理来表达自己的观点，解释所遇到的文化现象。

引导点拨。教师要关注学生回答问题的思维过程，记录学生提炼的观点和措施，引导学生明确回答问题的角度和思路。

（二）课堂小结

在文化市场日益发达的今天，我们创新文化和发展中国特色社会主义文化，必须坚定理想信念，坚持以人民为中心，立足时代之基，回答时代问题，融通不同资源，实现综合和创新。

习近平总书记说："文化兴国运兴，文化强民族强。"作为新时代青年无论身处何时何地，都应该讲好中国故事，传播好中国声音，为实现中华民族伟大复兴凝聚精神力量。

（三）板书设计

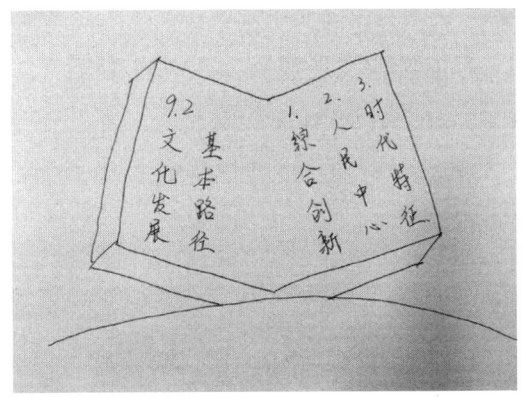

（四）作业设计

1.开放性前置作业

课前将设计沈阳文创产品的作业布置给学生，课下制作并在课堂上展示创作作品，介绍相关文创产品的设计思路。

以下是学生的作品：

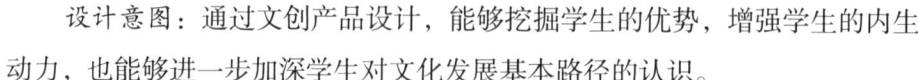

设计意图：通过文创产品设计，能够挖掘学生的优势，增强学生的内生动力，也能够进一步加深学生对文化发展基本路径的认识。

2.拓展性课后作业

观看2024年春节联欢晚会，尤其是沈阳分会场部分，结合辽宁沈阳"文旅文创融合发展战略"，以文化应该如何创新发展为主题，写一篇观后感，观点明确，逻辑清晰，字数500字左右。

设计意图：作业设计突出文化本土特色，贴近学生生活，拉进文化发展与学生之间的距离，提高学生认识、分析、解决问题的能力，落实学科核心素养。

（五）参考资料

1.《沈阳推动文化旅游业高质量发展》，《人民日报》2023年7月5日。

2.《"十四五"旅游业发展规划》，中国政府网，https://www.gov.cn/gongbao/content/2022/content_5674298.htm.

3.中华人民共和国教育部：《普通高中思想政治课程标准（2017年版2020年修订）》，人民教育出版社，2020年。

八、教学总结与反思

（一）创新表达方式，发现多维"闪光点"

活动的设计有一点小心机，每个班里有的孩子字写得好看、文笔好或者有绘画天赋，如果只是文字呈现或者语言复述，画面感少，也就少了让同学们展现"更多面"的机会。课堂活动要"多维"，让同学们不仅有想法、能表达，还要创新表达的形式，让更多的孩子在课堂上找到闪光点。

（二）巧用视觉素材，打造"沉浸式"情境

无论是导入视频，还是每一张PPT的内容，都散发着地域特色。导入的视频是经过剪辑的，将最有趣、生动的部分呈现出来，能够最大程度将学生带入情境。这样视频素材就可以服务于我们的课堂，而不会让我们被课堂牵着鼻子走。

（三）抓住重点难点，"不贪心"才能有收获

我每次讲授新课前都会问自己，如果只有一个目标，会是什么？就是突破重难点，所以我把重难点设计成课堂的主活动，在情境中完成重难点的理解和突破。一节课除了知识本身，还有如何让同学们形成文化自信，思来想去，其实问题的答案很简单，那就是感受。为了让文化自信代代相承，我们需要肩负使命，这比知识本身更有意义。

坚定文化自信，砥砺强国之志

沈阳市第四中学　王　乐

一、课程基本信息

主讲课程：高中思想政治

使用教材版本：人民教育出版社2019年版

教材章节出处：高中思想政治必修四《哲学与文化》第三单元第九课第三框《文化强国与文化自信》

二、教学设计概述

（一）设计思路

1.思政课一体化的层次性和进阶性。初中《道德与法治》九年级上册第五课第一节《延续文化血脉》，讲述文化自信的含义和意义，侧重打牢学生思想基础的体验性学习；高中思想政治必修四《哲学与文化》第九课第三框《文化强国与文化自信》，讲述文化自信的意义和要求、底气，侧重提升学生政治素养的常识性学习；大学思政课教材《习近平新时代中国特色社会主义思想概论》进一步明确文化自信的要求和建设文化强国的措施，侧重增强学生使命担当的理论性学习。本教学设计围绕文化自信的是什么、为什么、怎么办，循序渐进、层层深入、协同育人。

2.本节课采用大单元和议题式教学融合的设计思路。首先通过设置初中旧知回顾（文化自信的含义和意义）导入；其次根据具体教学目标，以"坚定文化自信，砥砺强国之志"为总议题，设置三个分议题：寻文化自信之"流"（坚定文化自信的要求）、夯文化自信之"基"（坚定文化自信的底气）、尽当代青年之"责"（坚定文化自信的责任），实现由初中体验性学习向高中常识性学习转变；最后在课后拓展作业设置阅读大学思政教材，为大学开展理论性学习奠定基础。

（二）理论依据

1.政策依据

（1）大中小学思政课一体化建设。2019年3月18日，习近平总书记在学校思想政治理论课教师座谈会上强调，要把统筹推进大中小学思政课一体化建设作为一项重要工程，推动思政课建设内涵式发展。大中小学思政课一体化建设应将核心素养转化为不同学段的核心素养，小学阶段重在培养学生的道德情感，初中阶段重在打牢学生的思想基础，高中阶段重在提升学生的政治素养，大学阶段重在增强学生的使命担当。

（2）传承中华文化。2023年10月，全国文化工作会议强调，要围绕学习贯彻习近平文化思想，推动中华优秀传统文化保护传承。在建设文化强国中有新作为。

2.课标要求

（1）初中：《义务教育道德与法治课程标准（2022年版）》：感受个人成长与民族文化和国家命运之间的联系，提高文化认同感、民族自豪感，以及构建社会主义和谐社会的责任意识。学习了解中华文化传统，增强与世界文明交流对话的意识。

（2）高中：《普通高中思想政治课程标准（2017年版2020年修订）》：3.3 辨识各种文化现象，领悟优秀文化作品的影响力和感召力；展示中国特色社会主义文化自信。

（三）教学特色

1.本节课采用大单元和议题式教学融合的设计思路：根据具体教学目标，以"坚定文化自信，砥砺强国之志"为总议题，设置三个分议题：寻文化自信之"流"、夯文化自信之"基"、尽当代青年之"责"。

2.注意信息化手段的灵活运用，充分利用特色学习资源：挖掘辽宁红色资源、感动中国年度人物冬奥冠军徐梦桃发来的视频、优秀校友发来的寄语视频等。

3.设置多样活动，通过诵读经典、时空对话和与优秀人物云端相见，以及观看视频、小组讨论交流、亲自撰写书信，创设情境，让学生展示过程性和结果性成果，真正体现以学生为中心，落实思政核心素养，促进活动型学科课程落地。

4.在教学评价上，围绕教学目标，按照"定标—达标—验标"顺序，在学生学习和活动中嵌入过程性评价，落实结果性评价，实现"教学评"的有机统一。

三、学情分析

学生在初三阶段已经对传承中华文化有了一定的感性认识，高中阶段重在开展常识性学习，学生已经学习了中华优秀传统文化、外来文化有益成果、中国特色社会主义文化的相关知识，懂得文化发展要不忘本来、吸收外来、面向未来。

高二学生学习认知的深度和精度明显增强，能够根据预先提出的目标任务，专注地有计划性地努力实现。但是，对完成目标任务的实践操作上，可能存在独立性不足、计划不够周全、结论不够完善等问题。这就需要教师在布置任务时，要求明确而具体，评价标准科学合理。同时，开展小组合作探究式活动，激发学生的内聚动力和潜在能力。为大学阶段开展理论性学习奠定坚实的基础。

四、教学目标

1.学生通过社会调查、诵读经典、时空对话和与优秀人物云端相见活动，感悟中华优秀文化的魅力，明确应该对什么样的文化充满自信，共寻文化自信之"流"，明确坚定文化自信的要求，掌握常识性认识；全面看待文化现象与文化发展，提高辩证思维能力，培养科学精神，强化政治认同。在辨识各种文化现象过程中，引导学生运用法治思维进行分析，增强法治意识。

2.通过观看视频、小组交流，提高协同能力，归纳概括文化自信底气来自哪里，增强对中国特色社会主义文化发展道路的政治认同，夯实文化自信之"基"。

3.通过亲自撰写书信，进一步增强文化自信，坚定理想信念，肩负青年之"责"，砥砺强国之志。全面而深刻地把握如何发展中国特色社会主义文化，建设社会主义文化强国，提升学生综合分析能力，增强学生的责任担当，提升公共参与能力。

五、教学重点难点

（一）教学重点

坚定文化自信的要求。重点突出通过创设情境，设置多样性活动：诵读经典、时空对话和与优秀人物云端相见，感悟中华优秀文化的魅力，明确应该对什么样的文化充满自信，增强学生的政治认同和科学精神。

（二）教学难点

增强文化自信，坚定理想信念。难点突破通过观看视频、小组交流，归纳概括文化自信的底气来自哪里，增强对文化发展道路的政治认同；通过亲自撰写书信，进一步增强文化自信，肩负青年之"责"，增强学生报国强国的公共参与。

六、教学设计总体思路

（一）总体设计思路

本节课采用大单元和议题式教学融合的设计思路：首先通过设置初中旧知回顾导入；其次根据具体教学目标，以"坚定文化自信，砥砺强国之志"为总议题，设置三个分议题：通过诵读经典、时空对话和与优秀人物云端相见活动，寻文化自信之"流"，通过观看视频、小组讨论交流，夯文化自信之"基"，通过亲自撰写书信，尽当代青年之"责"，实现由初中体验性认识向高中常识性认识转变；最后在课后拓展作业中设置阅读大学思政课教材，为大学开展理论性学习奠定基础。

（二）教学方法

本节课采用大单元和议题式教学融合的方法。根据具体教学目标，以"坚定文化自信，砥砺强国之志"为总议题，设置三个分议题。符合当今思想政治大单元和议题式教学的课程模式改革趋势，契合了新课标新教材新高考的要求。

（三）注意信息化手段的灵活运用

充分利用特色学习资源：挖掘辽宁红色资源、各类视频等。通过这些资源创设情境，设置多样性的活动，让学生展示过程性和结果性成果，真正体现以学生为中心，落实思政学科核心素养，促进活动型学科课程落地。

七、教学过程

（一）教学流程设计

环节一：课前导入

教师活动：

1.旧知回顾：初中《道德与法治》九年级上册第五课第一节《延续文化血脉》，回顾文化自信的含义和意义。

2.点评：高中教材重申文化自信的意义，进一步介绍文化自信的要求。

学生活动：

1.回顾：文化自信的含义和意义。

2.课前活动：讲述展示沈阳、铁西及四中的特色文化（沈阳一日游）。

设计意图：更好地和初中所学知识自然衔接；通过展示文化特色，关注家乡的文化建设，感悟文化自信的意义，文化自信无比坚定。

环节二：寻文化自信之"流"

教师活动：

1.情境创设

情境（1）：全班经典诵读高考重点篇目《诗经》名篇——《秦风·无衣》。

情境（2）：挖掘辽宁红色资源——"九·一八"历史博物馆、抗美援朝烈士陵园。

情境（3）：2022感动中国年度人物徐梦桃发来的视频——简介和事迹。

2.探究思考

思考（1）：《秦风·无衣》这首诗，触动你的"点"是什么？

思考（2）：感悟抗日战争和抗美援朝体现的伟大革命精神。

思考（3）：通过感悟徐梦桃的情怀和精神试着为她撰写推荐词。

3.点评：明确要坚定什么样的文化自信，坚定文化自信就是对中华优秀传统文化、革命文化和社会主义先进文化的自信。大学思政课教材《习近平新时代中国特色社会主义思想概论》第十章第一节进一步明确中华优秀传统文化是我们坚定文化自信的深厚基础，革命文化和社会主义先进文化是我们坚定文化自信的坚强基石。

学生活动：

1.畅谈《秦风·无衣》这首诗带来的触动——中华优秀传统文化。

2.讲述东北抗联精神和伟大的抗美援朝精神——革命文化。

3.为辽宁省道德模范候选人徐梦桃撰写推荐词——社会主义先进文化。

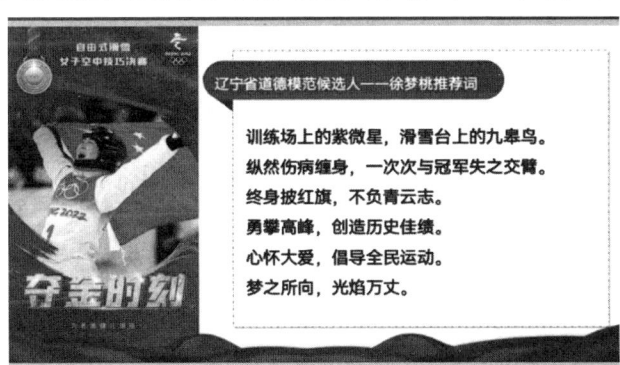

评价标准：

A级：流畅表达、信息全面准确、逻辑清晰。

B级：流畅表达、信息不够全面。

C级：表达不流畅、没有形成完整逻辑思路。

设计意图：师生一起跨越历史长河，找寻文化自信之流。实现由初中体验性认识向高中常识性认识转变！为大学开展理论性学习奠定坚实的基础。

环节三：夯文化自信之"基"

教师活动：

1.感悟"习语"："中国共产党、中华人民共和国、中华民族是最有理由自信的。"

2.情境创设：通过一段视频，感受"奋进中的自信中国"。

3.探究思考：为什么说中华民族是最有理由自信的？文化自信底气来自哪里？

学生活动：分组讨论并畅谈"文化自信底气来自哪里"，思考文化与经济和政治的关系。

评价标准：

A级：积极参与小组讨论，主动发言，表达清晰。

B级：参与小组讨论，承担发言任务。

C级：讨论不积极，拒绝发言。

设计意图：通过观看视频、小组讨论交流，归纳概括文化自信的底气来自哪里，并思考文化与经济和政治的关系。实现学科模块内知识的深度融合。

环节四：尽当代青年之"责"

教师活动：

1.情境创设——四中毕业的优秀校友发来的寄语视频

优秀学长的事迹值得我们学习，精神让我们备受鼓舞！在四中深厚文化底蕴熏陶下、在"自强不息、盛德修业"校训的激励下，一代代四中人承典砺新、同心致远，今天的他们也许就是未来的你们，此刻的你们可能也想聊聊心里话！

2.探究思考——高考链接：开放性试题

主题：青年学生给未来的自己的一封信，写给未来的自己。（未来的你，如何在热爱的领域发光发热，为强国报国作贡献）

要求：参考评分量表，150字左右，3分钟。

3.课堂升华：现在老师统一把明信片封存到这个信箱里，保留这份属于我们共同的特殊的四中文化记忆，一起寄给未来，共赴我们的未来之约，期待未来的你们！尽情让青春在理想大学更大的舞台上、在自己的强国梦中绽放异彩吧！

学生活动：

1.把书信写在手绘四中明信片上。

2.选同学代表朗读，其他同学根据评分量表现场打分并说明依据。

评价标准：

水平4（5—6分）：观点鲜明；紧扣主题，内容恰当；逻辑严密，条理清晰。

水平3（3—4分）：观点比较明确；贴近主题，内容比较恰当；逻辑性较强，有条理。

水平2（1—2分）：观点不明确；不能贴近主题；论述缺乏逻辑，条理性差。

水平1（0分）：应答与试题无关；或重复试题内容，或没有应答。

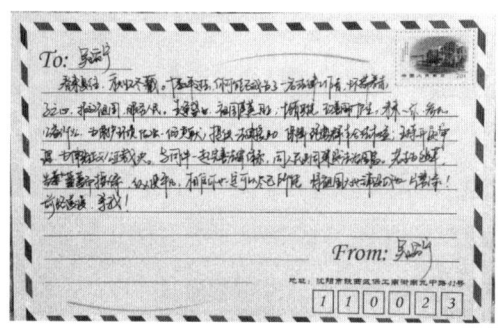

设计意图："砥砺强国之志，实践报国之行"是当代青年义不容辞的使命和责任！要自觉担当重任，为建设文化强国贡献一份力量！

（二）课堂小结

本节课我们通过诵读经典、时空对话和与优秀人物云端相见活动，感悟中华优秀文化的魅力，共寻文化自信之"流"；通过观看视频、小组讨论交流，归纳概括文化自信的底气来自哪里，夯实文化自信之"基"；通过亲自撰写书信，进一步增强文化自信，肩负青年之"责"，砥砺强国之志。

（三）板书设计

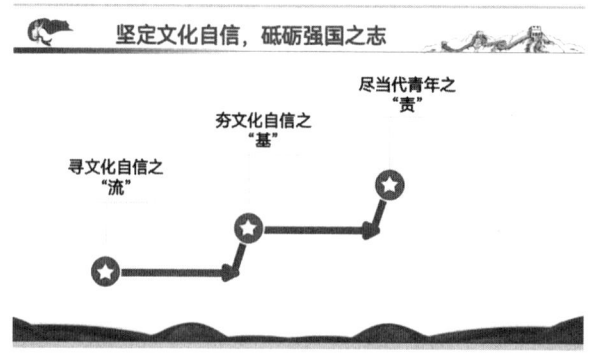

（四）作业设计

1.进行一次文化访谈。

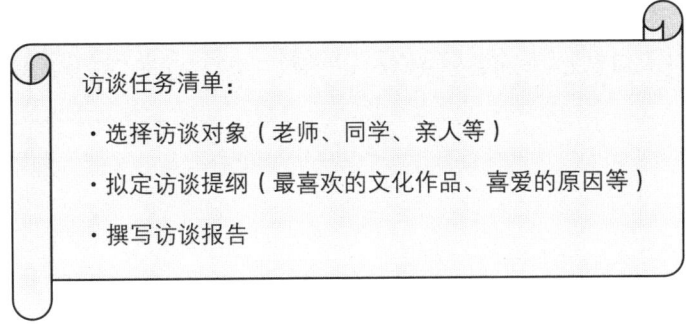

访谈任务清单：

· 选择访谈对象（老师、同学、亲人等）

· 拟定访谈提纲（最喜欢的文化作品、喜爱的原因等）

· 撰写访谈报告

2.拓展阅读：大学思政课教材《习近平新时代中国特色社会主义思想概论》第十章《建设社会主义文化强国》，明确建设文化强国的措施。

（五）参考资料

1.本书编写组：《习近平新时代中国特色社会主义思想概论》，高等教育出版社、人民出版社，2023年。

2.中华人民共和国教育部：《普通高中思想政治课程标准（2017年版2020年修订）》，人民教育出版社，2020年。

八、教学总结与反思

1.思政课教师需要在一体化中找准自己的定位，使大中小学思政课一体化真正落到实处。本节课尝试围绕高中学段思政课的教学目标和教学要求进行教学设计，根据学生发展的需要，实施精准化教学。注重研究教学内容文化自信在初中高中和大学的纵向衔接，实现协同育人的目标。实现由初中体验性学习向高中常识性学习转变，最终为大学开展理论性学习奠定基础。

2.教学目标必须转化为核心素养，才能在课程中得以落实。在准备本节课过程中，深切体会培养学生的政治认同、科学精神、法治意识、公共参与应该落实到每一堂课中去。在指导学生开展学习任务时，发现学生在完成实践性较强的活动时，能力上存在较大的个性差异，应该在以后注意差别化的指导。在课后，还应注意留给学生更多思考的空间，让核心素养落地。

发展中华优秀传统文化　培育民族精神

大连市第二十三中学　黄禄迪

一、课程基本信息

主讲课程：高中思想政治

使用教材版本：人民教育出版社2019年版

教材章节出处：高中思想政治必修四《哲学与文化》第三单元第七课第三框《弘扬中华优秀传统文化与民族精神》

二、教学设计概述

本节课是高中思想政治必修四《哲学与文化》第三单元《文化传承与文化创新》第七课《继承发展中华优秀传统文化》的第三框。在前面学习的文化本质与功能、概述中华优秀传统文化的主要内容与特点、分析中华优秀传统文化的当代价值的基础上，进一步提出了对中华优秀传统文化创造性转化与创新性发展的具体要求，对弘扬和培育民族精神进行了全方位的解读。

《普通高中思想政治课程标准（2017年版2020年修订）》内容要求：3.1 辩证地看待传统文化，领会对中华优秀传统文化进行创造性转化、创新性发展的重要意义，弘扬民族精神。如何进行文化创新，实现优秀传统文化的创造性转化和创新性发展是一个社会热点，具有很强的思想理论性，也具有很强的探索实践性。

高中学生正是世界观、人生观和价值观逐步形成的特殊时期。对于中华优秀传统文化的继承与发展、中华民族精神的弘扬必须内化于心，外化于行，因此，在学习本框题时应从真实情境中设置议学任务，层层设问引发学

生情感、灵魂的共鸣，从而达到育人的实效性。

三、学情分析

1.从知识储备上看，通过前面内容的学习以及生活经验，高二学生对弘扬中华优秀传统文化并不陌生；国家大力提倡弘扬民族精神，进行文化建设，学生在这一氛围中对民族精神也有一定的了解。但是他们对中华优秀传统文化的创造性转化与创新性发展的认识不够清晰，对于民族精神的内涵理解不够深入。

2.从学生能力水平、思想特点上看，高二学生已经具有一定的分析问题能力、辩证思维能力、归纳推理能力，他们对身边的文化现象和文化事例能够形成一定的认识和分析，但其认知水平、知识结构不够清晰，缺少对文化现象的辨别能力。

四、教学目标

1.通过走进分议题一"河南卫视奇妙游系列节目何以频频出圈"，了解河南卫视奇妙游系列节目，认同中华优秀传统文化，认同以爱国主义为核心的伟大民族精神，科学把握实现中华优秀传统文化的创造性转化与创新性发展。

2.通过探究分议题二"华夏千年飞天梦想何以今朝一夕圆"，了解航天器命名的由来，阐述党在革命、建设、改革的不同历史时期形成的民族精神，认同并把握民族精神的内涵及重要作用，弘扬民族精神，担当民族复兴大任。

3.通过讨论分议题三"以航天强国梦助力中国梦，青年人如何践行使命担当"，理解中国梦需要青年人的努力和奉献，明确在新时代，弘扬民族精神要培育和践行社会主义核心价值观，培养担当民族复兴大任的时代新人。

五、教学重点难点

（一）教学重点

"中华民族精神的内涵"是本框的教学重点。

突破策略：以学生为主体，由学生整理列举关于中华民族精神的资料，教师用鲜活的材料、真实的案例、令人信服的分析，引导学生理解中华民族精神的基本内涵、核心内容、不同时期的表现；明确弘扬和培育中华民族精神的重要意义；在新时代，自觉培育和践行当代中国精神和社会主义核心价值观。

（二）教学难点

"如何实现中华优秀传统文化的创造性转化、创新性发展"是本框的教学难点。

突破策略：通过指导学生从真实生活情境出发，感受现实生活中对中华优秀传统文化的创造性转化、创新性发展，明确实现中华优秀传统文化创造性转化、创新性发展的具体要求。

六、教学设计总体思路

根据课标要求与教材的知识逻辑结构，结合现阶段学生认知水平，本框教学以"如何弘扬中华优秀传统文化与民族精神"为总议题，设置三个分议题，通过展示议学情境与议学任务，学生在真实的生活情境中围绕议题开展探究性学习，提升核心素养。做到教学目标多元化、教学内容生活化、教学过程活动化、教学活动序列化、教学评价多样化，让学生的思维动起来，让课堂变得精彩，使学生获得充满新鲜感的体验，极大调动了积极性，实现了知识、能力和核心素养的统一，落实了立德树人的根本任务，兼顾家国情怀与理论学习。

本节课开展议题式教学，落实活动型学科课程教学要求，坚持理论与实践相结合的原则，对学生进行马克思主义基本理论教育，用习近平新时代中国特色社会主义思想铸魂育人。

七、教学过程

（一）教学流程设计

环节一：河南卫视奇妙游系列节目何以频频出圈——探：中华优秀传统文化创造性转化和创新性发展

教师活动：

1.展示议学材料一：

开启大唐盛世奇妙之旅。欣赏河南春晚节目《唐宫夜宴》。

自2021年春节的《唐宫夜宴》后，河南卫视屡屡献上视觉盛宴，节目《祈》让曹植笔下的神女宛若重生。《龙门金刚》传统中国舞蹈遇到龙门石窟，东方美学焕发生机。《广寒宫》中，嫦娥穿越千年，与探月宇航员超时空相遇，牵手漫步于星空银河中。

2.展示议学任务一：

同学们了解节目的展现内容与背后故事吗？还有哪些与中华优秀传统文化有关的节目令你印象深刻？

请同学们试着来分析河南卫视奇妙游系列节目为何能够屡次出圈。

3.适时议学提示：

探寻中华优秀传统文化得以穿梭千年，历久弥新的密钥所在。

4.从结论中归纳总结理论：

弘扬中华优秀传统文化，离不开对中华优秀传统文化的创造性转化和创新性发展。中华优秀传统文化的创造性转化和创新性发展，就是按照当今时代社会生活与时代的特点和要求，对优秀传统文化陈旧的表达形式予以改造，对内涵进行补充和完善。其中，创造性转化侧重于对陈旧的表达形式予以改造，创新性发展则强调对中华优秀传统文化的内涵进行补充、拓展。

学生活动：观看视频，欣赏各个节目的同时，结合已有认知讨论节目背后所蕴含的文化。小组同学之间分享与中华优秀传统文化有关的节目，进一步感受中华优秀传统文化的魅力，并分析河南卫视奇妙游系列节目能够屡次出圈的深层次原因。

在深入挖掘中华优秀传统文化内涵的基础上，予以其新的表达形式，赋予新的时代内涵，得以打造出一个又一个"妙"出圈的节目。

设计意图：学生通过视频感受中华优秀传统文化的魅力，从生活情境出发，"走进传统文化节目""分享传统文化节目""品鉴传统文化节目"相互贯通，在美感与探索中明确中华优秀传统文化的创造性转化和创新性发展。

环节二：华夏千年飞天梦想何以今朝一夕圆——明：中华民族精神的基本内涵和重要意义

教师活动：

1.展示议学情境二：

议学材料：

（1）我国航天器的命名也蕴含着中华优秀传统文化基因，从神舟到天问，我们把对浩瀚星空和未知宇宙的无尽憧憬寄托在这些美好的名字中。

（2）从1992年到2022年，中国载人航天工程走过而立之年，迎来高光时刻。但我们不能忘记，这是一代代航天人接续奋斗的成果。播放视频《星辰宇宙　家国山河——致敬中国航天人》。

（3）请各小组共同探讨关于载人航天工程的四则素材，走进那些年的艰苦卓绝。

2.展示议学任务二：

（1）小组展示：你还知道哪些航天器命名的由来？这些名字背后的寓意你知道吗？

（2）谈谈你可以从航天人身上学到什么。

（3）根据关键信息继续提炼其中的精神内涵。

（4）除了航天精神，一百年来，还有哪些精神激励我们党带领人民历经百年而风华正茂，饱经磨难而生生不息？

3.议学促素养提升：

党中央将航天人展现出来的这些崇高品质凝练为"特别能吃苦、特别能战斗、特别能攻关、特别能奉献"的载人航天精神。

中国人民是具有伟大创造精神、伟大奋斗精神、伟大团结精神、伟大梦想精神的人民。

4.结合结论，总结知识点：

（1）中华民族精神的基本内涵。

（2）中华民族精神作为中华民族共同的价值追求和永远的精神火炬，为中国的发展和人类文明进步提供了强大的精神动力。

学生活动：自主学习思考，发表看法。

结论1：中国自己的卫星导航系统命名为"北斗"，我国首颗绕月人造卫星被命名为"嫦娥"，月球车延续了"嫦娥"的故事，"玉兔"与"嫦娥"一道奔月。中国载人空间站整体被命名为"天宫"……

结论2：航天人团结、创新、勇敢、爱国……载人航天工程体现出和而不同、为全人类作贡献，艰苦奋斗、舍生忘死，不断创新……

结论3：随着实践的发展，民族精神增添了新的时代内容……

设计意图：在感受航天器命名背后的中国浪漫与载人航天工程的艰辛探索中领悟民族精神，增强民族自信。

通过活动进一步领会"中华民族精神的内涵""爱国主义是中华民族精神的核心"等内容。学生成为课堂的主人，培育学生的政治认同、科学精神、公共参与等素养。

环节三：以航天强国梦助力中国梦，青年人如何践行使命担当——悟：弘扬中华民族精神的要求

教师活动：

1.展示议学情境三：

议学材料：

（1）航天探索永无止境，科技攻关任重道远。让我们走进子议题三：践行使命担当，如何以航天强国梦助力中国梦。2022年1月28日，中国发布《2021中国的航天》白皮书，介绍了未来五年航天探索活动的规划和主要任务。对航天发射场系统的完善、航天国际合作新格局的构建等工作进行了展望。

（2）据统计，嫦娥团队、神舟团队平均年龄33岁，北斗团队平均年龄

35岁。航天发展中年青一代逐渐成为主力军，航天事业的发展在于创新，在于科技，在于青年人。中国梦同样需要青年人的努力和奉献。

2.展示议学任务三：

这些梦想、这些憧憬该怎么实现呢？

（小组合作任务：每小组选定一人为记录人，集中书写汇集本小组成员观点，发言人梳理并发言）

学生活动：

1.从多方面总结：

结论（1）：党的领导、航天精神引领，航天人继续努力技术攻关……

结论（2）：我们青年这一代，要心怀国家，担起民族复兴大任。

2.自主提炼归纳理论：

弘扬和培育民族精神，必须培育和践行社会主义核心价值观，以培养担当民族复兴大任的时代新人为着眼点，发挥社会主义核心价值观的引领作用，实现中华民族伟大复兴的中国梦。

设计意图：立足当前，畅想未来，明确肩上的责任，家国情怀与理论学习完美融合。

（二）课堂小结

教师展示习近平总书记语录："站立在960万平方公里的广袤土地上，吸吮着中华民族漫长奋斗积累的文化养分，拥有13亿中国人民聚合的磅礴之力，我们走自己的路，具有无比广阔的舞台，具有无比深厚的历史底蕴，具有无比强大的前进定力。"

新时代，我们应该坚持"古为今用""推陈出新"，推动中华优秀传统文化创造性转化、创新性发展；大力弘扬以爱国主义为核心的团结统一、爱好和平、勤劳勇敢、自强不息的伟大民族精神，努力成为具有伟大创造精神、伟大奋斗精神、伟大团结精神、伟大梦想精神的人，培育和践行社会主义核心价值观，争做敢于担当民族复兴大任的时代新人。

（三）板书设计

知识体系

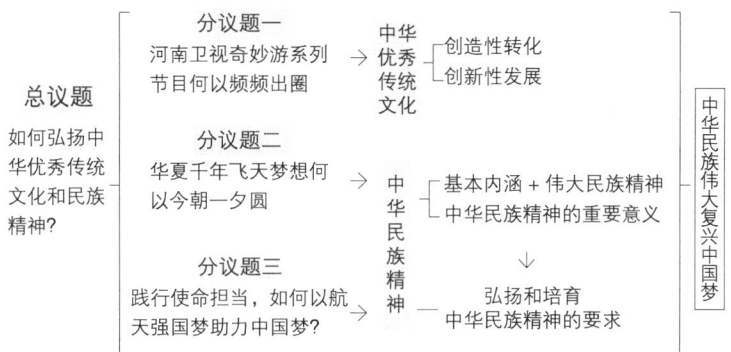

（四）作业设计

黄震是2022年中国青年五四奖章个人获得者。他在北大读大三时，恰逢中国第一个载人飞船成功发射。从那时起，黄震就把投身航天事业作为自己报效祖国的最好选择。大学毕业后，他主动选择到航天科技集团五院工作。他真诚待人、虚心好学、兢兢业业，迅速成长为技术骨干，带领团队进行我国空间站技术攻关。

2013年五四青年节，习近平总书记专门到航天城，勉励广大航天人为实现中华民族伟大复兴的中国梦而奋斗。黄震和他的团队深受鼓舞，坚定了毕生从事航天事业的信念。现在，黄震正带领他的团队为早日实现我国载人登月梦想进行集智创新、日夜攻关。

请你结合《弘扬中华优秀传统文化与民族精神》的相关知识，试概述是什么支撑像黄震一样的身处研发一线的航天人们几十年如一日艰苦奋斗的。

（五）参考资料

1.中华人民共和国教育部：《普通高中思想政治课程标准（2017年版2020年修订）》，人民教育出版社，2020年。

2.河南春晚《唐宫夜宴》，https://b23.tv/akikvMR.

3.《星辰宇宙　家国山河——致敬中国航天人》，https://b23.tv/yumfs1t.

4.《2021中国的航天》白皮书，http://www.scio.gov.cn/zfbps/zfbps_2279/202207/t20220704_130725.html.

八、教学总结与反思

本课精心筛选和设计情境，更好地服务于课堂教学。本课采用议题式教学，议学结合，探索活动型学科课程的教学设计，创设议学情境，给出议学任务。通过解读情境，合作探究，引导学生分析解决问题，完成特定学科任务，理解如何弘扬中华优秀传统文化与民族精神。同时，注重学生能力和素质的培养，落实学科核心素养要求。教育部考试中心正式发布的《中国高考评价体系》，从高考的核心功能、考查内容、考查要求三个方面回答了"为什么考、考什么、怎么考"的考试本源性问题。其中"四层"作为高考的考查内容，即"核心价值、学科素养、关键能力、必备知识"。基于大单元进行知识建构、情境建构、主题建构，坚持"学生主体、教师主导"的基本理念，构建学科知识和生活现象、理论逻辑、生活逻辑的有机结合，在真实情境或任务获得中，让学生深度参与学习，促进学生自主从感性认识发展到理性认识，引导学生提高自身的社会责任感和主人翁意识，积极投身中国特色社会主义伟大实践，努力成为能够担当民族复兴大任的时代新人，即青年学生如何弘扬民族精神。但学生思维的广度和深度不太够，互动性有待进一步加强。

弘扬中华优秀传统文化与
传承中华民族精神

大连金石高级中学　刘　璐

一、课程基本信息

主讲课程：高中思想政治

使用教材版本：人民教育出版社2019年版

教材章节出处：高中思想政治必修四《哲学与文化》第三单元第七课第三框《弘扬中华优秀传统文化与民族精神》

二、教学设计概述

本框内容在教材中的地位：本框是必修四《哲学与文化》第七课《继承发展中华优秀传统文化》第三框。具体讲述了弘扬中华优秀传统文化创造性转化与创新性发展的要求、中华民族精神的内涵、作用及丰富和发展、爱国主义和中华民族精神之间的关系。学习本框内容对理解如何继承和发展中华优秀传统文化、深刻理解中华民族精神具有重要的思想教育意义。

本框知识点包括：第一目"创造性转化与创新性发展"，阐述如何实现中华优秀传统文化的创造性转化、创新性发展；第二目"弘扬中华民族精神"，阐述以爱国主义为核心的中华民族精神，党领导人民在革命、建设、改革过程中对民族精神的继承和发展，中华文化集中体现为民族精神，民族精神植根孕育于中华文化。第二目是第一目内容的深化和聚焦。

教学方法：大单元教学、"三段八学"教学模式。课前（预习学）、课中（导入学、自主学、合作学、探究学、交流学、检测学）、课后（巩固学）。

三、学情分析

学生在第七课前两框的学习中已经对文化知识有了一定了解和认识，有了前两框的学习作为铺垫，将利于学生更加容易掌握该部分内容。高中生应当了解和熟知如何对中华优秀传统文化进行继承和发展，明晰中华民族精神的内涵及作用，弘扬和发展民族精神。引导学生通过学习本框，认知和处理现实生活中有关文化传承和发展、弘扬民族精神的正确态度和做法，树立正确的世界观、人生观、价值观，热爱中国共产党、热爱社会主义社会、热爱国家、热爱人民。

四、教学目标

（一）政治认同

理解和认同中华民族精神，树立文化自信。

（二）科学精神

辩证看待中华传统文化，实现中华优秀传统文化的创造性转化与创新性发展。

（三）法治意识

理解弘扬中华民族精神的作用，这对开创党和国家发展新局面起着巨大作用。

（四）公共参与

引导学生主动学习、弘扬和传播中华优秀传统文化，弘扬和培育中华民族精神，增强主人翁意识和社会责任感。

五、教学重点难点

（一）教学重点

1.中华优秀传统文化的创造性转化与创新性发展。

2.了解中华民族精神的内容和核心，理解中华民族精神的作用。

（二）教学难点

1.理解中华优秀传统文化创造性转化和创新性发展的要求。

2.中华民族精神的内涵、作用。

3.中华民族精神在不同的历史时期有不同的表现。

4.如何弘扬和培育中华民族精神。

六、教学设计总体思路

通过"三段八学"的教学模式，让学生自己先阅读教材，了解本框需要掌握的两个大问题：创造性转化与创新性发展、弘扬中华民族精神。主要通过合作学、探究学让学生自己掌握本框的重难点问题，充分发挥学生主体地位，提高学生的核心素养，并通过课堂检测学达到学以致用的目的，最后通过巩固学巩固提升，整理第七课继承发展中华优秀传统文化的思维导图和《高考领航》本课时规范训练。

七、教学过程

（一）教学流程设计

课前

预习学：阅读教材97—100页，完成《高考领航》"课堂导学　新知初探"的填空题和易错清零。

课中

1.导入学：你喜欢看综艺节目吗？你喜欢什么类型的综艺节目？哪些综艺节目是一股"清流"，在跨界融合中赓续优秀传统文化？

教师总结：文化类综艺节目被称为综艺里的"清流"，致力于打破古今艺术形式之间的边界，用当代媒介的融入打破古人今人之间的隔阂，为我们展现源远流长、博大精深的中华文化。这节课，让我们一起致敬传统，找到综艺的另一种打开方式。

2.自主学：阅读教材思考如下问题：

（1）理解中华优秀传统文化创造性转化和创新性发展的要求。

（2）中华民族精神的内涵、作用。

（3）中华民族精神在不同的历史时期有不同的表现。

（4）如何弘扬和培育中华民族精神。

3.合作学、探究学、交流学

第一目：创造性转化与创新性发展

议题一：深耕细作，探索节目创新路径

（1）小组展示（需要做好课前收集工作，每个小组的分享不要重复，15分钟以内）

我来推荐：以小组为单位，根据课前收集的资料，展示、介绍最喜欢的一个文化类综艺节目。

我来评分：根据每个小组的介绍，结合评分细则，选出你最喜欢的文化类综艺节目。

展示结束后引导学生思考：文化类综艺节目改编的边界在哪里？

（2）自主探究

在热门游戏《王者荣耀》中，慷慨赴死的刺秦猛士荆轲，被"魔改"成了女性角色，让人大跌眼镜。很多小学生因为玩多了游戏，提起荆轲这一名字，第一反应并不是那个图穷匕见的壮士，而是游戏中那个爆发能力极强的女性刺客。后来游戏官方将荆轲的名字更改为阿轲，才平息了一场差评风波。

《王者荣耀》日活用户超过5000万，游戏人群年龄低至七八岁，20岁左右的青年占据用户数的一半以上。在很多玩家看来，虽然《王者荣耀》中提及了那些耳熟能详的神话历史人物，但那些人物的具体事迹并没有在游戏背景中得到体现，顶多便是将技能名更改为与生平事迹相关，比如说李白的《将进酒》。

①5000万游戏玩家中可能诞生喜爱中华优秀传统文化者吗？

②用跨界艺术形式来传承中华优秀传统文化的关键是什么？

教师总结：必须保留传统故事中核心的、有意义的内涵，然后再适当地进行改编，选用新形式。这样的改编是对中华优秀传统文化的传承和弘扬，否则就是戏说、乱说。

（3）语录分享

增强做中国人的骨气和底气，让世界更好认识中国、了解中国，需要深入理解中华文明，从历史和现实、理论和实践相结合的角度深入阐释如何更好坚持中国道路、弘扬中国精神、凝聚中国力量。回答好这一重大课题，需要广大哲学社会科学工作者共同努力，在新的时代条件下推动中华优秀传统文化创造性转化、创新性发展。

——习近平给《文史哲》编辑部全体编辑人员的回信

教师总结：

①实现中华优秀传统文化创造性转化

必须按照当今时代的特点和要求，对传统文化中有借鉴意义的内涵和陈旧的表达形式予以改造，转化为符合时代特点和要求的新内涵和新的呈现形式，使之与当代文化相适应、与现代社会相协调。

②实现中华优秀传统文化创新性发展

必须按照当今时代社会生活和社会实践的进步和发展，对中华优秀传统文化的内涵进行补充、拓展和完善，使之成为适合当今时代实践和社会发展要求的文化形式。

第二目：弘扬中华民族精神

议题二：正确导向，弘扬中华民族精神

过渡：怎样才能使中华优秀传统文化的传承取得最大效益呢？

（1）合作探究：历经千年的愚公移山故事

思考：愚公移山的故事为什么在不同时代有着既相同又不同的解读？为什么会不断被讲述、传播、传承？

教师总结：故事中的精神我们称之为"中华民族精神"。在五千多年的发展中，中华民族形成了以爱国主义为核心，团结统一、爱好和平、勤劳勇敢、自强不息的伟大民族精神。爱国主义是中华民族精神的核心，它贯穿民族精神的各个方面。其他方面的精神，相辅相成，体现着爱国主义这个主题。无论什么时候，爱国主义都是动员和鼓舞中国人民团结奋斗的一面旗帜，是各族人民风雨同舟、自强不息的精神支柱。故事还体现中国人民是具有伟大创造精神、伟大奋斗精神、伟大团结精神、伟大梦想精神的人民。

（2）故事分享：如果让你讲一个当代愚公移山的故事，你会选择讲谁的故事？

教师总结：随着时代的变化，中华民族精神的内涵是不断丰富和发展的，这也生动地体现了中华优秀传统文化的创新性发展。在中华优秀传统文化创造性转化和创新性发展过程中，结合时代特点，处理好新和旧、内涵和形式的关系，才能更好地弘扬中华优秀传统文化和中华民族精神。

民族精神作为民族文化的结晶，其形成和发展是长期历史发展积淀的过程，也是随着时代变化而不断丰富的过程。

一百年前，形成了伟大建党精神。

此后的新民主主义革命时期，形成了井冈山精神、长征精神、延安精神、红岩精神、西柏坡精神等革命精神。

社会主义革命、建设和改革过程中，形成了抗美援朝精神、“两弹一星”精神、雷锋精神、焦裕禄精神、大庆精神、红旗渠精神、塞罕坝精神、特区精神、抗洪精神、抗震救灾精神、载人航天精神、脱贫攻坚精神、抗疫精神等。

（3）语录分享

没有先进文化的积极引领，没有人民精神世界的极大丰富，没有民族精神力量的不断增强，一个国家、一个民族不可能屹立于世界民族之林。

——习近平在文艺工作座谈会上的讲话

（4）分享评分结果

近年来，我国电视综艺类节目的生产能力不断提升，如何走出一条守正创新的道路受到人们的关注。文化类综艺要能够在多元的外在表现形式外，在内在深度上再挖掘，把优秀传统文化、民族精神等糅为一体，是中华民族最鲜明的标签与特质，文化类综艺节目要善于把这种蕴含于灵魂深处的价值释放出来，引领现代社会的文明进步。

结合评分表，填写附加分，推荐一部能体现当今创新传承中华优秀传统文化的作品，并阐述优秀的文化类综艺节目应有的特质。

（二）课堂小结

在传承的过程中，不能把诸多因素对立起来，而要统筹考虑，更不能本末倒置，要想办法做到既"叫好"又"叫座"。在传承中华优秀传统文化中，考虑大众需要是必需的，否则很多传承的事做不下去；但如果忽视传统文化本身的核心内涵，那么便不是真正意义上的传承中华优秀传统文化，所以最应考虑的是弘扬和培育民族精神。

培育和践行社会主义核心价值观，要以培养担当民族复兴大任的时代新人为着眼点，强化教育引导、实践养成、制度保障，发挥社会主义核心价值观的引领作用，实现中华民族伟大复兴的中国梦。

（三）板书设计

7.3 弘扬中华优秀传统文化与民族精神

（一）弘扬中华优秀传统文化

1.创造性转化

2.创新性发展

（二）弘扬中华民族精神

1.内涵（是什么）

2.作用（为什么）

3.丰富与发展

4.怎样弘扬（要求）

（四）作业设计

1.课后：巩固学

（1）整理第七课继承发展中华优秀传统文化的思维导图。

（2）对应《高考领航》随堂演练、课时规范训练（二十）。

2.精选习题

（1）一株小草改变世界、一缕药香跨越古今……面对新冠疫情，我国中医药人从古籍古方中挖掘精华，在现代科技中攻关突破，做到中西医结合、中西医并重，让古老的中医药焕发新的生命力，成为抗击新冠疫情的利器，为人类健康贡献中国智慧。这表明（　　　）

①中医药文化坚持创造性转化和创新性发展

②中医药文化走向世界引领人类文明的进步

③中医药文化发展紧跟时代步伐满足民众需求

④中医药文化承载一个国家和民族的价值追求

A.①② B.②④ C.①③ D.③④

（2）"立德、立功、立言"的人生价值观，"修身、齐家、治国、平天下"的人生发展观，"德行、言语、政事、文学"的能力培养观，以及"志于道、据于德、依于仁、游于艺"的生命要旨等，无不是值得加以阐发并引导青年成长的思想精髓。这启示我们（　　）

①要充分挖掘中华优秀传统文化的智慧

②中华传统文化是推动青年成长的捷径

③要继续传承和弘扬我国的传统文化

④要推动中华优秀传统文化创造性转化和创新性发展

A.①② B.①④ C.②③ D.③④

（3）习近平总书记在谈到传统文化时指出，要以科学态度对待传统文化，很好地传承和弘扬传统文化，努力挖掘其时代价值，对传统文化进行创造性转化、创新性发展。这要求我们（　　）

①全面认识我国传统文化，取其精华，去其糟粕

②努力使中华文化的发展与当代社会相适应

③大力改造、创新传统文化，拒绝外来文化

④虚心学习和借鉴其他民族的优秀文化成果

A.①② B.②③ C.①④ D.③④

（4）下列对中国共产党人的精神谱系和中华民族精神的关系说法正确的是（　　）

①中国共产党人的精神谱系是与时俱进、不断发展和完善的

②中国共产党人的精神谱系就是以爱国主义为核心的中华民族精神

③中国共产党人的精神谱系是对中华民族精神的丰富和发展

④中国共产党人的精神谱系是中华民族精神的重要组成部分

A.①②　　B.①④　　C.②③　　D.③④

（五）参考资料

1.中华人民共和国教育部：《普通高中思想政治课程标准（2017年版2020年修订）》，人民教育出版社，2020年。

2.王广周：《高考领航》，山东美术出版社，2022年。

八、教学总结与反思

在教学过程中，要充分发挥学生主体地位，在授课中多运用合作学、探究学，让学生在自主合作探究中学会解决问题，提升自己的核心素养，教师要发挥主导作用，答疑解惑，要运用大概念、思维导图让学生熟练地掌握和运用知识，在总结过程中，强调中华优秀传统文化的创造性转化、创新性发展是答题中经常用到的术语，中华民族精神具有与时俱进的特质，要大力弘扬中国精神，即以爱国主义为核心的民族精神和以改革创新为核心的时代精神。

杭州亚运会与中华优秀
传统文化和民族精神

铁岭市第四高级中学　铁岭市第三中学　裴德来　初艳艳

一、课程基本信息

主讲课程：高中思想政治

使用教材版本：人民教育出版社2019年版

教材章节出处：高中思想政治必修四《哲学与文化》第三单元第七课第三框《弘扬中华优秀传统文化与民族精神》

二、教学设计概述

高中思想政治必修四《哲学与文化》主要分为两大部分的内容：一是介绍马克思主义哲学，二是介绍文化传承与创新。《弘扬中华优秀传统文化与民族精神》是第三单元《文化传承与创新》第七课《继承发展中华优秀传统文化》的第三框，主要分为两部分内容：一是阐明对待中华优秀传统文化的态度，推动优秀传统文化创造性转化和创新性发展。二是阐述弘扬和培育中华民族精神。本框对如何对待优秀传统文化的回答，也为第九课发展中国特色社会主义文化、坚定文化自信内容的学习做了铺垫。

本框内容包括两目，第一目"创造性转化与创新性发展"，阐述了如何推动中华优秀传统文化发展。第二目"弘扬中华民族精神"，阐述了中华民族精神的基本内涵、民族精神的作用和民族精神的丰富发展。

从本框在学考、高考中的性质设计：本框在高考和学考中是经常考查的知识点，以选择题和主观题的方式考查，与第七课第一框、第二框的逻辑关系是：理论—辨识—行动，逐层递进，前后呼应，对于学生学科核心素养水平的要求是逐步提升的。

从本框在课标中的要求设计：领会对中华优秀传统文化进行创造性转化、创新性发展的重要意义，弘扬民族精神。通过情景探究，学生能正确理解弘扬中华优秀传统文化要实现创造性转化和创新性发展，并结合上节课知识归纳出弘扬优秀传统文化的措施。结合视频和实际生活，学生能够正确知道中华民族精神的内涵，理解不同时期产生的伟大精神与民族精神的关系，能把握并运用弘扬民族精神的意义和措施。

三、学情分析

通过前面的学习，学生对中华优秀传统文化有了一定的知识基础，但对中华民族精神的具体内容缺乏准确认识，对知识的运用能力和迁移能力不够。学生都置身于一定的文化生活中，时时刻刻感受着文化的熏陶，有一定的生活经验，所以对于弘扬中华优秀传统文化这个问题学生并不陌生。加之现在国家大力提倡弘扬民族精神，进行文化建设，社会氛围浓厚，学生对民族精神有一定的了解。本次授课对象是高二的学生，其认知水平、知识结构不够清晰。对于中华优秀传统文化的创造性转化和创新性发展这个热点话题的认识不够清晰，同时对于如何弘扬民族精神这个问题较难把握和理解。所以在讲课过程中要积极发挥学生的主体作用，引导学生独立思考，理解课本知识点。

四、教学目标

1.学生通过阅读教材97页和观看视频、材料，大部分学生能了解中华优秀传统文化创造性转化和创新性发展的要求及意义，归纳并理解实现创造性转化与创新性发展。

2.学生通过阅读教材，结合7.2知识和《唐宫夜宴》创新，目标生能够归纳弘扬中华优秀传统文化的做法。

3.学生通过阅读教材98—100页，结合视频感悟特殊时期的中国人民的精神魅力，能够通过小组合作探究得出抗疫精神的内涵，并说出抗疫精神与民族精神的关系，目标生和临界生能够根据课本和已有知识归纳出弘扬民族精神的意义和措施。明确在新时代，弘扬民族精神要培育和践行社会主义核心价值观，培养担当民族复兴大任的时代新人。认同以爱国主义为核心的伟大民族精神的内涵及作用，明确中国人民是具有"四个伟大"精神的人民。

通过以上活动衔接高考，中国高考评价体系中强调的"一核四层四翼"的考查要求，培养考纲中重点考查的基本能力，即获取和解读信息，调动和运用知识，描述和阐释事物，论证和探究问题的能力。达成必备知识储备，关键能力再生，综合学科素养，担当育人使命。

五、教学重点难点

本框是高考考查的重点章节，考查重点是弘扬和培育民族精神。本框所属的第七课《继承和发展中华优秀传统文化》在高考中考试频率较高，在选择与非选择题上均有体现。在内容上我们要把握重点知识。

非选择题往往结合载人航天事业发展等时政热点，考查民族精神的内涵、作用。主观题方面往往结合抗美援朝精神、雷锋精神、载人航天精神等具体民族精神，考查民族精神的丰富发展、弘扬培育民族精神等内容。在时政上我们要注意衔接。

据此我将本框题教学重难点设计如下：

教学重点：中华民族精神的内涵、表现；如何弘扬中华民族精神。

教学难点：区分中华民族精神的具体内涵、表现。

依据：课标要求，配套练习、各种考试中考查的频率以及学生的做题情况反馈。

六、教学设计总体思路

通过杭州亚运会创设情景，让同学们在观看杭州亚运会开幕式中体悟中华优秀传统文化之美，学生通过自己查找资料感受杭州亚运会对优秀传统文化的弘扬。通过杭州亚运会的做法总结"两创"的要求，提高学生自助学习的能力。

通过观看杭州亚运会的视频引起学生共鸣，感受体育精神的震撼力量。通过三则材料引导学生通过小组合作读懂"杭州亚运"背后的民族精神。激发学生的爱国主义热情。培养以爱国主义为核心的民族精神。

通过体会体育精神在民族复兴中的重要作用，懂得民族精神在中国革命、建设、改革中的巨大作用，增强对中国共产党、对社会主义祖国的热爱之情。

七、教学过程

（一）教学流程设计

环节一：感受杭州亚运会传统与现代碰撞的中国式浪漫

教师活动：请学生上台介绍收集的杭州亚运会文化元素，小组根据课前对"两创"自学的情况，合作讨论分析杭州亚运会是如何弘扬优秀传统文化的。引导学生将得到的结论与"两创"知识对接，自己总结"两创"要求，针对学生分析情况予以总结，梳理知识点。

学生活动：通过课前收集的杭州亚运会文化元素，结合课前对"两创"知识的自习，思考杭州亚运会是如何弘扬优秀传统文化的，总结"两创"的要求。

设计意图：学生通过自己查找资料感受杭州亚运会对优秀传统文化的弘扬。通过杭州亚运会的做法总结"两创"要求，提高学生自助学习的能力。

环节二：读懂"杭州亚运"背后的民族精神

教师活动：播放杭州亚运会视频，激发学生共鸣，感受体育精神的震撼力量。

学生活动：以小组为单位，通过小组合作读懂"杭州亚运"背后的民族精神。

教师活动：出示教学材料。

材料1：拼搏是最美的底色。

女子篮球决赛，中国队对阵日本队，中国队在最后时刻完成准绝杀获得冠军。

材料2：温暖汇聚体育力量。

女子50米蝶泳颁奖礼，张雨霏与池江璃花子相拥而泣。

材料3："中国红"激扬爱国情。

竞技体操男子个人全能决赛，张博恒获金牌。

学生活动：根据课前对民族精神的学习，以小组为单位，分析三则材料体现的民族精神，加深对民族精神内涵、核心、体现的认知。巩固自主学习结果。

设计意图：课前安排学生自主学习这部分内容，培养学生自主学习的习惯，提高学生自助教育的能力。通过对材料的分析找到其精神实质，激发学生的爱国主义热情。培养以爱国主义为核心的民族精神。

环节三：铸中华体育魂，逐民族复兴梦

教师活动：通过一则材料，让学生分析历久弥新的中国体育精神对民族伟大复兴的重要作用。

学生活动：根据对材料的分析得出结论，并从中感悟中华民族精神的重要作用。

设计意图：通过体会体育精神在民族复兴中的重要作用，懂得民族精神在中国革命、建设、改革中的巨大作用，增强对中国共产党、对社会主义祖国的热爱之情。

环节四：钱潮江涌，从杭州亚运看中国青年力量

教师活动：伟大时代创造伟大精神，伟大精神推动伟大时代。纵观人类发展的历史，任何一个民族的兴衰，都与是否有一种高昂的民族精神直接关联，只有弘扬和培育民族精神，并不断赋予其新的时代内涵，我们的中华民族才能始终保持朝气蓬勃的精神面貌，才能在新世纪的征程上乘风破浪，不断夺取新的胜利。

结合生活实际，谈谈作为新时代的青年应当如何弘扬和培育民族精神。

学生活动：根据自己的实际情况，结合中国健儿为国争光的荣耀时刻，谈谈如何弘扬民族精神，为国家贡献力量。

设计意图：为课后学生实践提供现实路径，引导学生自觉弘扬中华优秀传统文化与民族精神，从而实现政治认同和公共参与的素养目标。

（二）课堂小结

本节课主要学习了两大方面的内容，一是如何通过创造性转化和创新性发展弘扬优秀的传统文化，二是从是什么、为什么、怎样做的角度学习民族精神。

文化是什么？是千百年来传承的风骨，是唐雎为国家而直面秦王的布衣之怒；是萧萧易水旁，荆轲去刺秦王时明知不可为而为之的决心；是近现代抗日战争中，每一位浴血奋战的战士；是邓稼先、于敏等人远离家乡，奔赴戈壁，为国防力量作出的贡献。

（三）板书设计

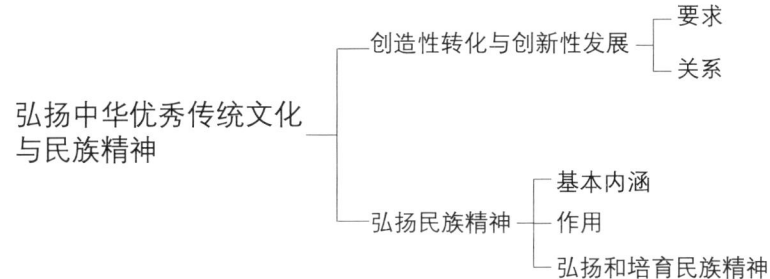

（四）作业设计

结合"两创"的学习和教材的相关链接，探究如何对待传统文化。

（五）参考资料

《杭州第19届亚洲运动会开幕式》，https://tv.cctv.com/2023/09/23/VIDECdaW17TR7ZUOjRJdwcSo230923.shtml.

八、教学总结与反思

在教学过程中，学生的参与度较高，从课前预习到小组汇报、到课中思考、合作探讨等教学环节，学生们都能积极有效参与，同时从学生的作业汇报和研学报告可以感受到他们坚持中国共产党的领导，坚持以人民为中心的高度认同，同时也从学生的回答中看到学生的理论水平，看待问题的深度的提升，有效地达成了教学目标，整体教学效果比较好。

本节课比较重视学生的主体地位，首先让学生发挥主观能动性去发现一些优秀党员身上有什么共同点；这些共同点体现了我们党有什么样的性质和宗旨。再通过老师所展示的材料、案例，去动脑筋思考问题。最后，学生利用前期所学，先分析知识点，然后教师在学生理解的基础上进行补充。

反观本节课，课中讨论、抢答等活动过程性考核评价方式主观判断因素较强，标准不细化不具体，评价结果的准确性有待提高。应该进一步细化评价指标，使考核评价体系标准化。

回溯儒学思想　探寻文化密码

朝阳市凌源中学　肖　颖

一、课程基本信息

主讲课程：高中思想政治

使用教材版本：人民教育出版社2023年版

教材章节出处：高中思想政治必修四《哲学与文化》第三单元第七课第二框《正确认识中华传统文化》

二、教学设计概述

《正确认识中华传统文化》是高中思想政治必修四《哲学与文化》第七课第二框的教学内容。该框包括"中华优秀传统文化的主要内容及特点"和"中华优秀传统文化的当代价值"两目。

本节课力求遵循学生认知规律，运用丰富的教学策略调动学生学习的积极性，设计一个总议题、三个子议题，通过导课诱趣、导学明理、深化运用以及总结提升由浅入深地展开教学。围绕学校目标，主要探讨中华优秀传统文化的主要内容、形成、特点及当代价值，从而引导学生从唯物主义辩证法的角度正确认识中华传统文化，感悟中华优秀传统文化的当代价值。

三、学情分析

本节课的授课对象是高二年级学生。

1.从认知结构方面看，该阶段学生通过之前对哲学模块的学习，了解了马克思主义的基本立场、观点和方法，能够运用辩证唯物主义和历史唯物主义的观点分析问题；通过对第一框"文化的内涵与功能"的学习，学生积累了文化的基本功能等基础理论。

2.从心智特征方面看，该阶段学生具备了一定的科学思维方法，能有效整合学科相关知识去分析和解决问题。但思维的深度和广度还有待提高，在调动和运用知识、论证和探究问题方面还有困难，需要教师引导学生进行能力提升。

3.从理论生成方面看，部分学生对中华传统文化认识不深刻，尤其不能挖掘优秀传统文化的当代价值，缺乏高度的文化自信。本节课将帮助同学们正确认识中华优秀传统文化，从而增强文化自信。

四、教学目标

（一）知识与能力

1.阐述中华民族创造的光辉灿烂的文化，了解中华文化的产生、发展，阐明中华优秀传统文化的主要内容。

2.理解中华文化的特征、中华优秀传统文化的当代价值，弘扬中华优秀传统文化。

（二）过程与方法

1.通过小组合作和案例分析探究，调动学生积极性，了解中华优秀传统文化的魅力和价值。

2.通过议题式探究，环环相扣，层层深入，实现学习目标和高考方向的有机衔接。

（三）情感、态度与价值观

1.树立高度的文化认同，提高民族自信心和自豪感。

2.注重公共参与，通过自觉参与文化活动，坚定文化自信，努力建设文化强国。

五、教学重点难点

（一）教学重点

1.阐述中华民族创造的光辉灿烂的文化，了解中华文化的产生、发展，阐明中华优秀传统文化的主要内容。

2.理解中华文化的特征，懂得中华文化是世界文明古国中唯一没有中断而延续至今的文化。

（二）教学难点

1.明确中华文化的影响，认同中华文化。

2.理解中华优秀传统文化的当代价值，弘扬中华优秀传统文化。

六、教学设计总体思路

围绕"回溯儒学思想　探寻文化密码"的总议题，设置三个分议题：

1.赏中华优秀传统文化之精华——从一场关乎《论语》的跨时空对话说起。通过文化典籍的内容展示，检验学生课前预习效果，锻炼学生提取关键信息的能力。再通过《论语》经典语录的学习，展示了我们厚重的文化底蕴和独特的文化魅力，坚定文化自信。

2.叹中华优秀传统文化之渊博——除了《论语》，中华文明还有什么？正确认识中华传统文化，通过对中华传统文化内容的探究，引导学生运用哲学思维分析对待传统文化的正确态度，培养其科学精神。引导学生掌握分析之方法、思考之维度，接续传承我们的优秀传统文化，让中华优秀传统文化生生不息。

3.析中华优秀传统文化之价值——当今时代，我们还需要儒家文化吗？创设有趣的情境激发学生传承中华优秀传统文化的热情，课后思考在新时代我们应该如何传承和弘扬中华优秀传统文化，为下一框的学习做铺垫。通过多维度探究中国古代和合思想的当代价值，开拓学生的思维。

七、教学过程

（一）教学流程设计

总议题：回溯儒学思想　探寻文化密码

环节一：赏中华优秀传统文化之精——从一场关乎《论语》的跨时空对话说起

教师活动：

1.新课导入："一部《论语》，千古流传，蕴含着儒家学派的思想主张，更蕴含着中国人两千年的风骨性格，中华文明的'根'与'魂'从中亦可探寻……""如果孔子知道自己的思想观点流传了千年，他会生出怎样的感慨……让我们一起来品读这场跨时空的思想交流之旅。"

2.播放视频素材，展示一场关于《论语》的跨时空对话，引出议题：

（1）这场跨时空对话中，撒贝宁从《论语》中读到了什么？

（2）这些思想蕴含着中华优秀传统文化的哪些内容？

学生活动：

1.提炼视频信息。

（1）读到了人生追求：仁以为己任，修己以安人，修己以安百姓。

（2）读到了忠恕之道：己所不欲，勿施于人；己欲利而利人，己欲达而达人；推己及人。

（3）读到了如何为人：孝悌忠信，温良恭俭让，君子忧道不忧贫……

2.结合教材知识，总结蕴含的中华优秀传统文化内容。

（1）中华文化的核心思想理念。

（2）中华传统美德。

（3）中华人文精神。

设计意图：通过请小组代表展示他们课前收集整理的关于《论语》的人物故事、思想理念等材料，激发学生的积极性，让学生通过对情境中的相关信息进行积极的感知和理解，深入体会我国优秀传统文化的丰富多彩，达成学习的目标。

环节二：叹中华优秀传统文化之渊博——除了《论语》，中华文明还有什么?

教师活动：

1.过渡衔接："品味完《论语》中蕴含的中华优秀传统思想文化后，同学们肯定对于渊博的中华文明更加好奇了。作为世界古代文明中唯一始终没有中断、连续发展五千多年的文明，我们拥有的精神财富，超出你想象!"

2.观看视频，回答议题：

（1）视频呈现了哪些中华文明成果，这些文明成果是如何创造形成的呢?

（2）这展现了中华优秀传统文化具有怎样的特点? 其存在与发展有怎样的重要性?

3.总结中华优秀传统文化的形成、特点和重要性。

（1）特点：源远流长、博大精深、包容性。

（2）地位：是中华民族的突出优势、是我们最深厚的文化软实力。

（3）形成：是中华民族勤劳智慧、自强不息创造得来的；是各民族相互交融相互促进、共同熔铸而成的；是与世界各国文化的交流、碰撞、交锋中发展起来的。注重吸收和借鉴，不断增强包容性。

学生活动：

1.分析议题（1）。提炼视频信息，阅读教材94页，回答议题。

视频信息提炼：在几千年历史长河里，中国人民始终辛勤劳作，发明创造：发明了造纸术等深刻影响人类文明进程的伟大科技成果；创作了《诗经》《楚辞》等伟大的文艺作品，传承了《格萨尔王传》等震撼人心的伟大民族史诗；建设了万里长城气势恢宏的伟大工程；形成了独特的看待世界、人生和自我的价值体系。

2.分析议题（2）。阅读教材96页，回答议题。

总结视频提炼的信息，即可总结出中华文化的特点，顺势可再推出其重要性：影响周边国家和世界文明进程、人类文明进步；是中华民族的突出优势，是最浓厚的文化软实力。

设计意图：通过请小组代表上台展示他们课前收集、整理的视频《数字中国》、文物藏品的介绍和习近平总书记的中华优秀传统文化"公开课"等资源，设置议学活动，让学生讨论交流，分享代表的观点，使学生在真实的情境中感知和理解我国优秀传统文化特点地位和形成，正确理解中华优秀传统文化，坚定文化自信。

环节三：析中华优秀传统文化之价值——当今时代，我们还需要儒家文化吗？

教师活动：

1.过渡衔接："感叹于中华优秀传统文化之渊博的同时，我们也需直面其在现实社会的处境，'现在，它们真的还在被需要吗？'论及这个问题，就不得不谈及其中的代表——中国的儒家思想文化。"

2.介绍儒学思想面临的一些负面评价："自西汉'废黜百家，独尊儒术'之后，儒学占据历史主导地位，对中华民族的文化认同起了积极作用；但它对中国社会的负面影响也是有目共睹。比如在追求统一的过程中逐步僵化……那么，我们到底应如何客观看待儒学思想呢？"

3.播放视频，议一议：

（1）如何客观对待以儒家思想为代表的中华传统文化？

（2）视频展现出以儒学中的精华思想为代表的中华优秀传统文化有何现实价值？

4.展示课件并总结中华优秀文化的当代价值。

（1）为解决当代中国和世界发展中的问题提供有益借鉴。

（2）有助于正确认识和处理国际关系，推动建立合作共赢的新型国际关系，构建人类命运共同体。

（3）中华文化是中华民族共同的精神标识，涵养着中华民族共同的价值观，能够激发民族自信心、自豪感，有助于民族团结、维护国家安全和统一，铸牢中华民族共同体意识。

学生活动：

1.分析议题（1）。提炼视频信息，阅读教材97页，回答议题。

提炼视频信息：封建统治阶层出于维护自身统治目的对儒学的不恰当理解与应用使其发展出一些糟粕思想，成为社会思想的禁锢，但不能因此否认儒学思想本身具有的文化价值。

总结对待传统文化的正确态度：要"取其精华、去其糟粕"，改造传统文化；要"推陈出新、革故鼎新"，创造新文化、发展先进文化；坚持古为今用，推陈出新，批判继承，努力用中华民族创造的精神财富来以文化人、以文育人。

2.分析议题（2）。提炼视频信息，阅读教材98页，回答议题。

提炼视频信息：儒家学说既发扬光大了中华文明也保护了中华文明；从部分儒家经典思想看其现实价值：

结论①：中华文化是中华民族共同的精神标识，涵养着中华民族共同的价值观，能够激发民族自信心和自豪感，有助于民族团结、维护国家安全和统一，铸牢中华民族共同体意识。

结论②：中华优秀文化所蕴含的革故鼎新、与时俱进、脚踏实地等思想，能够为解决当代中国和世界发展中的问题提供有益借鉴。

结论③：中华优秀文化强调求同存异、和而不同、和平发展，有助于正确认识和处理国际关系，推动建立合作共赢为核心新型国际关系，构建人类命运共同体。

设计意图：引导学生辩证看待中华传统文化，通过学生归纳总结课堂上展示的儒家文化的关键词，以这些熟悉的情境素材为载体设置议学活动分析中华优秀传统文化的当代价值，使学生能够正确认识中国传统文化，自觉传承优秀传统文化。

（二）课堂小结

本节课我们共同回溯儒学思想，探寻文化密码。探究了如何正确认识传统文化，体会了优秀传统文化的当代价值。中华民族饱经风雨，历经沧桑，但文化的大树枝繁叶茂，生机盎然。源远流长、博大精深的中华优秀传统文化，赋予我们新时代青年坚定文化自信的志气、骨气和底气。一代青年有一代青年的历史际遇和历史使命，让我们继往开来，携手共进，以建设社会主义文化强国为目标，不断铸就中华文化新辉煌。

（三）板书设计

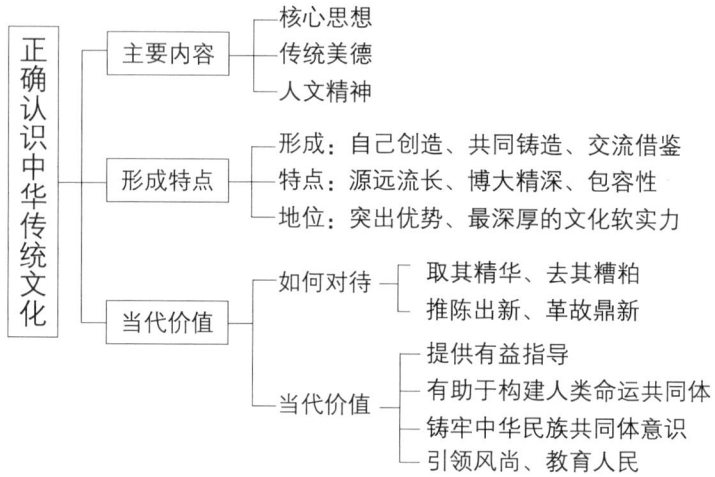

（四）作业设计

1.活动性任务（任选其一）

（1）小组合作做一份手抄报，展示最美中华文化，结合地方特色。

（2）以"文明古国、自信中国"为题，写一篇演讲稿，200字左右。要求：观点明确，紧扣主题，理由充分，合乎逻辑，学科术语使用规范。

2.探究性任务

（1）请结合所学知识，谈谈《典籍里的中国》节目对文化继承与创新的启示。

（2）预习下一框《弘扬中华优秀传统文化与民族精神》，探究如何弘扬中华优秀传统文化。

（五）参考资料

1.王秋生：《生活之前：从精读〈论语〉名句开始》，黄山书社，2011年。

2.南怀瑾：《论语别裁》，复旦大学出版社，2003年。

3.微信公众号"政相思"：《从〈典籍里的中国〉思考传统文化的当代价值》教学设计，https://mp.weixin.qq.com/s/wrXQdDc7GiTcp_mOA1bGKw.

八、教学总结与反思

通过本节课的学习和探索，教学思路比以前更清晰了，教为主导，学为主体，练为主线。当然，教学是不完美的艺术，结合备课组老师的指导和学生的反馈，我对自己的教学进行了如下反思：

（一）对教学准备的反思

本节课涉及很多历史方面的素材，但是大多都只是简单呈现，对素材的挖掘程度还不够深，已有资源没有得到有效利用。学生在课前也要进行大量的资料收集和原著阅读，准备一节课投入的时间成本较高。

（二）对教学环节的反思

在授课过程中，本节课内容较多，学生的表达欲望很强，准备都很充分，为了在规定时间内落实教学目标，教师评价和总结都稍显仓促。在以后授课过程中，要让学生更多参与其中，能够真正有所收获，使思维向新的广度和深度发展。

（三）对教学状态的反思

教学过程中引入《论语》等素材，教师如果能激情澎湃朗诵可能更有感染力和号召力，只播放视频略显缺少激情。教师声音语速节奏感要更缓和些，从容些，教学效果会更好。

文化的力量有多大

大连商业学校　于琳琳

一、课程基本信息

主讲课程：中职思想政治

使用教材版本：高等教育出版社2023年版

教材章节出处：中职思想政治基础模块《中国特色社会主义》第四单元第十课第一框《繁荣发展中国特色社会主义》

二、教学设计概述

《繁荣发展中国特色社会主义文化》一课是中等职业学校思想政治理论课基础模块《中国特色社会主义》第四单元第十课第一框的内容，是第四单元的起始，是五位一体"文化建设"的重要内容。本课通过引导学生了解身边文化现象，领悟中华优秀传统文化、革命文化、社会主义先进文化的影响力和感召力，坚定文化自信及坚持和完善繁荣发展社会主义先进文化制度的意义，为后面传承中华文化和践行社会主义核心价值观的学习奠定基础。

依据党的二十大报告"完善思想政治工作体系，推进大中小学思想政治教育一体化建设"的理论指导，遵循《思想政治课程标准》对本课的目标定位，重点培养学生"政治认同"的核心素养，确定本课教学设计的思路为：在大概念视域下，纵向兼顾不同学段，横向融合专业学科"文化"内容的课堂建构，创建"议题式活动型融合思政课"，重点培养学生文化自信。本课定位于在小学、初中学段已培养学生对"文化"启蒙与感受的基础上，结合未来对接高职学段思政课需要提升对"文化"理论研讨的要求，设计中职学段的培育目标，做好教学设计。

中等职业教育担负着培养德智体美劳全面发展的高素质劳动者和技术技能人才的任务。鉴于此学段学生的身心特点、知识背景和接受能力等因素，注重学生学习的主体性和参与性。通过活动引导学生理解并认同我国文化的内容与价值，增强文化自信，对相邻学段的文化教育起到承前启后的作用，既有连贯性也有差异性，能在相互配合中，培养高尚道德情操和良好文化素养。达到知行合一的教学效果，落实学科核心素养。

三、学情分析

我授课的对象是软件与信息服务专业（3+2）一年级学生。

1.思想特点。他们自我意识较强，但自我控制力不足。思想活跃，观念超前，有时缺乏是非评判能力和合作意识。

2.知识储备。学生通过小学和初中道德与法治课程的学习，对中国特色社会主义文化的内容和特点有了了解，但对文化的价值及意义理解不深入。

3.能力水平。学生的能力水平呈现差异化，具备动手操作优势。

4.本课知识基础。学生已经通过"经济建设"和"政治建设"两单元的学习，对于五位一体布局有知识基础，本框题学生更加容易收集素材，自主学习。另外，引领思维进阶的深度学习，为升入高职，提升"中国特色社会主义文化建设"的理论研讨起到铺垫作用。

依据学情特点，我通过任务驱动，协同专业课共同育人；课上运用学生收集的素材创设情境；学生小组合作探究发挥主体作用；通过课后完善任务的布置，学生在"做"中运用，真正发挥活动型融合思政课的育人价值。

四、教学目标

依据《中等职业学校思想政治课程标准（2020年版）》，结合学情、教材和专业学习需要，确定本节课的核心素养目标如下：

1.通过完成课前预习任务，通过课上对专业课"红色文化网页制作"工作任务完成情况的分析，针对学生存在对文化内涵理解不够深入的问题创设情境，引出本课主题，激发学生对文化内涵与文化价值的学习兴趣，增强爱国主义情怀。

2.通过师生研讨作为中职生如何传承、弘扬、发展三种文化的问题链，引领学生深度思考，明晰中国特色社会主义文化的内涵和价值，理解坚持和完善繁荣发展社会主义先进文化的意义，巩固学生全民共同团结奋斗的思想基础。

3.通过课堂活动"请各组汇报专业课红色文化网页制作的进展情况，学完本课之后打算怎样修改"的交流，提升学生总结反思的能力，增强发展中国特色社会主义文化的主人翁意识，积极参与公共事务，积极承担社会责任，提高参与能力。

五、教学重点难点

（一）教学重点

了解中国特色社会主义的内容和价值，增强文化自信，强化政治认同。

为了突破此重点，要注意让学生入脑入心。通过让学生针对收集的中华优秀传统文化、革命文化、社会主义先进文化三种文化的素材进行学习和探究，展示交流，增进对关于中国特色社会主义文化内容的理解，领悟其影响力和感召力。破解教学重点。

（二）教学难点

理解繁荣发展中国特色社会主义文化的意义，积极参与中华文化的传承、弘扬和发展。

为了突破此难点，让学生以具体工作任务为抓手，积极参与文化的传承、弘扬、发展。通过"学完本课之后打算怎样修改"的课堂活动，提升学生总结反思的能力，增强发展中国特色社会主义文化的主人翁意识，积极承担社会责任，提高参与能力。破解教学难点。

六、教学设计总体思路

依据《新课标》，确定本课重点培养学生政治认同核心素养，根据中职学段学生特点（学生具备一定的抽象思维和自主学习能力），以"文化的力量有多大"为议题，采用"任务驱动式、小组合作式、自主探究式、参与体验式"为主要教学方法，通过任务驱动，协同专业课共同育人；运用学生收集的素材创设情境，激发情感；小组合作探究，发挥学生主体作用；课后改进任务，学生在"做"中践行，做到知行合一。这些教学环节构建了大概念视域下"议题式活动型融合课堂"，真正发挥活动型思政课的育人价值。

七、教学过程

（一）教学流程设计

环节一：课前准备

教师活动：课前将班级学生分为四个小组：1.传承中华优秀传统文化组；2.弘扬革命文化组；3.发展社会主义先进文化组；4.仲裁组。

布置学生针对本组承担的文化内容进行素材收集，上传青鹿优课平台，并根据议学单的要求自行预习，为课上展示交流做好铺垫。仲裁组除了预习本课内容，还负责制定评价标准，为课上评出研学最优小组做好准备。

学生活动：根据议学单分组完成课前预习任务。

设计意图：通过小组分工合作、协同学习、交流研讨完成任务，从而提高学习效果；发挥小组成员差异化特点，优势互补，共同提高，教师根据实际情况差异化教学；组间竞赛激发学生的学习热情和参与度，培养学生团队协作、沟通交流、组织领导能力和竞争意识等综合素养。

环节二：课上立足专业，激趣导入

教师活动：

1.带领学生回顾近期在"网页设计基础"专业课上的任务"完成红色文化主题的网页制作"，询问学生有没有遇到困难，总结专业课教师的反馈，"学生对于红色文化内涵理解得不够透彻，作品缺乏灵魂"。

2.创设工作情境，导入本课主题"繁荣发展中国特色社会主义文化"，呈现议题："文化的力量有多大"，引领学生探究红色文化的内涵与价值。

学生活动：回顾、交流、思考。

设计意图：创设学生熟悉的工作情境导入主题，激发学生学习本课的兴趣，培养学生主动探索精神和公共参与意识。打破学科壁垒，探索学科间关于"红色文化"共性联系，建立大概念教学，促进学生学科间知识和思维的相互碰撞与交融，协同推进素养培育。

环节三：情境引领，合作探究

教师活动：引导学生思考，初三上学期通过学习"守望精神家园"一课，对中华优秀传统文化、革命文化和先进文化有了初步认识，今天我们再学习，会有什么不同的感受呢？介绍中国特色社会主义文化的构成，延续和发展中华文明的意义，为学生课上探究、引思明理做好铺垫。

学生活动：聆听、思考。

分议题一：如何推动中华优秀传统文化创造性转化、创新性发展？

教师活动：请出仲裁组宣读评价标准。请1组开启传承中华优秀传统文化的交流展示。总结并点拨中华优秀传统文化的分类。抛出问题：作为新时代的中职生我们怎样传承中华优秀传统文化？根据学生回答，总结：增强文物保护意识，加大文化遗产保护力度；用我们的技能推动中华优秀传统文化创造性转化、创新性发展。

学生活动：交流展示、聆听感受、思考问题、回答问题。

分议题二：薪火相传，如何做红色基因的传承者？

教师活动：请出2组代表展示交流，呈现革命文化的红色篇章。总结：2组让我们感受到了革命文化的厚重与豪迈。讲解百年奋斗历程中，共产党人的精神谱系有哪些，点拨提问：在和平年代的今天是否需要革命文化？作为中职生怎样传承革命文化？根据学生回答总结：需要，今天中国共产党带领中国人民在革命、建设、改革中书写的红色篇章，是新时代中国特色社会主义文化的重要组成部分。中职生面对困难与挫折能够不放弃、不妥协，有攻坚克难的精神，就是最好的弘扬。

学生活动：交流展示、聆听感受、思考问题、回答问题。

分议题三：培根铸魂，如何参与社会主义先进文化建设？

教师活动：请出3组代表展示交流，走进社会主义先进文化之旅。总结：3组的社会主义先进文化给我们带来了视觉上的冲击和心灵上的震撼，它带来的自信是我们民族披荆斩棘、生生不息的精神动力。点拨提问：作为中职学生应该怎样接续发展社会主义先进文化？根据学生回答，总结：培养终身学习的能力，能够跟上技术的更新发展，甚至能够创新技术技能的发展，就是最好的贡献。

学生活动：交流展示、聆听感受、思考问题、回答问题。

设计意图：通过学生自己收集的素材，创设真情境，根据真问题，开展真思考，进行真学习，取得真长进。四个小组从课前到课中，自主探究、合作探讨、展示交流，整个过程学生动起来，在情境引领，合作探究中推动素养生成，充分彰显学生主体地位，体现教师主导作用。活动的设计，问题的牵引，让学生对文化的认识与理解，从片面走向全面，从浅层走向深入，从感性走向理性，为大中小学思政课一体化建设目标起到衔接的作用，发挥议题式活动型课堂的育人价值。

环节四：课堂拓展，情感升华

教师活动：

1.设问引出下一个课堂活动，通过本节课的学习，同学们在专业课上再做红色主题网页的时候，大家会以什么样的心情面对红色文化这一主题？会以什么态度去收集材料？会以什么样的作品汇报成果呢？

2.和学生齐读2023年6月2日习近平总书记在文化传承发展座谈会上的讲话，升华情感，结束本课学习。

3.请出仲裁组公布评价结果。

学生活动：讨论总结、汇报、聆听、齐读、反思。

设计意图：以专业课学习导入，以专业课学习结尾，首尾呼应，拓展课后学习，完成了中国特色社会主义文化知与行的合一，培养学生公共参与的核心素养。基于"文化自信"完成了思政课与专业课的融合建构，体现了大概念教学在协同育人方面对学生学习的积极作用。师生共读习近平总书记讲话，升华情感，培育学生政治认同，激发爱国情感。用评价结果总结学习情况，激发学生学习热情。

（二）课堂小结

繁荣发展中国特色社会主义

一、传承中华优秀传统文化 ┐
二、弘扬革命文化 ├── 植根于中国特色社会主义伟大实践
三、发展社会主义先进文化 ┘

（三）作业设计

1.以小组为单位，打造一张家乡名片。用自己所学的专业技能，用你喜欢的方式，如文字讲解、歌曲演绎、小品呈现、拍摄短视频等来展示家乡的特点，探寻家乡的文化（辽宁"六地"、大连旅顺红色教育基地），上传到青鹿优课平台。

2.在专业课上修改红色文化网页设计。

3.根据议学单预习下一课内容。

（四）参考资料

1.刘晨晔、孙擎：《推进思想政治教育一体化建设的有效路径》，《思想政治理论教育》2023年第4期。

2.潘超伟、魏立楠：《大概念视域下的融合课堂构建》，《思想政治理论教育》2023年第1期。

3.莫春梅、王建新：《活动型课堂合作探究的改进优化》，《思想政治理论教育》2023年第1期。

八、教学总结与反思

（一）亮点一：从整体架构看，纵贯一体化，科学定位学段核心素养目标，达成育人效果

基于"大中小学思政课一体化建设"理念，学校与大、中、小三所学校成立思政课一体化建设联盟，统筹构建立体式课程育人体系，纵向学段衔接，横向课程协同，显隐教育一致，即"纵横相连、内外一体"的立体式课程育人体系。基于整体架构，本课聚焦不同学段思政课对"中华文化"的

教学目标，科学精准定位中职学段核心素养目标。依据中职学段的职业性特点，采用与专业课协同的教学设计；鉴于本班是3+2直升高职班，在知识学习、思维进阶上通过活动和问题链体现梯度性，保证教学内容由浅入深、层层递进、有序过渡，从而既能满足中职学段学生的思想政治发展要求，又能对接相邻学段的学习，取得显著效果。

（二）亮点二：从教学方式看，任务驱动，活动推进，优化活动型融合课堂

引用专业课"红色文化网页设计"任务，创设工作情境，以学生为主体，课前收集素材，课中交流展示，通过问题链引领，师生互动，思维由浅入深，从感性发展为理性，全面理解中国特色社会主义文化的内容和价值、发展社会主义先进文化的意义，树立文化自信。通过课堂学生评价，教师评价，课后专业课教师反馈来看，大多数学生能够较好地理解中国特色社会主义文化内涵，理解发展中华文化的意义，激发爱国热情，提升了网页修改质量，核心素养目标达成。

（三）不足：从效果反馈看，存在问题与改进措施

在学生参与课堂互动方面有待优化，我鼓励学生积极参与讨论和互动，他们普遍表现出较高的热情和兴趣，在小组展示，讨论发言环节，学生们能够积极发表自己的观点，进行深入的交流和讨论。但也有部分学生表现出一定的被动性，需要在今后的教学中通过测评学习风格等进一步了解学情，有的放矢引导和激发他们的学习动力。

论"大医精诚"与高尚的人生追求

辽宁中医药大学　唐　哲

一、课程基本信息

主讲课程：思想道德与法治

使用教材版本：高等教育出版社2023年版

教材章节出处：《思想道德与法治》第一章第二节《正确的人生观》

二、教学设计概述

思想道德与法治课是一门融思想性、政治性、科学性、理论性、实践性于一体，引导大学生提高思想道德素质和法治素养的思想政治理论课。教学的根本目的正是引导和帮助大学生树立正确的世界观、人生观、价值观，将其培养为德智体美劳全面发展的中国特色社会主义事业的合格建设者和可靠接班人。大学时期是世界观、人生观、价值观形成的关键时期。大学生应深入领会马克思主义关于人生问题的基本理论，准确掌握解决人生问题的科学方法，树立正确的人生观，明确人生目的、端正人生态度、认识人生价值，为创造有意义有价值的人生奠定良好的基础。立德树人，中医学子首先要讲政治，要树立正确的人生观、价值观。引领中医药院校学生将个人价值与社会需要紧密结合是中医药院校思政课的重要内容。

立足新时代，结合中医药院校教学特点，将传统文化、中医药文化充分地融入到思想道德与法治课课程教学过程中，以期达到入耳、入脑、入心的效果，是教学创新的重中之重。本次教学设计以2023年版《思想道德与法治》第一章《领悟人生真谛　把握人生方向》为例，在第一章第二节《正确的人生观》的教学中，我们在谈到第一部分高尚的人生追求时，会引导青年大学生立足新时代阐释传统文化、中医药文化的伟大意义，古代先贤关于人生的深刻参悟，透射出伟大的人生智慧以及对生命的尊重、热爱、敬畏。而这些人生领悟也蕴含在祖国医学经典中，例如《黄帝内经》中的内容就蕴含着丰富哲学底蕴，闪现出古代圣贤对宇宙天地、人生的洞察、理解与通达。这些伟大的智慧在传统中医药文化中的体现，可以是上工治未病，也可以是中医临床中的望闻问切辨证施治、一人一方。此处可结合一些中医名家的人生经历，引导学生认识到：万丈高楼平地起，要真正地学好中医，成为有建树的医家，必须从饱读诗书提高自身的学识水平、人生格局开始，而不是仅仅就医学医。

三、学情分析

当代大学生思维活跃，对新事物接受能力强，有较强的爱国热情，对祖国传统文化有一定的文化自信，但同时也不排除有的大学生在人生观、价值观方面出现的迷茫与困惑等问题。对于刚入学的大一新生在中学阶段学习中已具备一定的分析能力与独立思考能力，好奇心求知欲较强，但是在遇到一些问题时，在深入地、较全面地、辩证地分析问题，进而解决问题方面还有待学习提高。尤其是对中医药文化的了解方面可能知之甚少。尤其是对中华优秀传统文化与中医药文化之间的关系理解方面可以说比较欠缺，对蕴含在其中的人生哲理、人生思考不足。

本节课主要是引导学生认识到作为一名中医学子，更要不忘初心，将"大医精诚"铭记于心，不断自觉提高自身的思想境界，确立高尚的人生追求，为弘扬祖国中医药事业奋斗不息，做担当民族复兴大任的时代新人。

四、教学目标

（一）知识与能力

明确掌握人生观的内涵，正确理解中医药文化在人生观方面体现的时代意义，正确理解个人与社会的辩证关系，确立积极进取的人生态度，用科学高尚的人生观引导人生。树立正确的世界观、人生观、价值观，了解中华优秀传统文化和中医药文化的渊源；辩证看待人生问题，从历史与现实的结合上深刻理解中华民族伟大复兴的深远意义；把青春投入继承、弘扬、发展中医药事业中。

（二）过程与方法

紧密融合"三全育人""课程思政"建设的实践情况，充分考虑中医院校本科生思政课开课实际情况，教学中注意思想性和教育引导性，既要联系大学生关心和困惑的现实问题，又要尽可能根据大学生的思想实际和心理接受特点组织教学，避免概念化的说教，立足优秀传统文化将中医文化内核与思想道德教育相结合，使其具生动性和吸引力，提高教育教学的实效性。

（三）情感、态度与价值观

辩证对待人生矛盾，反对错误的人生观，与历史同行创造出彩人生，做担当民族复兴大任的时代新人。增强爱国主义情感，自觉把个人之小我融入社会之大我，不为狭隘私心所扰，不为浮华名利所累，不为低俗物欲所惑，坚持高尚的人生追求。

五、教学重点难点

（一）教学重点

正确认识和处理个人与国家前途、民族命运、人民幸福的辩证关系，自觉自愿地把自己的一生奉献于利国利民的事业。为弘扬祖国的中医药事业奋斗终身。

（二）教学难点

如何坚定地把为国家为人民事业无私奉献作为人生的最高追求，在服务人民、奉献社会中收获成长和进步。

六、教学设计总体思路

本节课在教学过程中采用了如下的教学环节：提出问题（导入）：对中华传统文化的了解有多少？为什么选择学医，对中医药文化了解有多少？——

师生相互交流、教师总结引导加深认识—视频引导：我校医疗队出征支援疫区的视频—学生分享感受—视频引导：辽宁中医好人事迹—学生畅谈收获和感受—教师总结拓展。

首先通过提出问题，引导学生认识到中医药文化是中华优秀文化的重要组成部分，"大医精诚""医乃仁术"等思想就是中华优秀传统文化的宇宙观、生命观、人生观与传统中医学的高度融合。古往今来我国医者的"无私忘我""大爱奉献"精神正是中华优秀传统文化在祖国传统医学实践中的真实体现。这些宝贵财富对培养和树立我们新时代中医学子"为人民服务"的世界观、人生观、价值观尤为重要。播放我校医疗队出征支援疫区视频，使学生认识到传统中医药的威力，抗击新冠疫情中医药功不可没，增强学生学习中医药的信心。同时结合辽宁中医"好人现象"的感人事迹进行全面分析，让学生感受到这些就在身边看似平凡实乃伟大的抗疫英雄、辽宁中医好人，他们心怀家国、心系病患、与人民心连心、冲在第一线，现身在危难之时，他们把自己的生命置之度外，这正是"大医精诚""医乃仁术"在今天最好的诠释，他们是祖国传统中医药文化在新时代最好的弘扬者、"为人民服务"的践行者。引导学生认识到身为中医人是光荣的，要努力学习真本领，抓住时代机遇，坚定地学好中医、用好中医，始终做好人民生命健康的守护人。树立崇高的人生追求、无私奉献，为继承和弘扬祖国的中医药文化事业，发光发亮奉献毕生力量。

七、教学过程

（一）教学流程设计

环节一：立志从医乃心之所向

教师活动：

1.提出问题导入。

（1）同学们对中华传统文化的了解有多少？

（2）为什么选择学医，对中医药文化的了解有多少？

2.提示同学们回答问题。

3.播放视频：我校医疗队出征支援疫区的视频。

学生活动：

1.思考教师提出的两个问题。

2.回答选择中医药院校的各自缘由。

3.观看视频谈感受。

设计意图：设计问题进行互动，从切实的问题入手导入，引导学生对人生追求、人生价值进行深入的思考；让学生观看视频，首先从感性上激发学生对祖国中医药事业传承和弘扬的责任心、使命感，并以中医人的担当去体会祖国传统中医药文化的魅力，激发学生学习中医药的学习热情与动力；接下来的几次引导，是为了让学生在感性认知的基础上，把对祖国传统中医药的学习热情转化为新时代中医学子的历史担当。

环节二：不忘初心乃有所成

教师活动：

1."大医精诚"出自历史上哪位医家的著作？

2.请同学们一起宣读医学生誓言。

学生活动：

1.思考教师提出的问题。

2.宣读医学生誓言：

健康所系，性命相托。

当我步入神圣医学学府的时刻，谨庄严宣誓：

我志愿献身医学，热爱祖国，忠于人民，恪守医德，尊师守纪，刻苦钻研，孜孜不倦，精益求精，全面发展。

我决心竭尽全力除人类之病痛，助健康之完美，维护医术的圣洁和荣誉，救死扶伤，不辞艰辛，执着追求，为祖国医药卫生事业的发展和人类身心健康奋斗终身。

设计意图：从孙思邈的"大医精诚"入手，让学生认识到历史上的大医生之所以能在医学领域获得巨大的成就，甚至身后还能为人们救治病苦作出贡献，为后世所崇敬，是因为这些大医者始终心系天下苍生，为了除人类之病痛，助健康之完美，不停地孜孜以求钻研医学，正是这种服务人民、奉献社会的高尚的人生追求使他们有了不竭的内驱力，敢于创新、勇攀高峰，在人类医学历史发展过程中留下了不朽的丰碑，至今还在惠及全人类，以"大医精诚"来激励青年大学生珍惜时光学有所成。重温医学生誓言内容，引导学生认识到立志学医是高尚的人生追求，不忘初心乃有所成，引导学生树立为祖国医学事业奋斗终身的高尚人生追求。

环节三：医者仁心与高尚的人生追求

教师活动：

1.互动环节：请问你曾经读过中医经典吗？对《黄帝内经》有了解吗？

2.播放视频：辽宁中医好人事迹。

3.引导学生交流发言。

学生活动：

1.畅所欲言讲自己接触、了解中医药的经历。

2.说一说视频中最受感动、最为敬佩的辽宁中医好人事迹。

3.结合这些身边的辽宁中医好人事迹谈一谈高尚的人生追求。

设计意图：通过这样的设计，从中医药专业入手，让学生走进中医经典的世界，从专业学习的角度感受中医药文化的博大精深和蕴藏在中医药文化中的高尚的人生追求，有助于我校中医学子了解中医药文化，树立正确的人生观和价值观。此外，通过介绍我校好人事迹，让学生感同身受，觉得这些伟大的人物就在身边，他们就是走在校园可能会遇见的某位老师、某位学长，以这样熟悉的身边人的案例入手，更能激发学生学习中医药文化的兴趣，更会对自己的中医人身份认同，进而坚定学生的中医药文化自信，激发中医学子继承和弘扬中医药事业的使命感、责任心。

（二）课堂小结

通过预先设计、师生互动、教师引导等环节将课程内容与学生实际相结合，来解决教学重点、突破难点。引导学生树立正确的人生观，坚持崇高的人生追求。对整个教学过程做一小结：

从为什么要选择学中医开始，以问题导向引出课程内容，极大提高了学生的思考主动性，让学生畅所欲言提升学生们的参与热情，随着问题的展开、思考、互动，引导学生主动思考目前人生定位，播放我校医疗队出征支援疫区的视频，使学生切实感受到"医者仁心"是崇高的人生追求。引导学生深刻意识到继承弘扬祖国医学是他们这代人在新时代的光荣使命。

在课堂教学中以中医经典入手，从专业角度让学生了解祖国传统医学的哲学底蕴、人文精神，以《黄帝内经》原文来引导学生走入经典，感受中华优秀传统文化与祖国传统医学的一以贯之、一脉相承。在教师引导总结环节以习近平总书记对中医药的重要论述融入教学内容，使得整个课堂教学得以升华，进一步引导学生坚定祖国中医药文化自信，坚定地走好中医路，做好中医人。

播放辽宁中医好人事迹，让学生切身感受身边榜样的力量，真切地感受到作为一名优秀的中医人要始终不忘初心、要有高尚的人生追求和精湛的医术；播放张伯礼痛斥民族败类的视频，让学生意识到中医药的发展时至今日难得的历史机遇，但同时质疑否定中医药的声音仍存在。机遇与挑战并存，激发学生内心继承、弘扬祖国传统中医药事业的历史责任感。

（三）板书设计

第一章　领悟人生真谛　把握人生方向

第二节　正确的人生观

一、高尚的人生追求

（一）服务人民、奉献社会是最先进的人生追求

（二）服务人民、奉献社会的人生追求的重要意义

（三）服务人民、奉献社会的人生追求并未过时

（四）作业设计

1.个人（任选其一）：

读后感：中央党校采访实录编辑室：《习近平的七年知青岁月》，中共中央党校出版社，2017年。

观后感：《国医有方》纪录片。

2.小组：

五人一小组形式选取古今的中医药模范代表人物，探索总结古今这些模范人物的人生观、价值观，结合新时代特点和自身实际谈一谈如何不负韶华走好自己的人生之路，如何做好中医人的使命担当，为弘扬和发展祖国传统中医药事业作出自己的贡献，以PPT或者视频形式上交小组作业。

（五）参考资料

1.马克思、恩格斯：《马克思恩格斯文集》第一卷，人民出版社，2009年。

2.毛泽东：《毛泽东选集》第二卷，人民出版社，1991年。

3.习近平：《高举中国特色社会主义伟大旗帜　为全面建设社会主义现代化国家而团结奋斗——在中国共产党第二十次全国代表大会上的报告》，人民出版社，2022年。

4.习近平：《在庆祝中国共产主义青年团成立100周年大会上的讲话》，人民出版社，2022年。

5.中央党校采访实录编辑室：《习近平的七年知青岁月》，中共中央党校出版社，2017年。

八、教学总结与反思

（一）教学总结

课堂教学无论是课前的问题设计还是课上的师生互动，在整个的教学过程中，始终要注重学生的想法，根据学生的思想实际、生活实际来加以引导。以问题带动课堂，以良好的互动来推动更多的学生参与到课堂教学过程中，以中医经典带入中医药文化魅力，以我校抗疫英雄、辽宁中医好人作为人生学习榜样，以此来努力构建主体性和主导型相统一的思政课堂。

（二）教学反思

让思政课真正地做到入脑、入心，让每一个学生都积极地参与到课堂教学中来，让思政课成为学生心灵成长的助推器，让思政课教师成为学生的良师益友，让祖国中医药文化在思政课堂闪闪发光，在这些方面还需深耕，相关教学案例、教学手段还有待丰富和完善。学无止境，教学相长。我当时刻铭记为祖国培养优秀的中医药人才的历史使命，上好每一堂思政课。

文化自信视域下新民主主义革命的
"三大法宝"

沈阳音乐学院　迟　莹

一、课程基本信息

主讲课程：毛泽东思想和中国特色社会主义理论体系概论

使用教材版本：高等教育出版社2023年版

教材章节出处：《毛泽东思想和中国特色社会主义理论体系概论》第二章第三节《新民主主义革命的道路和基本经验》

二、教学设计概述

（一）教学设计思路

突出整体性设计，促进教学内容融通。在教学内容设置上，将传承中华文化作为贯穿大中小学思政课的一条主线，明晰"新民主主义革命的三大法宝"整体教学内容框架，注重不同学段教学内容的特殊性和阶序性。以培育和弘扬社会主义核心价值观为重点，以重大纪念日、重大历史事件等为契机，开展传承中华文化融入"新民主主义革命的三大法宝"的教学活动，引导学生深刻理解中华文化的精神实质，筑牢信念信仰之魂，厚植爱国主义情怀，努力成为担当民族复兴大任的时代新人。

（二）理论依据

坚持问题导向和目标导向相结合，做好教学内容设计。建构由浅入深、由易到难、由表及里的传承中华文化教学内容体系。习近平总书记曾用连续性、创新性、统一性、包容性、和平性为中华文明"精准画像"，为如何讲好中华文明故事、塑造中国现代文明大国新形象指明方向。要遵循学生认知规律和接受特点，科学规划不同学段传承中华文化融入"新民主主义革命的三大法宝"的教学目标和任务，形成环环相扣的"链条式"育人合力。

（三）设计特色

构建不同学段"协同作战"的教学体系，推动思政课建设内涵式发展。注重分学段衔接，促进课程目标贯通。青少年阶段是人生的"拔节孕穗期"，最需要精心引导和栽培。大学阶段重在引导学生肩负文化使命的重任，成为社会主义核心价值观的践行者、中华优秀传统文化的传播者、中华民族现代文明的建设者，为强国建设、民族复兴伟业挺膺担当。

三、学情分析

本课的授课对象是本校全体专业的二年级学生，在前置学习中，学生已对新民主主义革命的总路线有了概括性的了解，但对于传承中华文化及建设文化强国的感知，欠缺理解。

（一）知识储备

已掌握部分毛泽东诗词，了解"两个结合"的基本概念；已基本了解中华优秀传统文化和当前传承中华文化领域的重点工作方向。

（二）能力水平

已初步掌握辩证分析的能力，有一定的理性思考能力和分析问题能力；部分学生已有文化强国意识，坚定文化自信、强化文化认同的思想意识，对"两个结合"有初步感知。

（三）学习特点

思维活跃、意识自主、表达欲望强烈；对融媒体领域的文化传播很感兴趣，信息获取量强大；喜欢在实践活动中自主建构思维体系。

四、教学目标

（一）知识目标

1.掌握"新民主主义革命的三大法宝"的主要内容，理解文化自信是更基础、更广泛、更深厚的自信。

2.分析传承中华文化融入"新民主主义革命的三大法宝"的境况，理解中华优秀传统文化是文化自信的坚实根基。

3.探究提升文化自信的实现路径。在实践层面，促进学生传承中华文化，需要在体系化阐释、数字化创新、特色化探索等方面共同发力。

（二）能力目标

1.通过传承中华文化融入"新民主主义革命的三大法宝"案例的对比，提高学生理论联系实际的能力，提升分析解决问题的思辨能力。

2.通过自主探究性学习活动，提升学生思维逻辑的自主建构能力，更为全面、客观、深刻地看待传承中华文化问题以及其他热点问题。

3.通过素材比对等任务，提升学生文化信息筛选能力，在舆情信息前，增强理性思维能力。

（三）情感、态度与价值观目标

1.树立坚定地走中国特色社会主义文化发展道路的信念，坚定文化自信，助力精神力量。培养国情意识、忧患意识及创新意识。

2.更好地理解传承中华文化是对每一个人的普遍性要求，加强实现文化强国的信心，为建设富强民主文明和谐美丽的社会主义现代化强国而奋斗。

3.提高对三大法宝的新认识，汇聚起深厚蓬勃的中国力量，以无比坚定的历史豪情和文化自信，在强国建设、民族复兴的伟大征程上昂首奋进。

五、教学重点难点

（一）教学重点

近代中国国情和中国革命的时代特征；新民主主义革命理论的实践基础；三大法宝的内容和经验，统一战线、武装斗争、党的建设在中国革命中的作用及其相互关系。

（二）教学难点

新民主主义革命道路形成的必然性及其内容和意义。阐明这三大法宝之间相互依存、相互制约、相互促进的辩证关系。

六、教学设计总体思路

（一）以问题为导向

主要围绕三个问题，问题一：新民主主义革命的三大法宝形成的依据？问题二：新民主主义革命的三大法宝的主要内容？问题三：新民主主义革命的三大法宝的重大意义？

1.通过对新民主主义革命的三大法宝形成的讲授，了解基本经验形成的社会历史背景。

2.通过对新民主主义革命的三大法宝的主要内容及相互关系的讲授，了解传承中华文化的历史渊源。当时我们建立的统一战线是基于什么国情？我们要建立什么样的人民军队？

3.通过新民主主义革命的三大法宝的重大意义，认识时代价值。统一战线具有社会历史性，共产党领导下的人民军队的信仰和力量，党的作风建设永远在路上。

（二）具体方法

1.讲授法。通过形象生动地讲解，引导学生理解教学知识点。

2.案例教学法。学生根据典型图片、视频案例，思考探究，感悟提升。

3.任务驱动法。选取毛泽东诗词中传承中华文化领域的热点案例、图片、视频，形成问题链，驱动学生自主探究，引导学生发散思维，自主建构知识体系。

4.合作探究法。组织学生进行分组学习讨论，贯穿始终，提高学生学习效率和团队意识。

七、教学过程

（一）教学流程设计

环节一：导入新课，情境创设

教师活动：

1.图片展示："犹有花枝俏""多少事，从来急"。

《2024中国诗词大会》在首期节目中，以"春天"为主题，以毛主席的数首诗词为题，发出了每个中国人的时代心声，反映了时代呼声，顺应了时代潮流。

惊蛰已过，春意萌生。在诗人的笔下，春天如诗如画，可以是"山泼黛，水接蓝，翠相挽"的醉意朦胧，可以是"乱点碎红山杏发，平铺新绿水生"的蓬勃生机，也可以是"正莺儿啼，燕儿舞，蝶儿忙"的万物竞发。诗词文化深深扎根于这片广袤的大地，和中华民族产生真正意义上的灵魂共鸣。诗词也在教人如何以文化镌刻自身，用智慧播下春天的希望。1936年，时值民族精神再塑造的年代，毛泽东用一首《沁园春·雪》，在"江山如此多娇"中塑造了一个崭新的中国形象，一种以"万里长城""黄河"为代表的民族精神。

2.提示同学们进行图片赏析+诗词"飞花令"。

学生活动：

1.回答图片中诗词的出处、作者及诗词的创作背景。

2.用"烟雨莽苍苍，龟蛇锁大江"中的"江"开始，进行诗词"飞花令"。

设计意图：2024年是新中国成立75周年，中国迎来生机勃勃的春天。毛泽东诗词是"为时而作""为事而作"的宏伟史诗。结合诗词"飞花令"，打造较为轻松的课堂预设，增强学生的体验感。

环节二：讲授新课，回顾历史

教师活动：

1.引导阐述+案例分析+视频链接。

提问：以毛泽东《满江红·和郭沫若同志》中"一万年太久，只争朝夕"为例，说说你的发现。

预设：毛泽东的作品，是把党的发展历程中的一些重大事件和在这片黄土地上的感受融为一体的结晶，体现了他"数风流人物，还看今朝"的伟大抱负及胸怀，给我们留下了宝贵的精神财富。

2.播放视频：《2024中国诗词大会|毛主席和诗友的词作最大的特点是

什么？》。

3.讲述：20世纪60年代，世界形势发生新变化。面对新的挑战，毛泽东发出对新中国的鼓舞，"一万年太久，只争朝夕"，必能飞雪迎春，"待到山花烂漫时，她在丛中笑"。

学生活动：

1.观看视频：《2024中国诗词大会丨毛主席和诗友的词作最大的特点是什么》。

2.思考并回答"毛主席和诗友的词作最大的特点"对传承中华文化起到的作用。

3.全体朗诵《沁园春·雪》，感受这首诗词鼓舞全国人民斗志和胜利信心的魅力。

设计意图：通过毛泽东诗词具体案例的叙述与视频素材的运用，让学生们更为直观地感受到中华优秀传统文化的魅力，为进一步探究奠定理性与感性分析的基础。

环节三：讲授新课，古为今用

教师活动：

1.引导感知+推演设问+思考+图片展示。

播放视频：《鲁迅艺术学院院歌》。

让学生们以小组形式探究：毛泽东的诗词创作，都与中国革命和中国共产党的发展历程密切相关。结合沈阳音乐学院的校史文化和学生专业，引导学生演唱这首表达抗日爱国意志的歌曲。

2.讲述故事：毛泽东擅长引经据典，在总结新民主主义革命胜利的经验时，他引用了《封神演义》，传承了中华文化。

案例：1939年7月9日，毛泽东为即将出征的华北联合大学师生们送行。他引用了《封神演义》的一个故事："当年姜子牙下昆仑山，元始天尊送给他杏黄旗、番天印、打神鞭三件宝物，姜子牙用这三件法宝打败了所有的敌人。今天你们也要下山了，要去前线跟日本侵略者作战，我也赠你们三个法宝：统一战线、游击战争和革命团结。"接着，毛泽东把"打神鞭"比喻为统一战线，把"番天印"比喻为游击战争，把"杏黄旗"比喻为革命团结。这是毛泽东关于党的"三大法宝"的最初表达。

3.结合案例，观看陕西革命旧址云上展。

案例：抗日战争时期，毛泽东系统地论述了统一战线、武装斗争和党的建设三者之间的关系。统一战线这个概念在毛泽东著作当中使用非常频繁。《毛泽东选集》第一卷开篇是《中国社会各阶级的分析》，其中第一句话是："谁是我们的敌人？谁是我们的朋友？这个问题是革命的首要问题。"毛泽东是诗人政治家，是政治家诗人，毛泽东诗词也闪耀着他的统一战线理论与实践的光芒。

设计意图：将红色文化资源融入课堂，解读毛泽东诗词，能够从中感悟出毛泽东统一战线基本方略的智慧与艺术。

环节四：讲授新课，两个结合

教师活动：

1.播放视频：习近平总书记在文化传承发展座谈会上的讲话。

在五千多年中华文明深厚基础上开辟和发展中国特色社会主义，把马克思主义基本原理同中国具体实际、同中华优秀传统文化相结合是必由之路。这是我们在探索中国特色社会主义道路中得出的规律性认识。"两个结合"是我们取得成功的最大法宝。

2.播放视频："两个结合"最早提出于中国共产党成立百年之际。

3.介绍：我们党成功地开辟并推进了中国式现代化，创造了人类文明新形态。

今天，我们党不仅有"三大法宝"，而且找到了"最大法宝"。在中华民族伟大复兴的新征程上，我们不断建设中华民族现代文明，进一步为人民幸福、民族复兴、人类进步贡献更大力量。

学生活动：

1.了解从"三大法宝"到"最大法宝"的意义。

2.小组讨论："两个结合"的重要意义。

设计意图：通过视频等方式让学生了解从"三大法宝"到"最大法宝"

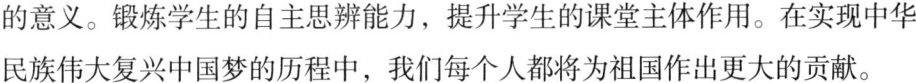

的意义。锻炼学生的自主思辨能力，提升学生的课堂主体作用。在实现中华民族伟大复兴中国梦的历程中，我们每个人都将为祖国作出更大的贡献。

（二）课堂小结

本堂课，我们对"三大法宝"有了更多的了解，统一战线、武装斗争、党的建设是新民主主义革命的三大法宝，是新民主主义革命胜利的基本经验。"三大法宝"是中国新民主主义革命成功经验的系统总结，也是中国共产党百年历程的宝贵经验。正是借助"三大法宝"，我们党带领中国人民不断取得革命、建设和改革事业伟大胜利，中华民族迎来了从站起来、富起来到强起来的伟大飞跃。

（三）板书设计

一、"三大法宝"：统一战线、武装斗争、党的建设。

二、"三大法宝"相互关系：统一战线和武装斗争是中国革命的两个基本特点，是战胜敌人的两个基本武器，党的组织则是掌握统一战线和武装斗争、以实行对敌冲锋陷阵的英勇战士。

三、"两个结合"："把马克思主义基本原理同中国具体实际、同中华优秀传统文化相结合。"

四、从"三大法宝"到"最大法宝"体现了我们党理论与实践创新的不断推进。

（四）作业设计

1.以微视频的形式，完成调研任务：《我身边的传承中华文化者》。

2.结合自身专业，以传承中华文化的一种方式，展示《沁园春·雪》。

（五）参考资料

1.毛泽东：《新民主主义论》，《毛泽东选集》第二卷，人民出版社，1991年。

2.曹应旺：《论"两个结合"的理论创新》，《前线》2023年第3期。

八、教学总结与反思

（一）突出问题引领，构建严密逻辑

以"是什么—为什么—怎么做"的基本逻辑推演为设计思路，形成问题链，层层推进，在积极的课堂氛围中推演结论。

（二）探究任务驱动，突出主体地位

在整个教学过程中，关注学生的整体学习过程。设置了小组讨论、图片视频赏析、案例分享等多元任务，坚持讲授性与启发性的统一，突出学生的主体地位。

（三）提升参与深度，展现信息新貌

通过任务互动、案例剖析等手段，有效提升学生参与度，提高了学习积极性和课堂效率。此外，就本课的实施效果来看，学生主动性还有待进一步提高，学生的理性思辨力还有待加强，毛泽东诗词在融入教学内容方面还有待深入。

勇担强国使命　铸就社会主义文化新辉煌

沈阳化工大学　戢虹雨

一、课程基本信息

主讲课程：习近平新时代中国特色社会主义思想概论

使用教材版本：高等教育出版社2023年版

教材章节出处：《习近平新时代中国特色社会主义思想概论》第十章第四节《铸就社会主义文化新辉煌》

二、教学设计概述

本章主要阐述"文化是民族生存和发展的重要力量""建设具有强大凝聚力和引领力的社会主义意识形态""以社会主义核心价值观引领文化建设""铸就社会主义文化新辉煌"四个方面内容。

根据《新时代学校思想政治理论课改革创新实施方案》中"大学阶段重在增强学生的使命担当"的要求，要在教学过程中厘清四个方面内容的内在联系，阐明建设社会主义文化强国的重要意义和必然趋势。在此基础上，引导学生以习近平文化思想为思想武器和行动指南，牢固确立马克思主义信仰，在日常的学习和生活中自觉树立文化自觉，坚定文化自信，坚持马克思主义在意识形态领域指导地位的根本制度，坚决抵制西方意识形态渗透，勇担文化强国建设重任，铸就社会主义文化新辉煌。

在第四节《铸就社会主义文化新辉煌》的教学中，通过理论讲述和案例分析，引导学生理解中华优秀传统文化是中华民族的根和魂，实现中华民族伟大复兴，必须在新时代推动中华优秀传统文化创造性转化、创新性发展，进而推进文化事业和文化产业全面发展，创造能够满足人民精神文化需要、保障人民文化权益的文艺作品和文化产品，进一步提升国家文化软实力，并担负起新时代大学生的时代使命，充分展示中华文化的独特魅力，推动中华文化更好走向世界。

习近平文化思想为建设社会主义文化强国提供了坚强的理论指引和根本遵循，为本节课的内容奠定了理论基础，指明了新时代的文化使命。

本节采用"翻转课堂"的教学模式，通过提前给学生布置调查任务，使学生对我国文化事业和文化产业的发展状况具有基础性的认识。再通过将"教师系统讲授""呈现丰富案例""学生研讨思考"的"讲授法""案例法""讨论法"相结合，引导学生切实体会作为新时代大学生所应该承担的新时代的文化使命，进而坚守中华文化立场，做铸就社会主义文化新辉煌的坚定支持者和践行者。

三、学情分析

习近平新时代中国特色社会主义思想概论课程开设在大学三年级学段。从中小学已积累的知识情况来看，通过对"文化生活"等相关内容的学习，学生能够认识到文化生活的丰富性和重要性，面对各种文化并存交织的现实状况，能够认识到发展中国特色社会主义文化的必要性和紧迫性，为大学阶段学习建设社会主义文化强国的内容奠定了基础。大三这一学段，学生的情绪、情感、思维、意志、能力以及性格等方面正处在趋于稳定和成熟的过程，具有较高的塑造性和变动性。同时，学生深受网络文化的影响，在多元网络信息的冲击下容易受错误社会思潮的影响，使自身价值观发生偏离。我校学生以理工科为主，学生在专注于专业学习的同时，也十分注重自身思想政治素质的提升，但对社会主义文化强国建设的理解尚未上升到理论与现实相结合的高度。因此，引导学生坚定文化自信，自觉抵制西方意识形态渗透，明确自身所肩负的文化使命，就显得尤为重要。

四、教学目标

（一）知识目标

深刻把握中华文明的连续性、创新性、统一性、包容性、和平性的突出特性。深入理解中华优秀传统文化是中华民族的根和魂，要保护好、传承好文化遗产。深刻理解文化事业和文化产业在促进国民经济发展、满足人民文化需要方面发挥的重要作用。深刻理解文化软实力所体现的一个国家基于文化而具有的凝聚力和生命力、吸引力和影响力。

（二）能力目标

以更加自信的心态借鉴吸收人类文明成果，传承发展中华优秀传统文化，推动文艺作品和文化产品创新创造，提升对文艺作品的审美能力和鉴赏能力，提高讲好中国故事、传递中国声音的能力，提升重大问题对外发声能力，推动可信、可爱、可敬的中国形象的塑造。

（三）情感目标

深刻感悟中华文化对世界文明兼收并蓄的开放胸怀，以强烈的时代责任感更好担负起新的文化使命，为建设文化强国贡献力量。

（四）价值目标

引导学生站稳中国立场，坚定文化自信，有效夯实学生的意识形态根基，增强对中华民族的归属感和中华文明自豪感。

五、教学重点难点

（一）教学重点

1.传承发展中华优秀传统文化的重要意义。

2.繁荣发展文化事业和文化产业的重要影响。

3.提升国家文化软实力和中华文化影响力。

（二）教学难点

1.深刻把握中华文明的突出特性。

2.推动中华优秀传统文化创造性转化、创新性发展。

3.坚守中华文化立场，推动中华文化走出去。

六、教学设计总体思路

根据《新时代学校思想政治理论课改革创新实施方案》中"大学阶段重在增强学生的使命担当"的要求，本节教学中要通过理论讲述、案例分析、研讨思考，引导学生理解中华优秀传统文化是中华民族的根和魂，实现中华民族伟大复兴，必须在新时代推动中华优秀传统文化创造性转化、创新性发展，推进文化事业和文化产业全面发展，创造能够满足人民精神文化需要、保障人民文化权益的文艺作品和文化产品，进而提升国家文化软实力，并担负起新时代大学生的时代使命，充分展示中华文化的独特魅力，推动中华文化更好走向世界。

本节课采用"翻转课堂"的教学模式，通过提前给学生布置调查任务，使学生认识我国文化事业和文化产业的发展状况。再通过系统讲授、呈现案例、学生研讨的方法，引导学生切实体会作为新时代大学生所应该承担的新的文化使命，进而坚守中华文化立场，做铸就社会主义文化新辉煌的坚定支持者和践行者。

七、教学过程

（一）教学流程设计

环节一：设置课前任务

教师活动：提前布置调研任务，鼓励学生围绕"我国文化事业和文化产业发展现状"展开调研。

学生活动：针对"我国文化事业和文化产业发展现状"开展调研，并思考我国文化事业和文化产业发展面临的挑战。

设计意图：引发学生思考，新时代大学生在社会主义文化强国建设中的角色和责任。

环节二：教学导入

教师活动：展示案例："山河诗长安"何以"热辣滚烫"？与学生共

同回顾，2024年央视春晚西安分会场以传统与现代相结合的文化盛宴惊艳全场。在大唐不夜城，万人同吟《将进酒》，与"李白"隔空对诗，动画人物李白与演员张若昀互动，实现了春晚舞台上首次真人与动画的交汇。西安分会场再现了诗意长安的盛唐景象，突出了中华优秀传统文化的独特底蕴，使人们看到了中华优秀传统文化创新传承的恢宏气魄，也感受到中华民族的文化自信。

学生活动：针对教师给出的案例，鉴赏2024年央视春晚中的文化元素，体会这些元素中所展现的中国特色、中国风格、中国气派，感受中华优秀传统文化的独特底蕴和中国人民逐渐增强的文化自信。

设计意图：使学生感受中华优秀传统文化的独特底蕴和中国人民逐渐增强的文化自信。

环节三：讲授知识点1——传承发展中华优秀传统文化

教师活动：首先，详细阐释中华文明的突出特性，即连续性、创新性、统一性、包容性、和平性。其次，重点讲授推动中华优秀传统文化创造性转化、创新性发展的深刻内涵。引导学生讲述中华优秀传统文化创造性转化、创新性发展的小故事，并加以点评。最后，播放视频《樊锦诗：守护敦煌文化》。结合视频内容，讲述樊锦诗从读书到奔赴大漠深处，坚守半个多世纪，走遍小洞窟，看遍每幅壁画、每尊彩塑，采用数字技术让敦煌文化"容颜永驻"，只为守护好莫高窟的故事，讲授如何保护好、传承好文化遗产。

学生活动：分享视频中体现的伟大精神，探讨交流保护和传承文化遗产的方法途径。深入理解中华优秀传统文化是中华民族的根和魂，必须加以保护和继承，传承发展中华优秀传统文化，要推动中华优秀传统文化创造性转化、创新性发展。

设计意图：引导学生理解中华文明的突出特性，并通过真实的先进事迹，深刻理解保护好、传承好文化遗产的重要意义和有效途径。

环节四：讲授知识点2——繁荣发展文化事业和文化产业

教师活动：采用翻转课堂，根据课前布置的调研任务"我国文化事业和文化产业发展现状"，组织学生展开讨论，并以小组形式汇报讨论成果，根据学生的讨论内容进行点评和补充。总结"翻转课堂"成果,并系统讲授繁荣发展文化事业和文化产业,是满足人民精神文化需求、保障人民文化权益的基本途径。要大力发展文化事业和文化产业。特别注意社会主义文艺是人民的文艺,文艺工作者要坚持以人民为中心的创作导向,不断完善公共文化服务体系,发挥文化产业在促进国民经济发展、满足人民文化需求等方面的重要作用。

学生活动:通过课前调研基本掌握我国文化事业和文化产业发展现状,在课堂上与教师和同学共同探讨问题、进行小组讨论和实践活动。理解繁荣发展文化事业和文化产业,必须坚持以人民为中心,以"增强人民精神力量、促进人的深入全面发展"为着眼点。

设计意图:发挥学生的主体性,通过自主探究和讨论,深刻理解繁荣发展文化事业和文化产业,必须坚持以人民为中心。巩固"翻转课堂"学习效果,对此部分学习内容进行理论升华。

环节五:讲授知识点3——不断提升国家文化软实力和中华文化影响力

教师活动:深刻阐释文化软实力关系我国在世界文化格局中的定位,关系我国国际地位和国际影响力,关系"两个一百年"奋斗目标和中华民族伟大复兴中国梦的实现。要进一步加强文化软实力建设,充分展示中华文化独特魅力,推动中华文化更好走向世界。要客观真实地向世界讲好中国故事,展现中国形象,提高中华文化影响力。要坚守中华文化立场,向世界阐释更多具有中国特色、体现中国精神、蕴藏中国智慧的优秀文化,勇担新时代的文化使命,铸就社会主义文化新辉煌。

学生活动:切实体会作为新时代大学生所应该承担的新的文化使命,进而坚守中华文化立场,做铸就社会主义文化新辉煌的坚定支持者和践行者。

设计意图:引导学生坚守中华文化立场,做铸就社会主义文化新辉煌的坚定支持者和践行者,不断提升国家文化软实力和中华文化影响力。

(二)课堂小结

本节课学习了《习近平新时代中国特色社会主义思想概论》第十章第四节《铸就社会主义文化新辉煌》。通过案例呈现,使学生感受中华优秀传统文化的独特底蕴和中国人民逐渐增强的文化自信；通过案例分析，引导学生理解中华文明的突出特性，并通过真实的先进事迹，深刻理解保护好、传承好文化遗产的重要意义和有效途径；通过翻转课堂，引导学生自主探究和讨论，深刻理解繁荣发展文化事业和文化产业，必须坚持以人民为中心；通过教师讲授，切实体会作为新时代大学生所应该承担的新的文化使命，进而坚守中华文化立场，做铸就社会主义文化新辉煌的坚定支持者和践行者。

（三）作业设计

1.根据"我国文化事业和文化产业发展现状"调研情况，总结我国文化事业和文化产业发展面临的挑战及应对策略。

2.谈谈为什么要像爱惜自己的生命一样保护好文化遗产。

（四）参考资料

1.习近平：《习近平谈治国理政》第三卷，外文出版社，2020年。

2.习近平：《习近平谈治国理政》第四卷，外文出版社，2022年。

3.习近平：《坚定文化自信，建设社会主义文化强国》，《求是》2019年第12期。

4.《"山河诗长安"何以"热辣滚烫"？——中华优秀传统文化传承的陕西观察》，http://minzu.china.com.cn/2024-03/06/content_42715478.htm.

5.《樊锦诗：守护敦煌文化》，https://www.xuexi.cn/lgpage/detail/index.html?id=14193306977355826064.

八、教学总结与反思

（一）课前准备

备教材，认真钻研教材，系统掌握教材内容，理清教学逻辑。备学生，根据本校特色和学生的学段、专业特点，设计具有针对性的教学环节，提前布置课堂任务，使学生有充足的时间开展调研。备教法，精心规划教学环节，注重案例内容与教学内容的匹配和融合，设计具有针对性的翻转课堂，坚持学生主体地位和教师主导作用相统一，选用"讲授法""案例法""讨论法"相结合的教学方式进行教师讲授、案例呈现、学生讨论。

（二）课堂过程

教师讲授环节，要注重理论性与实践性相统一。案例呈现环节，将学生感悟和教师讲授相结合，引导学生思考教师提出的问题。翻转课堂环节，通过课前准备进行小组讨论，教师紧紧围绕教学目的，紧扣主题加以点评和补充。最终落脚点在引导学生做铸就社会主义文化新辉煌的坚定支持者和践行者上。

（三）课后反馈

通过学生思考和作业呈现，总结经验教训，及时跟进学生反馈，改进不适宜的教学环节和方式，进一步提升课堂的思想性、理论性以及针对性和亲和力。

讲好中国故事，传递中国力量

辽宁医药职业学院　　朱金融

一、课程基本信息

主讲课程：习近平新时代中国特色社会主义思想概论

使用教材版本：高等教育出版社2023年版

教材章节出处：《习近平新时代中国特色社会主义思想概论》第十章第四节《铸就社会主义文化新辉煌》

二、教学设计概述

本课程教材采用《习近平新时代中国特色社会主义思想概论》（2023年版）。本节课"讲好中国故事，传递中国力量"是教材第十章第四节《铸就社会主义文化新辉煌》中的重要内容。本课以"是什么—为什么—怎么做"的基本逻辑推演为设计思路，形成问题链，层层推进，推演结论。我利用教案教学法、演示法、提问法、系统讲授法和视频教学法相结合的教学方法，借助网络教学平台的讨论、答题、弹幕等功能，采集教学全过程信息，以可视化形式展示，有效解决传统思想政治理论课中教学工具单一性的问题，同时有效改善高职学院教学抬头率低下问题，有效提升学生参与度，提高了学习积极性和课堂效率。

我尝试将教材体系进行了一定的重构整合，转变为更适合高职院校学生学情特点的教学体系，本课的学习，旨在唤醒高职院校学生的文化内生动力，主动了解中国特色社会主义文化强国的建设要求，强化坚定走中国特色社会主义文化发展道路的信念，树立高度的文化自觉和文化自信。

三、学情分析

以学定教，做到有的放矢。教学前我对该班24名同学的基本情况进行了摸底调查，具体分析如下：

项目	基本内容	数据分析
知识基础	学生在高中阶段学习过一些关于"五位一体总体布局"的相关知识，通过各类媒介了解过一些传承中华优秀传统文化、树立文化自信等方面的内容	对中华文化的了解程度的人数分布
能力基础	学生具有较强的表达能力、逻辑思维能力、团队合作能力，但是分析能力、自主学习能力、学习注意力有待提升	能力构成（注意力、记忆协作力、逻辑分析力、自主学习力、思维力、想象力、判断力、实践力）
学习特点	善于进行实践层面的学习，对于理论性强的知识不能理解透彻。个别学生理论知识匮乏、人文知识欠缺	学生感兴趣的知识（多选）
专业特性	中药学专业的学生都是高中起点，相对来说基础较好，学生构成上文理各占一半，学生过多地将精力投入专业课程学习中，对思政课程学习的积极性和主动性不高	认为思政课有用程度的比例（12%、21%、25%、42%）

四、教学目标

（一）知识目标

1.理解文化自信的内涵，理解文化自信是更基础、更广泛、更深厚的自信。

2.分析中华优秀传统文化的发展境况，理解中华优秀传统文化是文化自信的坚实根基。

3.探究提升文化自信、实现文化强国的实现路径。

4.把中华优秀传统文化进行创造性转化和创新性发展，讲好中国人自己的故事。

（二）能力目标

1.通过沈阳关于中华优秀传统文化的古今对比以及未来展望，提高学生理论联系实际的能力，提升分析解决问题的思辨能力。

2.通过自主探究性学习活动，提升思维逻辑的自主建构能力，更为全面、客观、深刻地看待文化问题以及更多的其他热点问题。

3.通过素材比对等任务，提升文化信息筛选能力，在海量的舆情信息前，增强理性思维能力。

（三）情感、态度与价值观目标

1.树立坚定地走中国特色社会主义文化发展道路的信念，坚定文化自信，助力高职院校学生的精神力量。

2.更好地理解文化自信是对每一个人的普遍性要求，加强提升文化自信，实现文化强国的信心。

五、教学重点难点

把握时代最强音，树立文化自信，建设文化强国。

在明确教学目标和学情分析基础上，结合专业特色，本单元重点可以概括为"树立文化自信，建设文化强国"，具体体现在：

（一）教学重点

1.理解文化自信的内涵；分析中华优秀传统文化在生活中的不同呈现细节，理解强调文化自信的原因。

2.如何推动中华优秀传统文化创造性转化、创新性发展。

3.中国文化传播要"入脑入心"。

（二）教学难点

1.探究提升文化影响力及提升文化自信的努力方向，肩负起文化自信与文化自觉的重任。

2.把握提高国家文化软实力的重要意义以及如何讲好中国故事、传播好中国声音。

六、教学设计总体思路

在授课过程中突出主旨，以目标为导向，做到以主题整合教学内容，即突出重点，体现根本性；以问题为导向，把问题作为教学起点，着眼针对性；以过程为导向，即以问题链引导教学过程，侧重逻辑性。

1.课前："融"与"诊"相结合，了解学生的关注点。利用学习通平台给学生发放学习资源包，了解本节课所讲内容，做好预习工作，并集中反映学生在预习过程中重点关注的问题和难以理解的知识点。

2.课中："教"与"导"相结合，帮助学生解决思想疑惑。通过理论讲授、课堂讨论与提问、案例解析等，帮助学生树立正确的世界观、人生观、价值观。

3.课后："思"与"践"相结合，把理论学习转化为实践成果。通过开展调研、参观等实践形式，实现理论与实践相统一，不断提升学生的理解力、感染力和实践能力。

七、教学过程

（一）教学流程设计

环节一：签到考勤，课堂开启（3分钟）

教师活动：在授课应用平台开启扫码签到，通过平台进行随机点名。

学生活动：利用移动端扫码或者输入课堂验证码完成考勤，抽查到的学生回答前课重点知识。

设计意图：利用手机缩短传统点名的冗长用时，提高课堂效率，让课堂在趣味中拉开序幕。

环节二：新课导入，创设情境（6分钟）

教师活动：通过图片和视频进行视觉对比冲击，引导阐述，中国人说"民以食为天"，我带大家从餐饮文化切入，来进行简单的国际比较。西餐中，公认比较好吃的菜是法国菜，但法国菜主要是法兰西一个民族的菜肴，而"百国之和"的中国，仅是最负盛名的就有八大菜系，其中任何一个菜系拿出来，其丰富性和多样性可能都超过法国菜系。再加上这些菜系的各种分支以及其他许多菜系，一切都是中国漫长历史上"百国之和"的产物，只能用"精彩万分"来形容。其实餐饮文化只是中国文化丰富性的一个缩影，其他文化领域也类似，从文学到诗歌，从美术到戏曲，从音乐到建筑，从家居到民俗，物质遗产也好、非物质遗产也好，中国文化的丰富性举世罕见。随着中国迅速崛起，越来越多的国人开始体会到文明型国家崛起的无穷魅力，只要你具有一定的文化鉴赏力，中国土地上到处都是灿烂的文化风景线。

学生活动：认真观看视频和图片对比，利用教学应用平台进行实时的弹幕互动。

设计意图：以图片展示的方式，结合应用平台线上投票，营造一个更为形象的情景，打造较为轻松的课堂预设，提升学生的主体作用，增强学生参与感、体验感，实现教学的循循善诱，同时也为接下来的教学重点难点的突破做好问题铺垫。

环节三：新课讲授，审视当前境况（26分钟）

教师活动：引导感知+推演设问+教师讲授。

1.推动中华优秀传统文化创造性转化、创新性发展。

2.中华优秀传统文化是中华民族的根和魂。

中华优秀传统文化蕴含的思想观念，给人们认识世界和改造世界提供了有益启迪，为治国理政提供了有益借鉴；中华优秀传统文化蕴含的人文精神，滋养了中华民族独特丰富的文学艺术、科学技术、人文学术，至今仍然具有深刻影响。

中华优秀传统文化具有海纳百川、融多样为一体的包容性，中华民族在上下五千年的文明历史进程中，创造了气势恢宏、内容丰富、延绵不断的文化成就。这些成就包括中国人崇尚的"天人合一"和整体主义，包括儒、道的互补。这是一种不同的宗教和文化，可以互相包容，与当今世界许多地方无休止的宗教冲突形成了鲜明的对照。中国仅是方言就有成千上万种，还有56个民族之间的差异，但在一个文明型国家内部，这种差异无比精彩，大家欣赏这种差异，热爱这种差异。这些差异都可以在中华文明"和而不同"的框架内，相辅相成，相得益彰。此外，中国文化的精彩还表现为开放和时尚，随着改革开放的进行，中国国门大开，各种异域的文化元素纷至沓来，与中国文化碰撞，这种碰撞使中国文化更加精彩。它既是古老的，又是现代的，甚至是非常时尚的，比方说互联网来自西方，但在网络世界里，侠客传奇、《三国演义》、《西游记》、《水浒传》、《山海经》都可以大显神通。与外界大规模的文化互动，激活了许多中国文化的意象和资源，激活了中国迅猛发展的文化创意产业，从视频作品到影视大片，从《流浪地球》到《哪吒之魔童降世》，从手机表情包到动漫、VR、ChatGPT等，都是如此。数千年绵延不断的历史无疑为我们提供了世界上最博大精深的文化资源。

提问：故宫为什么能成为"网红"？我们在新时代又是如何传承和弘扬我们中华传统文化的？

在学生回答后进行总结。

出示材料：

沈阳成功申报中国饺子文化起源地

饺子是中华饮食文化的象征，是中华优秀文化的重要组成部分，沈阳在饺子文化的发展和传承上脉络清晰，历史依据比较充分，保护和发展措施比较明确。要让中国饺子文化成为沈阳文化新地标，建立饺子文化"起源馆"。要做好饺子文化发展规划，积极构建饺子文化知识产权体系，做大做强饺子文化产业，讲好中国饺子文化故事，让饺子文化走向世界。

好莱坞电影中的美国文化价值输出

说起文化的载体，好莱坞电影对于塑造和维护美国基本文化价值观和意识形态起到了重要的媒介作用。几乎人人都知道电影《阿甘正传》中的那句台词："Life is just like a box of chocolate, you never know what you are going to get.（人生就像巧克力，你不知道会品尝什么滋味）"《阿甘正传》的成功，很大程度因为它完美诠释了备受美国人推崇的美国梦，成为美国精神的代言人。

提问：那么中国的影视作品中有哪些体现了中华优秀传统文化的传承和发展？哪些又触动了你，激发了你的文化自信心呢？

学生活动：在线思考。进行在线答题，将思考结果上传至教学平台，教师进行提炼升华。

设计意图：中华优秀传统文化可以更好地被传播和传承是本课的重点内容，首先开展线上主观题思考，锻炼学生的自主思辨能力，提升学生的课堂主体作用，考虑到该重点的把握有一定的难度，以同学们都熟悉的沈阳"老边饺子"为例，吸引眼球，与学生产生共鸣。教师在学生讨论基础上需要进行总结提炼，结合案例，结合学生实际生活体验，降低问题理解的难度，实现教学重点的突破。

环节四：新课讲授，探究重振重任（10分钟）

教师活动：

1.提出设问，小组讨论：如何更好地继承中华优秀传统文化？继而推演出，应当树立高度的文化自信和文化自觉。

2.进行总结提炼。两组同学提出的观点，其实就是要加深文化认知和加强文化认同。除了以上两点，老师还有一些其他的建议，那就是在认知和认同的基础上，还要勇于进行文化创新和积极进行文化实践，注重非遗文化的传承，实现中华优秀传统文化创造性转化和创新性发展。

学生活动：开展小组讨论，组长将讨论结果上传至教学平台。

设计意图：让同学们找到适合大众的、喜闻乐见的方式，学会讲好中国故事，传递中国力量。

（二）课堂小结

本堂课，我们对中华优秀传统文化有了更多的了解，对树立文化自信与文化自觉有了更深的感知和更强的动力。希望在座的各位同学，通过今天的学习，能主动地承担起文化传承与发展的责任，因为强国的明天，必然也是文化繁荣的明天。

（三）板书设计

推动社会主义文化繁荣 —— 如何建立文化自信
- 什么是文化，你身边的"精彩文化"……
- 坚持中国特色社会主义发展道路
  - 更基础、更广泛、更深厚的自信
  - 发展中国特色社会主义文化的具体要求："123 原则"
- 建设具有强大凝聚力和引领力的社会主义意识形态 —— 新闻工作处在意识形态斗争的最前沿主流媒体
- 用社会主义核心价值观凝心聚力 —— 培育和践行社会主义核心价值观
- 推动中华优秀传统文化创造性转化、创新性发展 —— 传承和弘扬中华优秀传统文化
- 提高文化软实力 —— 讲好中国故事，传播好中国声音

（四）作业设计

完成一个调研任务：发现你身边的中华文化的优秀传播者，以微视频的形式，上传至教学平台。

（五）参考资料

1.人民日报评论部：《习近平用典》第一辑，人民日报出版社，2018年。

2.习近平：《在纪念五四运动100周年大会上的讲话》，人民出版社，2019年。

3.余秋雨：《中国文化课》，中国青年出版社，2019年。

4.习近平：《习近平谈治国理政》第三卷，外文出版社，2020年。

八、教学总结与反思

本节课在充分备书本、备时政、备学生、备专业的基础上进行教学设计，需要改进的有：

1.备课堂突发情况的内容较少，在此后的备课过程中可多一些对课堂突发情况的预想与相应解决措施的制定。

2.教学虽针对不同专业学生进行与专业知识相关的教学，但对学生的专业知识掌握较少，在充分备好本学科的教学内容的前提下，可更多地了解学生的专业知识，从而培养学生对思政课的学习信心与学习热情。

在本次整个教学过程中，设置了线上线下探究、小组讨论、图片视频赏析、案例分享等多元任务，切实改变传统思想政治理论课"一言堂"的现象，坚持灌输性与启发性的统一，突出学生在课堂学习中的主体地位。

以新的文化使命传承发展
中华优秀传统文化

沈阳药科大学　王欣欣

一、课程基本信息

主讲课程： 马克思主义基本原理

使用教材版本： 高等教育出版社2023年版

教材章节出处：《马克思主义基本原理》第三章第二节第四框《文化在社会发展中的作用》

二、教学设计概述

（一）教学设计思路

本课内容选自《马克思主义基本原理》（2023年版）第三章第二节中的"文化在社会发展中的作用"，以习近平文化思想为指导，聚集"以新的文化使命传承发展中华优秀传统文化"，依次围绕三个问题展开讲授，以基本知识点为脉络和框架，根据大学生身心特点以及现场课堂反应为导向及时进行课堂调整。

第一部分：什么是中华优秀传统文化。要讲清文化的含义，重点讲解文化的社会作用，讲清中华优秀传统文化的内涵和中华文明五大特征紧密联系、有机统一。第二部分，为什么传承中华优秀传统文化。以"两个结合"的历史内涵为导引，重点讲解为什么"'第二个结合'是又一次的思想解放"以及在新时代传承和发展中华优秀传统文化的价值意义。第三部分：怎样以新的文化使命传承发展中华优秀传统文化。讲清何为新时代文化使命，如何在传承发展中华优秀传统文化中践行好这一文化使命。

（二）理论依据

以习近平文化思想为指导，深学细悟习近平总书记在文化传承和发展座谈会上的讲话精神，遵循马克思主义基本原理教学内容逻辑，聚集担当塑造灵魂、塑造生命、塑造新人的时代重任，精准设计与课程主题密切相关的教学目标、重难点和过程，确保良好的教学效果。

（三）设计特色

一是坚持学生主体地位，精心设计教学环节，充分激活学生思维主体的力量，让学生思维动起来、活起来、燃起来；二是注重培养学生辩证思维能力，在讲述现象之后，创设小组讨论等环节，积极有效地引导、提升学生利用马克思主义基本立场、方法透过现象看本质的意识与能力；三是采用多媒体课件、网络视频资源的手段辅助教学，建立课上讲授、课下作业巩固协同教学功能体系。

三、学情分析

基于循序渐进、螺旋上升的原则分析，本课程开课时间在大一年级下学期或大二年级上学期。学生在小学阶段对传统文化的具象化有了初步感知，在初中阶段对传统文化的观念有了初步了解，在高中阶段初步树立了正确的文化观。现阶段，学生在知识储备上，通过前期的学习，已经具备了一定的知识素养，但大多都停留在感性认识层面；在认知能力方面，学生思维灵活，易于接受新事物，有较强的求知欲；在思想特点上，学生在正确的引导下已经初步形成了较为正确的世界观、人生观和价值观，但还需要正确地加以引导。教师在讲授过程中以适当的案例、结合学生身心特点，提高课程趣味性的同时，增强价值引领性。

四、教学目标

（一）知识目标

在教师教授和相关案例启发引导下，掌握文化的社会作用、中华优秀传统文化的内涵、"两个结合"，尤其是深刻理解"'第二个结合'是又一次的思想解放"。

（二）能力目标

提升对中华优秀传统文化的归属感和认同感，坚定文化自信，自觉用马克思主义基本立场、方法分析问题、解决问题，分析表层现象背后的逻辑，努力学习和掌握马克思主义中国化时代化理论成果，提高分析和解决问题的能力。

（三）情感、态度与价值观目标

坚定文化自信，牢固树立远大理想和坚定信念，树立科学的世界观、人生观和价值观，同时，在新时代伟大浪潮中以新的文化使命传承和发展中华优秀传统文化，讲好中国故事、传播好中国声音。

五、教学重点难点

1.多措并举，全面阐述重难点。本专题的重点是要讲清楚文化的含义，重点讲解文化的社会作用；讲清楚中华优秀传统文化的内涵和五大特征紧密联系、有机统一；难点是讲清楚"两个结合"的历史内涵、重点讲解为什么"'第二个结合'是又一次的思想解放"；讲清楚何为新时代文化使命，重点讲解如何在新时代践行好这一文化使命。

2.理实结合，彻底讲清重难点。拟采取问题驱动教学法、小组合作探究法、案例分析法等教学方法，激发学生主体意识，发挥思政课立德树人功能，引导学生深刻领悟"两个结合"的重要意义，坚定文化自信，坚守中华文化立场，传承中华文化基因。

六、教学设计总体思路

本课程涉及内容丰富，在总体设计的选取上尤为重要，要在2个课时内让学生真学真懂真信真用，达到凝心铸魂的教学目标，必须按照"抓住重点、兼顾一般"的原则，对教学内容进行制作加工。

在教学实践中，根据内容安排和大学生身心特点，要将重点讲授的内容放在三方面：一是要先了解认清历史悠久缔造中华文明——"什么是中华优秀传统文化"，通过对这一内容的讲授，自觉将文化自信内化于心、外化于行。二是"第二个结合"引领文化发展——为什么要传承发展中华优秀传统文化，聚焦"两个结合"，尤其是"第二个结合"以及习近平文化思想，让学生从学理性上把握马克思主义和中华优秀传统文化的高度契合性，在学习中激发领略马克思主义基本原理真理光芒。三是笃定践行新文化使命——"以新的文化使命传承发展中华优秀传统文化"，增强大学生的历史责任感和担当作为的意识，更好坚定文化自信。

七、教学过程

（一）教学流程设计

环节一：引题——播放纪录片《杜甫：中国最伟大的诗人》片段

教师活动：播放视频，在雨课堂设置主观题：为什么1000多年过去了，杜甫的诗歌仍然圈粉无数，中华优秀传统文化依然能够焕发出强大的生机和活力？

学生活动：通过观看视频，加深对中华优秀传统文化的了解，赞叹之余，增强文化自信，进一步激发对传统文化的学习兴趣。

设计意图：通过学生喜闻乐见的方式，激发学生学习兴趣，在视频后设置提问，引发学生思考，增强学生主体性。

环节二：什么是文化？文化在社会发展中的作用

教师活动：

1.什么是文化。

利用多媒体资源，和学生一起鉴赏甲骨文中的"文"，讲解何为文化以及广义文化和狭义文化的区别。

2.文化在社会发展中的作用。

播放中国历代疆域变化视频，讲解中国传统主流思想的演变。引发学生思考：中国为什么是四大文明古国中唯一没有断流的国家？

引用习近平总书记在山东曲阜考察时的讲话："一个国家、一个民族的强盛，总是以文化兴盛为支撑的，中华民族伟大复兴需要以中华文化发展繁荣为条件。"

文化的社会作用：文化为社会发展提供思想指引；提供精神动力；提供凝聚力量。进一步讲述辽宁"六地"红色文化。

学生活动：通过对甲骨文的学习，加深中华优秀传统文化起源的学习，结束后思考问题，进一步了解中华文化的磅礴力量。

设计意图：在教学的过程中一方面激发学生思考，另一方面推动学生深刻体会文化的社会力量，了解脚下这片土地，了解辽宁"六地"红色文化。

环节三：中国传统文化的内涵特征

教师活动：播放2024年春晚西安分会场视频《山河诗长安》，引发小组讨论：整个春节假期，西安旅游订单同比增长64%，"西"引力现象背后的原因。

引用习近平总书记在文化传承发展座谈会上的讲话，中华优秀传统文化有很多重要元素，共同塑造出中华文明的突出特性。向学生讲授：中华文明具有突出的连续性、创新性、统一性、包容性、和平性。

学生活动：观看后小组讨论发言，西安本身具有独特的文化优势，这是中华优秀传统文化魅力在今天的生动体现。

设计意图：通过学生关注的热点，以小组讨论的方式激发学生积极性，为学生的课堂参与和小组探究搭建脚手架，教师深入讲授中国传统文化的内涵和特性，引导学生自觉践行社会主义核心价值观。

环节四："两个结合"的历史内涵

教师活动：播放《人民日报》客户端发布的中国共产党成立100周年视频，设置问题：百年多的中国何以有如此大的变化？学生通过雨课堂进行实时讨论，引发思考并发言后，讲解"两个结合"的重要内涵，习近平总书记站在坚持和发展马克思主义的战略和全局高度，创造性提出"两个结合"，即把马克思主义基本原理同中国具体实际相结合、同中华优秀传统文化相结合。

学生活动：通过观看视频，更加直观地了解到中国共产党成立以来中国的巨大变化。

设计意图：为学生营造沉浸式体验，重点引导学生系统掌握马克思主义基本原理和马克思主义中国化理论成果。

环节五：深刻理解"'第二个结合'是又一次的思想解放"

教师活动：通过讲述习近平总书记文化足迹引入，引导学生体会"第二个结合"的重要性。

在文化传承发展座谈会上，习近平总书记把"第二个结合"进一步提升到思想解放的高度，标志着我们党的理论自觉和文化自信达到了新高度，也标志着我们党对理论创新规律的认识、对中华文明发展规律的认识达到了新高度。

学生活动：一方面感受着中华文化博大精深的文化底蕴与宝贵的文化遗产，另一方面从"第二个结合"发展脉络角度有了更加深刻的认识。

设计意图：讲解习近平总书记文化足迹、近代以来的历史变迁，在历史氛围中感受"第二个结合"的重要意义，引导学生坚定马克思主义立场，增强对人类社会发展规律，特别是中国特色社会主义发展规律的认识和把握，树立共产主义远大理想和中国特色社会主义共同理想。

环节六：何为新的文化使命

教师活动：请学生讲述新时代以来生活中发生的变化，做出总结后，进一步引出习近平文化思想。党的十八大以来，党中央在领导党和人民推进治国理政的实践中，把文化建设摆在全局工作的重要位置。习近平总书记指出，在新的起点上继续推动文化繁荣、建设文化强国、建设中华民族现代文明，是我们在新时代新的文化使命。

学生活动：更加切身感受新时代的变化，在教师讲解后，对社会现象背后的深层逻辑有更深层次的理解。

设计意图：以学生的视角感受新时代的变化，讲述现象后，深入分析本质，从感性认识深化到理性认识，更利于学生消化吸收什么是新的文化使命，增强文化认同感和责任感。

环节七：如何以新的文化使命传承发展中华优秀传统文化

教师活动：播放《典籍里的中国》片段，思考为什么看起来枯燥的文字跃然眼前时是惊奇、震撼。

以辽宁省博物馆"簪花"等文创产品作为案例，进行总结阐释：担负起新的文化使命，必须坚持马克思主义的指导。要推动中华优秀传统文化创造性转化、创新性发展，深刻领悟中华文明的五大突出特性，坚持推进马克思主义基本原理同中华优秀传统文化相结合。

学生活动：认真观看视频，加深对传统文化的理解，看过之后能积极思考表层现象背后的原因。

设计意图：通过学生喜闻乐见的方式引导学生学习，培养学生辩证思维能力，分析表层现象背后的深层逻辑，增加对中华优秀传统文化的认识，做新时代优秀传统文化的传承者。

（二）课堂小结

文运同国运相牵，文脉同国脉相连。习近平总书记指出："历史和现实都表明，一个抛弃了或者背叛了自己历史文化的民族，不仅不可能发展起来，而且很可能上演一场历史悲剧。"我们要以时代精神赓续优秀传统，更好构筑中国精神、中国价值、中国力量，在不断探索中推进马克思主义基本原理同中国具体实际相结合、同中华优秀传统文化相结合，以新的文化使命传承和发展中华优秀传统文化，让中华文明同各国人民创造的多彩文明一道，为人类提供正确精神指引。

（三）板书设计

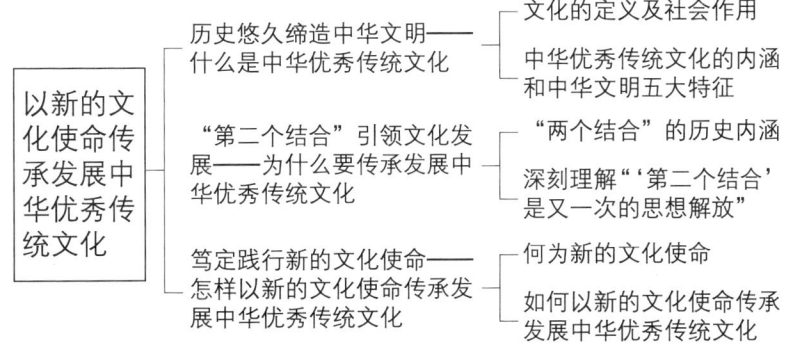

（四）作业设计

1.挖掘身边的传统文化元素，请你谈谈应该如何继承和发展中华优秀传统文化。

2.请挑选一个中华优秀传统文化的元素，以海报或文创产品的形式，结合时代特点与她进行一场古今对话。

（五）参考资料

1.习近平：《在文化传承发展座谈会上的讲话》，《求是》2023年第17期。

2.习近平：《在哲学社会科学工作座谈会上的讲话》，人民出版社，2016年。

3.2024央视春晚《山河诗长安》，https://tv.cctv.com/2024/02/10/VIDEmz0Xl0AjviA07ZC3ecIm240210.shtml.

八、教学总结与反思

（一）不断创新教学方式，打造高效课堂

大一、大二年级的学生大多是"〇〇后"，思维活跃，接触信息面比较广，喜欢独立思考，因此，在教学过程中要充分坚持和尊重学生主体地位；本课内容充分运用多媒体、音频、视频等资源，学生在感官上有了不同的体验，营造了良好的氛围，整个课堂能及时有效地抓住学生注意力，在案例的选取上，既要贴合大学生身心发展实际，又要结合最新热点挖掘背后的中华优秀传统文化因素；在实际展开中，注意激发学生的使命担当与文化自信。

（二）不断强化理性认识，推动学习入脑入心

在教学过程中，要采取多元化教学模式，激发学生学习兴趣，吸引学生参与教学过程，鼓励学生积极讨论发言，学会分析表层现象背后的深层次逻辑；尤其注意课堂上对学生的价值引领作用，不能只停留在对知识和方法的掌握上，还要内化为信念、外化为行动，培养学生树立正确历史观，在新时代伟大浪潮中，传承好中华优秀传统文化。

习近平文化思想视野下
中华优秀传统文化概述

沈阳化工大学　孔凡飞

一、课程基本信息

主讲课程：中华优秀传统文化

使用教材版本：高等教育出版社2010年版

教材章节出处：《中华传统文化》绪论《谈中国传统文化》

二、教学设计概述

（一）课程设计理念：生本教育

所谓"生本教育"，就是凸显学生的主体地位，将学生作为教学的根本，注重学生的主观能动性，通过活跃的课堂吸引学生的注意力、思考力和参与性，激发学生的兴趣，积极鼓励学生的表达和独立的想法，在互动中汲取新知。

（二）课程设计特色：注重思想性与趣味性的结合

本专题就思想性而言，主要是让学生能够直观地认识到"马克思主义"与"中华优秀传统文化"天然的契合性，凸显出"第二个结合"的深远意义；授课过程中，增加趣味性，调动学生的参与热情。如在呈现中华优秀传统文化之美的时候，借鉴《中国诗词大会》中的"飞花令"环节，带动全场学生进行诗词接龙。

（三）课程设计宗旨：始终坚持"第二个结合"原则

每个专题的设计，都特意将中华优秀传统文化与马克思基本原理中相关内容做链接。促使学生充分理解"第二个结合"。在本专题中，着重讲述中华优秀传统文化的精神指向，如天下为公、民为邦本、为政以德、革故鼎新等内容，这部分将与"科学社会主义"的主张进行链接。

（四）课程设计思路：从"了解"到"内化"

课程的目的不仅是让学生"了解"中华优秀文化的深厚底蕴，更是要将文化力量"内化"为学生文化自信的源泉。为此，在每个专题设置了"前测"，以便在课前就掀起学生对该专题的思考，激起学生的"好奇心"，增强课堂的参与性。课程结束后，进行"后测"，以便检测学生对本专题知识的吸收。

三、学情分析

本学期中华优秀传统文化课程教授对象是我校工科专业的2023级学生。在开课前通过学习通软件设置了关于"你对传统文化的认识"的主题讨论，为数不多的参与者都回答对传统文化了解不多。

在互动中，随机访谈了几位同学，大体了解他们在中小学时期、在教材体系中并没有完全以"中华传统文化"作为关键词的教材。与之有联系的就是《语文》《历史》《道德与法治》等，唯有高中开设的思想政治必修四《哲学与文化》第三单元《文化传承与文化创新》中较集中地谈及传统文化，但因篇幅的原因，显得系统性与整体性不够。

在课前设置的测验中，以2023级安全专业120人参与的答题的情况来看。满分的仅有5人，80分以上的高分17人（包含满分），而大多数人则在60—80分之间，也有少数同学不足60分。

由以上分析可以得知，学生对中华优秀传统文化总体上知识储备不足、认知不够，还有极大提升的空间。

四、教学目标

（一）知识目标

1.让学生了解习近平文化思想的内涵与主要内容，理解"两个结合"中

"第二个结合"提出的背景与意义。

2.理解中华优秀传统文化的内涵，通过互动，掌握中华优秀传统文化的特征、中国传统文化的基本精神、中国传统文化的基本观念。（核心知识）

3.了解中国传统文化的形成原因，体会中国传统文化对世界的影响。

4.理解学习中华优秀传统文化的意义。

（二）能力目标

1.通过理解习近平文化思想和"第二个结合"，提升学生对文化的理解力和辨别力。

2.通过理解和掌握本专题核心知识，增强学生阅读文学、历史、政治等书刊的理解力。

3.通过对中国文化的形成、对世界的影响，增强学生的"文化自信"。

4.通过理解学习中华优秀传统文化的意义，增强学生自主学习和传播中华优秀传统文化的自觉。

（三）情感目标

1.增进学生的民族自豪感。

2.认同中华优秀传统文化中"讲仁爱""重民本""守诚信""崇正义""尚和合""求大同"的价值观。

3.促进学生养成中国传统的"君子品格"。

4.增强学生抵御外来文化侵略的韧性。

（四）实践目标

1.促进学生参与"传统文化创造性转化和创新性发展"的相关议题。

2.开拓学生中华优秀传统文化传播的路径。

五、教学重点难点

（一）教学重点

1.中华优秀传统文化的内涵、特征和基本的精神取向。该知识点是本课程的核心，学生只有深刻理解并内化，才能更好地进行深入课程探索。

2.中华优秀传统文化的形成及对世界的影响。该知识点既要挖掘中国厚重的历史，又要弘扬中华文化的辉煌灿烂，是激荡起学生中华文化自豪感和认同的部分。

（二）教学难点

本课程的宗旨是每一个专题都要将马克思主义理论与中华优秀传统文化相结合，而本次试图将习近平文化思想融入其中。习近平文化思想是马克思主义的最新成果，对于"讲"和"听"双方都有挑战。

六、教学设计总体思路

（一）授课内容的逻辑脉络：体现高等教育的整体性与系统性

高等教育与中小学教育的不同之处在于，授课既依据教材，但同时不拘泥于教材。本专题在教材的基础上进行重新整合。为此，本专题主要由四部分组成。

第一部分：习近平文化思想与中华优秀传统文化。从国家意志的角度阐释学习中华优秀传统文化的重要性与必要性，这为本课程和本专题奠定了基调。

第二部分：中华优秀传统文化的内涵、特征和精神取向。总体把握中华优秀传统文化的核心要义，激发学生继续探索的愿望。

第三部分：中华优秀传统文化的形成和对世界的影响。增强学生的民族自豪和文化自信。

第四部分：学习中华优秀传统文化的意义。强化这门课程的重要性。

四个部分构成一个统一的整体，能够用最短的时间，最大限度地体现中华优秀传统文化的总体风貌。

（二）教学方法：互动式教学

1."讲授法"与"互动法"相结合，尽量让课堂呈现一种"情境性"。

2."课堂参与"与"课后自主学习"相结合，让课内与课外共同发力。

（三）教学手段

1.用学习通软件布置讨论话题、发布问卷、作业、考试等。

2.利用多媒体课件展示案例、视频以及授课资料。

3.利用板书，留下课堂主要内容。

4.通过游戏，激发学生参与感。

七、教学过程

（一）教学流程设计

环节一：课程导入部分（10分钟）

教师活动：

1.向学生介绍自己及课程的相关要求。

2.讲解课前测试的正确答案，并允许学生课后重新提交新答案。

3.提出问题：为什么要开设中华优秀传统文化课程，引出下一环节。

学生活动：

1.没有参加课前讨论的同学现场继续参与讨论。

2.现场回答关于为什么开设中华优秀传统文化课程的问题。

设计意图：

1.引起学生课堂参与的兴趣。

2.让学生了解该课程的学习要求。

环节二：习近平文化思想与中国传统文化（20分钟）

教师活动：

1.从习近平总书记在庆祝中国共产党成立100周年大会上的讲话提出"两个结合"讲起，阐述马克思主义基本原理与中华优秀传统文化相结合的重要性。

2.引出2023年10月习近平文化思想的提出，讲述习近平文化思想的主要内容。

3.讲述本课程开设的重要性与必要性，引出下一环节。

学生活动：

1.思考并回答提问：是否知道"两个结合"？

2.思考并回答提问：为什么"文化"被称为软实力？

3.思考并回答提问：大家认为什么是"中华优秀传统文化"？

设计意图：

1.将当前马克思主义最新成果与中华优秀传统文化相连接，让学生意识到，学习中华优秀传统文化有着重要的政治意义。

2.让学生了解和掌握"第二个结合"和习近平文化思想的相关内容。

环节三：中华优秀传统文化的内涵、特征和精神取向（30分钟）

教师活动：

1.根据学生回答，阐释文化、传统文化、优秀传统文化等相关概念。

2.以游戏的方式展示传统文化之美。

3.根据学生的回答，总结传统文化的三个重要特征：（1）不间断的文化。（2）包容性的文化。（3）多元性的文化。

4.根据学生的回答，总结讲述中国文化的四个精神取向：（1）自强不息、刚健有为的进取精神。（2）贵和尚中、和而不同的和谐精神。（3）以义为上、注重伦理的道德主义情怀。（4）民为邦本、民贵君轻的民本思想。

学生活动：

1.在教师带领下进行"飞花令"，做诗词接龙游戏。

2.飞花令结束后，思考并回答提问：中国传统文化的特点。

3.通过进行快问快答：中国人的民族性格，引出中国文化的精神取向的话题。

4.课后了解中国文化有哪些基本观念，根据教师提示从自然观、社会观和人生观等角度开展自主学习。

5.思考并回答提问：中国文化是如何形成的？

设计意图：

1.了解和掌握中华优秀传统文化的核心要义，形成鲜明印记。

2.采用游戏形式，促进学生课堂参与。

环节四：中华优秀传统文化的形成和对世界的影响（20分钟）

教师活动：

1.根据学生的回答，归纳整理中国传统文化形成的原因：自然环境、经济环境和政治环境。

2.根据学生的回答总结：（1）对亚洲，尤其是附近国家的影响，在政治、经济、文化等领域。（2）对世界其他地区的影响，比如科技、瓷器、丝绸等。

学生活动：

1.思考并回答提问：中国文化给世界带来了什么？

2.课后自主学习，我国传统文化可以划分为哪些阶段？

3.思考并回答提问：学习传统文化的意义是什么？

设计意图：

1.多角度对中华优秀传统文化进行考察。

2.增强文化自信，对中华民族伟大复兴充满希望。

环节五：学习中华优秀传统文化的意义（10分钟）

教师活动：根据学生的回答，总结概括：（1）有助于把握中华民族精神，增强爱国情怀。（2）有助于提高人文素养。（3）有助于传承和发扬传统文化。

学生活动：思考并回答提问：我们对传统文化的态度。

设计意图：

1.促使学生增强学习优秀传统文化的信心和信念。

2.让学生学会辩证地看待中华传统文化。

环节六：课上巩固测验+小结（10分钟）

教师活动：

1.通过学习通软件发布测试题（5分钟）。

2.总结测验结果。

3.最后总结。课程的最终目的就是"根"（中华优秀传统文化）与"魂"（马克思主义）的统一，最后用张载的"横渠四句"做收结。

学生活动：

1.参与测验。

2.师生共读"横渠四句"："为天地立心，为生民立命，为往圣继绝学，为万世开太平。"

设计意图：

1.通过小测验考查学生听课情况以及对知识的吸收效果。

2.用"横渠四句"感召学生积极进取，承担当代青年的责任与使命。

（二）课堂小结

1.课堂教学内容完整丰富。六个环节环环相扣，体现出内在的逻辑性。

2.将"教师讲授"与"师生互动"相统一。

3.将课堂教学与课后自主学习联系起来。

4.课堂的氛围既严肃认真，又活泼热闹。

（三）板书设计

板书设计说明：黑板上分割左、中、右三块区域，左侧是本专题的四个显著部分的标题；中间部分是习近平文化思想的主要内容；右侧是可随时记录关键词的所在，在课程最后，右侧是"横渠四句"的板书。如下图：

专题一：《中华优秀传统文化》概述		
主要内容： 一、习近平文化思想与中华优秀传统文化 二、中华优秀传统文化内涵、特征及精神取向 三、中华优秀传统文化的形成及对世界的影响 四、学习中华优秀传统文化的意义	习近平文化思想的鲜明特征： 一、守正创新 二、人民至上 三、系统思维 四、胸怀天下	为天地立心，为生民立命，为往圣继绝学，为万世开太平。 ——张载

（四）作业设计

课后作业既要与课堂教学相联系，同时又要有拓展。课上的内容是基础性的，而课后的作业要在这个基础上增强学生的思维能力和创新能力。因此，课后作业既是对课堂知识传授的巩固，又是新思考的开始。为此设计了六道题目。需在学习通软件的作业区完成。

1.结合生活实际，谈谈你对"四个自信"中"文化自信"的理解。

2.中华优秀传统文化与社会主义核心价值观之间的内在联系。

3.思考在当今时代如何促进中华优秀传统文化创造性转化和创新发展。

4.我国传统文化可以划分为哪些阶段。

5.中国文化有哪些基本观念。

6.如何理解习近平文化思想。

（五）参考资料

1.教材、专著

（1）张岂之主编：《中国传统文化》，高等教育出版社，2010年。

（2）黄钊主编：《中华优秀传统文化概论》，高等教育出版社，2022年。

（3）张岱年、方克力主编：《中国文化概论》，北京师范大学出版社，2004年。

（4）杨凤城等：《中国共产党文化思想史》，中共党史出版社，2023年。

2.网络资源

（1）《学习强国》平台。

（2）各种文化议题的微信公众号。

（3）中国学术期刊网（知网）。

（4）习近平总书记关于文化议题的系列讲话。

八、教学总结与反思

在实际的教学实践中，基本上完成所有的教学设计。学生的参与性比较好。尤其是"飞花令"和"快问快答"，比较符合当前大学生的游戏心理。课程前的测试与课后的巩固测试形式新颖，学生们可以通过投屏看到答题情况和相关数据分析，对于激发学生学习兴趣和加强学习效果有很好的作用。但同时也存在不足，主要体现在：

1.主体部分内容较多，但时间相对有限，导致部分知识点讲解不透彻。

2.尽管课堂互动较好，但因为内容体系较庞大，所以课程的节奏稍显过快，没有做到节奏上的松弛有度。为了使课堂节奏更合理，建议增加1学时，或者在现在的基础上减少部分内容。

3.提问环节效果不佳。学生可能本身不善组织语言，常常出现答非所问的情况，或者会拒绝回答。应该注意给学生启发，促使学生学会独立思考。

在赓续历史文脉中铸就中华文化新辉煌

辽宁中医药大学　杨　扬

一、课程基本信息

主讲课程：形势与政策

使用教材版本：《时事报告（大学生版）》（2023—2024学年度）上学期

教材章节出处：专题五《赓续历史文脉　谱写当代华章》

二、教学设计概述

习近平总书记在文化传承发展座谈会上指出，只有全面深入了解中华文明的历史，才能更有效地推动中华优秀传统文化创造性转化、创新性发展，更有力地推进中国特色社会主义文化建设，建设中华民族现代文明。党的十八大以来，党中央在领导党和人民推进治国理政的实践中，把文化建设摆在全局工作的重要位置。文化传承发展呈现出新的气象、开创了新的局面，社会主义文化强国建设迈出坚实步伐。

本节课依据《教育部办公厅关于印发〈高校"形势与政策"课教学要点（2023年上辑）〉通知》要求，结合教材内容，及时将习近平总书记在文化传承发展座谈会上的讲话精神融入高校形势与政策课堂教学。教学内容分为三部分：一是历史悠久缔造中华文化。重点讲授中华文明五大突出特性的内涵和相互联系。二是培根铸魂推动文化繁荣。重点讲授党的十八大以来，党中央在推动中国特色社会主义文化繁荣方面所作出的重大决策部署。三是笃定前行建设现代文明。帮助学生认清自身在推动文化繁荣、建设文化强国、建设中华民族现代文明方面的新使命。

思政课新课标力求构建"以实践活动为基础、以学科核心素养的培养为主线、以活动型课程为框架、以议题为引导"的高校思政课堂。本课将以中华文化的今昔对比为基础，以培养学生的情感认同、公共参与、科学精神核心素养为主线，以"是什么—为什么—怎么做"的基本逻辑推演为设计思路，力求使学生通过本课的学习，能够认清文化发展繁荣与中华民族伟大复兴之间的关系，理解"两个结合"是马克思主义中国化的时代要求，树立高度的文化自信，坚定传承中华优秀传统文化的文化自觉。

三、学情分析

本课的授课对象是中医药院校本科各年级学生。因为他们是中医药院校学生，对以中医、中药为代表的中华优秀传统文化具有浓厚的学习兴趣。在前置学习中，学生已对中华传统文化有了较为细致的了解和不同程度的知识储备，但对于中国特色社会主义文化强国的感知欠缺理解。在知识储备方面，已基本了解文化的广义和狭义概念，具备中医药相关理论知识。在能力水平方面，已初步掌握辩证分析的能力，有一定的理性思考能力和分析问题能力，部分学生已有文化强国意识，对中国特色社会主义文化有初步感知。在学习特点方面，学生思维活跃、意识自主、表达欲望强烈，对利用新媒体开展文化传播感兴趣，信息获取量强大；喜欢在实践活动中自主建构思维体系。

四、教学目标

（一）知识目标

1.理解文化自信的内涵，理解文化自信是更基础、更广泛、更深厚的自信。

2.分析中华优秀传统文化的发展境况，理解中华优秀传统文化是文化自信的坚实根基。

3.探究提升文化自信、建设文化强国的实现路径。

（二）能力目标

1.通过"一带一路"上文化案例的古今对比，提高学生理论联系实际的能力，提升分析解决问题的思辨能力。

2.通过自主探究性学习活动，提升思维逻辑的自主建构能力。

3.通过素材比对等任务，提升文化信息筛选能力，在海量的舆情信息前，增强理性思维能力。

（三）情感、态度与价值观目标

1.树立坚定走中国特色社会主义文化发展道路的信念，助力中医药院校学生传承中华优秀传统文化的信念和决心。

2.更好地理解文化自信是对每一个人的普遍性要求，加强提升文化自信，实现文化强国的信心。

五、教学重点难点

（一）教学重点

1.讲清楚中华文明的五个突出特性紧密联系、有机统一。

（1）连续性记录了中华文明的呈现形态；（2）创新性回答了中华文明的活力之源；（3）统一性镌刻着中华文明的价值旨归；（4）包容性揭示着中华文明的万千气象；（5）和平性彰显中华文明的处世姿态。

2.讲清楚当前我国文化事业繁荣发展的现状。

（1）中华优秀传统文化不断焕发新活力；（2）文化产业高质量发展步伐不断加快；（3）现代公共文化服务体系加快构建。

3.讲清楚新时代新的文化使命。

在新的起点上继续推动文化繁荣、建设文化强国、建设中华民族现代文明，要坚定文化自信、秉持开放包容心态、坚持守正创新，不断铸就中华文化新辉煌、谱写民族复兴新华章。

（二）教学难点

1.充分阐释中华文明五个突出特性的内涵和相互联系。

2.深刻解读中华文化繁荣兴盛与中华民族伟大复兴的关系。

六、教学设计总体思路

本节课以"是什么—为什么—怎么做"的基本逻辑推演为设计思路，形成问题链，层层推进，帮助学生从历史、现实、未来三个维度掌握本科教学重难点。

结合授课内容，选取以下四种方法开展教学。

1.讲授法。通过形象生动地讲解，引导学生理解教学知识点。

2.案例教学法。学生根据典型图片、视频案例，思考探究，感悟提升。

3.任务驱动法。选取文化自信领域的热点案例、图片视频，形成问题链，驱动学生自主探究，在解决问题的过程中提供思路与框架，引导学生发散思维，自主建构知识体系。

4.合作探究法。根据"组间同质—组内异质"原则，组织学生进行分组学习讨论，贯穿始终，提高学生学习效率和团队意识。

七、教学过程

（一）教学流程设计

环节一：签到考勤，课堂开启

教师活动：

1.在线签到。

2.复习提问。

学生活动：

1.利用移动端扫码签到。

2.根据学习通筛选回答教师提问。

设计意图：利用手机缩短传统点名的冗长用时，提高课堂效率，让课堂在趣味中拉开序幕。

环节二：新课导入，创设情境

教师活动：

1.播放视频：《赓续中华文脉　泽被千秋后世》。以中国国家版本馆为切入点，介绍中华文明探源工程、"考古中国"重大项目，引导学生在回溯中华传统文化悠久历史的过程中思考问题。

2.问题（1）：几千年来，为什么中华民族能够历尽磨难而薪火不辍、屡经世变而固本开新？

学生活动：观看视频并实时进行互动。

设计意图：以播放视频的方式，营造一个更为形象的情景，打造较为轻松的课堂预设，提升学生的主体作用，增强体验感，实现教学的循循善诱，同时也为接下来的教学重点难点的突破做好问题铺垫。通过视频素材的运用，让学生们更为直观地感受到中华优秀传统文化的辉煌，为接下来探究性分析中华传统文化的突出特性，做好理性与感性分析的基础。

环节三：新课讲授——历史悠久缔造中华文化

教师活动：

1.问题（2）：你认识它们吗？（图片展示"一带一路"上我国的四个文化瑰宝：艾德莱斯、桑皮纸、裕固族服饰、兰州太平鼓。）

通过投票统计，得知学生对于古丝绸之路上流传至今的优秀民间传统文化并不熟悉。

2.以艾德莱斯为例，对曾经的丝绸之路上的繁盛的文化做历史性的回顾，对中华文明五大突出特性进行系统阐述。

学生活动：学习通投票作答：你认识图片中的哪些非遗瑰宝？

设计意图：中华文明的突出特性是本课的重点内容。首先，以图片展示的方式，结合学习通线上投票，了解学生对中华文明的认识情况。以具体案例（艾德莱斯）的叙述，引导学生认识到中华文明的五大突出特性。通过启发式、案例式教学，锻炼学生的自主思辨能力，提升学生的课堂主体作用。考虑到该重点的把握有一定的难度，教师在学生讨论基础上需要进行总结提炼，结合案例，结合学生实际生活体验，降低问题理解的难度，实现教学重点的突破。

环节四：新课讲授——培根铸魂推动文化繁荣

教师活动：

1.以环节三的互动回答结果为例，设计递进式设问分析：

问题（3）：为什么曾经如此辉煌的文化瑰宝在现代人面前变得陌生？

问题（4）：为什么这些曾经的辉煌会面临当今传承上的窘迫呢？

2.根据学生回答情况，分析原因，进行课程内容讲授。

原因（1）：文化认知的匮乏。有时大家在没有充分了解这些中华优秀传统文化的内涵的前提下，就极端地将这些中华优秀传统文化，认定为是守旧的，是古板的，是应该被我们抛弃的，就像艾德莱斯，之前课堂上有些同学提出觉得这些花纹太过于艳丽，不符合现在审美。但其实，艾德莱斯在维吾尔语中的意思是"布谷鸟翅膀上的花朵"，这些鲜艳花纹的背后，是人们对于生命的热爱，对于自然的赞叹。

原因（2）：文化认同的缺失。部分中国人有一种"外国的月亮比较圆"的极端思维定式。对于外来文化的热衷与追捧，使得我们自己的优秀传统文化在这些洋文化面前，一点点丧失地位。

原因（3）：文化能动的颓丧。当我们在认知层面进行错误定性后，我们也没有再去做一些能动的努力和尝试。事实上，这些古老而悠久的优秀传统文化，绝非固定的，它们都是活的系统，需要我们每个人对它们进行积极的改造行动。

3.从三方面向学生介绍党的十八大以来，党中央作出一系列重大决策部署，推出一系列重大政策举措，推动中国特色社会主义文化繁荣。

（1）中华优秀传统文化焕发活力。

（2）文化产业蓬勃发展。

（3）现代公共文化服务日趋完善。

学生活动：进行在线答题，将思考结果上传至学习通。

（1）回答示例①：我们对于中华优秀传统文化认识不够，身边有哪些中华优秀传统文化，中华优秀传统文化有哪些内容和意义，这些文化从哪里起源等问题，我们都缺乏了解，以至于有时候对传统文化会出现偏见。

（2）回答示例②：崇洋媚外的人有很多，中华优秀传统文化现在"墙外香"的现象已有出现，我们一些人反倒不支持自己的文化了，甚至有人还否定。

（3）回答示例③：年轻人不喜欢过于老套的东西，原汁原味的东西不适合日新月异的时代，感觉很多传统文化需要有所改变，才能跟上时代的发展。

设计意图：通过设计递进式设问，逐步引导学生正确认识传承中华文明，善于对社会中出现的错误思想进行理性批判。通过介绍党的十八大以来，党中央关于推动中国特色社会主义文化繁荣所作出的重大决策部署，帮助学生将理论与实际相结合，正确认识发展大势。

环节五：新课讲授——笃定前行建设现代文明

教师活动：

1.提问：

（1）问题（5）：如何更好地继承中华优秀传统文化？继而推演出，应当树立高度的文化自信和文化自觉。

（2）问题（6）：请进一步思考，从大学生角度，如何具体实现文化自信和文化自觉呢？

2.总结：两组同学提出的观点，其实就是要加深文化认知和加强文化认同。提及文化的认知和认同，除了以上两点，老师还有一些其他的建议，那就是在认知和认同的基础上，还要勇于进行文化创新，积极进行文化实践。

（1）坚定文化自信。

（2）秉持开放包容。

（3）坚持守正创新。

学生活动：围绕问题展开小组讨论，并由小组长将讨论结果上传至学习通平台。

1.回答示例（1）：根据前面的原因，我们小组的主要观点是，要加深对文化的认知，我们必须努力获取大量的知识来充实自我的头脑，在获取知识的同时，我们要注意信息的多样化，不能一味选择快餐式的文化信息，应该多多沉下心来了解一些更为深刻、更有底蕴的文化信息。另外，我们要注意加深理解和加强对信息的甄别。

2.回答示例（2）：我们小组的主要观点是要加强文化认同，在充分且客观的认知基础上，我们要学会尊重，更要学会认同，我们尊重异国的文化，认同本国的文化，我们并不否定对外来文化精华的吸取，但吸取是为了更好地自我强化，而非全盘西化。

设计意图：通过小组讨论形式，凝聚共识，达到学生思想认同、理论认同和情感认同。

（二）课堂小结

通过本节课的讲授，能够帮助学生对中华优秀传统文化有更多的了解，对树立文化自信与自觉有更深的感知和更强的动力。

（三）板书设计

赓续历史文脉　谱写当代华章

一、历史悠久缔造中华文化
  1.中华文明的突出特性
  2.文化传承的重要意义

二、培根铸魂推动文化繁荣
  1.中华优秀传统文化焕发活力
  2.文化产业蓬勃发展
  3.现代公共文化服务日趋完善

三、笃定前行建设现代文明
  1.坚定文化自信
  2.秉持开放包容
  3.坚持守正创新

（四）作业设计

完成调研任务：《身边的中华文化推动者》。以微视频的形式，上传至学习通。

（五）参考资料

1.《担负起新的文化使命　努力建设中华民族现代文明》，《人民日报》2023年6月3日。

2.李捷：《从建设新民主主义文化到建设中华民族现代文明》，《光明日报》2023年6月23日。

八、教学总结与反思

（一）问题引领式探究，构建严密逻辑

本课以"是什么—为什么—怎么做"的基本逻辑推演为设计思路，形成问题链，层层推进，推演结论。

（二）任务驱动式探究，突出主体地位

在整个教学过程中，设置了线上线下探究、小组讨论、图片视频赏析、案例分享等多元任务，切实改变传统思想政治理论课"一言堂"的现象，坚持灌输性与启发性的统一，突出学生在课堂学习中的主体地位。

（三）线上线下式教学，展现信息化新貌

借助网络教学平台的讨论、答题、弹幕等功能，采集教学全过程信息，以可视化形式展示，有效解决了传统思想政治理论课中教学工具单一性的问题。同时有效改善了大班化教学人数多而导致的兼顾性低下问题，有效提升学生参与度，提高了学习积极性和课堂效率。此外，就本课的实施效果来看，在教学过程中，学生主动性还有待进一步提高，学生的理性思辨力还有待加强，教学内容的广度和深度还有待进一步深挖。

把马克思主义基本原理与
中华优秀传统文化相结合

沈阳化工大学　张　强

一、课程基本信息

主讲课程：马克思主义基本原理

使用教材版本：高等教育出版社2023年版

教材章节出处：《马克思主义基本原理》第二章第三节第二框《一切从实际出发，实事求是》、第三章第二节第四框《文化在社会发展中的作用》

二、教学设计概述

根据《马克思主义基本原理》教材第二章《实践与认识及其发展规律》第三节《认识世界和改造世界》第二框《一切从实际出发，实事求是》和第三章《人类社会及其发展规律》第二节《社会历史发展的动力》第四框《文化在社会发展中的作用》，我们深刻剖析马克思主义的中国化时代化，结合习近平总书记关于"两个结合"的重要论述，从价值维度、思想维度、方法维度探析"中华优秀传统文化同马克思主义相结合"的教学思路，以培养学生的文化自信、理论自觉及辩证思维能力。

习近平总书记在庆祝中国共产党成立100周年大会上的重要讲话中提出的"两个结合"，即"坚持把马克思主义基本原理同中国具体实际相结合、同中华优秀传统文化相结合"，是当代中国马克思主义理论的又一重大创新。这为新时代推进马克思主义中国化、实现中华民族伟大复兴提供了重要遵循，也为推动马克思主义理论创新与教育教学改革提供了根本思想指引。

本次教学内容就是围绕着马克思主义基本原理与中华优秀传统文化相结合而展开的。教学思路为：提问思考—教师引导—讲授内容—视频穿插—教师讲解—图片展示—教学总结—课后作业。

设计特色包括三个方面：

第一，立场站位是有机统一的。阐明中华优秀传统文化"重民本"的立场与马克思主义的人民立场是相统一相融合的。把中华优秀传统文化中"民惟邦本，本固邦宁"的价值立场渗透到教学内容中，同时，引导学生深刻理解马克思主义关于人民立场的价值意义，引导学生树立为人民服务的价值观。

第二，精神引领是相互一致的。组织学生将中华优秀传统文化与马克思主义的思想精神进行比较分析，辨析其差异性，寻求其结合的逻辑性。通过教学能提升学生的马克思主义理论素养和优秀传统文化涵养。

第三，辩证思维是相互贯通的。中华传统文化中的儒家思想、道家文化、宋明理学、法家等都蕴含较为丰富的辩证思维成分，这与马克思主义辩证法有着相通性。通过教学能提升学生在传播马克思主义与弘扬中华优秀传统文化方面的辩证思维能力和实践能力。

三、学情分析

本课程的授课对象是大学二年级本科学生，经过高中以及大一阶段其他思政理论课程如中国近现代史纲要和思想道德与法治的学习，学生对马克思主义的基本概念、基本理论与基本立场有一定了解。尤其在对于传承中华优秀传统文化和弘扬中国精神的内容有充分了解和掌握基础上，再系统学习马克思主义基本原理课程，更加能够理解和把握"把基本原理与优秀传统文化结合"这个知识点。但在学习过程中也会存在一些问题，如学生对马克思主义基本原理课程存在误解，认为这门课程是枯燥的纯理论课程，与生活实际结合不够紧密等，因此要结合学生专业的特点，设计教学案例，结合学生的学习兴趣和习近平总书记的讲话与著作等，引导学生充分理解"两个结合"的重要意义。

四、教学目标

（一）知识目标

培养充分理解马克思主义基本原理，理解和掌握实践与认识的辩证关系、实事求是的思想路线和文化在人类社会发展中的作用。同时了解和把握中华民族几千年以来沉淀的文化底蕴，增强对马克思主义的内涵、特征与价值和在中国的实际运用的理解。

（二）能力目标

学会能够自觉站定马克思主义基本立场，提升用马克思主义观点、方法认识世界与改造世界的能力。通过课程学习，能够达到培养方案中关于毕业能力要求所设定的课程目标。通过教学培养自主学习能力、沟通表达能力、获取知识能力、创新思维能力，增强社会责任感和使命感，增强主人翁意识。

（三）情感目标

要坚定不移听党话、跟党走，要脚踏实地，但始终要怀抱梦想，立志做有理想、敢担当、能吃苦、肯奋斗的新时代好青年。要始终同党中央保持高度一致，对党的大政方针政策高度认同，对中国特色社会主义思想在情感上高度认同，增强文化自信，培育和践行社会主义核心价值观。让爱国主义精神在大学生心中牢牢扎根，凝聚起建设社会主义现代化强国的奋进力量。

（四）衔接目标

要把小学中学道德和法治课程、思想政治课程与大学阶段的思政课程有机融合，让大学生能够体会到小学、中学与大学思想政治理论课的有机衔接。同时，通过对比使学生更加深入了解马克思主义基本原理与中华优秀传统文化的契合点，做到学段融合和系统育人。构建了"小、中、大"一体贯通的培育体系，实施跨学段、跨学科协同育人，助推学生个性、全面、可持续发展。

五、教学重点难点

（一）教学重点

马克思主义基本原理同中华优秀传统文化相结合的时代意义。这一点内容反映了本门课程阐述的文明交往交流交融的基本规律，也标志着中国共产党对中华优秀传统文化认识的新高度。

（二）教学难点

对于马克思主义基本原理如何同中华优秀传统文化相结合，习近平总书记强调："要讲清楚每个国家和民族的历史传统、文化积淀、基本国情不同，其发展道路必然有着自己的特色；讲清楚中华文化积淀着中华民族最深沉的精神追求，是中华民族生生不息、发展壮大的丰厚滋养；讲清楚中华优秀传统文化是中华民族的突出优势，是我们最深厚的文化软实力；讲清楚中国特色社会主义植根于中华文化沃土、反映中国人民意愿、适应中国和时代发展进步要求，有着深厚历史渊源和广泛现实基础。"以上是教学难点所在。

六、教学设计总体思路

围绕一个教学主题：把马克思主义基本原理与中华优秀传统文化相结合。

讲清二大理论要点：一切从实际出发，实事求是；文化在社会发展中的作用。

采取三种教学方式：理论讲授、课堂互动、实践教学。

开展四项实践教学展示活动：校外红色基地参观、校园红色基地参观、课堂汇报展示、视频录制展示。

贯彻五大教学原则：教学与育人相统一、理论和实践相统一、课内与课外相统一、被动接受与主动参与相统一、学习原理和掌握方法相统一。

同时采用多种教学方法：如课堂讲授教学、研讨式教学、案例法教学、启发式教学和多媒体教学，尤其采用多媒体教学方法时，能够以视频及图片展示的方式，把复杂枯燥的理论以生动的形式展现给学生，激发学生的学习兴趣。

七、教学过程

（一）教学流程设计

环节一：课程导入

教师活动：

1.课前准备《马克思主义基本原理》教材及教辅资料，本章教学计划、教学大纲、教学设计、教案、课件等。

2.提问：为什么习近平总书记提出的是马克思主义基本原理与中华优秀传统文化相结合，而不是与中华传统文化相结合？

3.讲解：中国优秀的传统文化，是中华民族优秀品质、民族精神、民族气节、民族情感、民族礼仪的总和。例如"天下兴亡，匹夫有责"的爱国精神；"修身、齐家、治国、平天下"的家国情怀；"先天下之忧而忧，后天下之乐而乐"的忧国忧民意识；"老吾老，以及人之老；幼吾幼，以及人之幼"的尊老爱幼品行……这些优秀传统文化，都值得我们传承和弘扬。

但是，也有相当一部分传统文化是封建专制社会的产物，已经被淘汰或者应该继续加以摒弃。比如"三纲五常"中的"三纲"，"三从四德"的男尊女卑观念，算命、测字、星相、看风水等。

马克思主义理论与中华优秀传统文化的基本立场和价值追求是统一的。我们继承的是优秀传统文化的精髓，但同时必须摒弃和反对封建社会等旧社会遗留下来的糟粕文化，因为这些文化充斥着非马克思主义理念，是我们批判的对象。中华优秀传统文化是中华民族在长期的社会实践中创造的文明成果，它汇聚了我国56个民族的智慧，包含了丰富的思想内涵和内容，成为凝聚全体中国人的精神力量和维系中华儿女的精神纽带。我们要全面理解中华文化的深刻内涵及其意义和价值，以高度的文化自觉和文化自信，大力弘扬中华文化优秀传统，推进社会主义现代化强国的建设。

学生活动：

1.课前预习《马克思主义基本原理》教材，课前阅读中华传统文化相关资料，为学习本节课做好充分准备。同时，准备其他必备学习用品，如课堂笔记和笔等。

2.回答问题：首先区分中华优秀传统文化和糟粕文化的区别，了解马克思主义理论与中华优秀传统文化的基本立场和价值追求是相统一的。

设计意图：通过区分优秀传统文化与糟粕文化，让学生明白马克思主义基本原理是与中华优秀传统文化相结合，不是与中华传统文化相结合。

环节二：穿插视频，介绍文化在社会发展中的作用，互动讨论文化作用的具体表现。

教师活动：

1.播放视频《文化如何促进国民经济发展》，阐明文化的重要作用。

第一，文化为社会发展提供思想指引。

第二，文化为社会发展提供精神动力。

第三，文化为社会发展提供凝聚力量。

2.提问：文化的这些重要作用具体都表现在哪些方面？

学生活动：观看视频，讨论文化作用的具体表现，发表看法。

第一，文化为社会发展提供思想指引。从儒家文化来看，儒家文化强调尊师重道，注重教育的思想值得我们借鉴。它倡导个人的道德自律和家庭伦理，强调个人责任和社会和谐。这种文化思想在中国传统社会深入人心，对中国社会的历史和现代文化影响深远。但同时也要辩证地看待儒家文化，取其精华，去其糟粕。从中国特色社会主义先进文化来看，中国特色社会主义先进文化凝聚着民族力量，承载着深厚的文化底蕴，是为推动中国经济发展和社会全面进步提供精神动力，是中国综合国力和国际竞争力的深层支撑，也是中国共产党夯实执政基础、巩固执政地位的核心内容。

第二，文化为社会发展提供精神动力。市场经济的发展需要理性精神的促动，而民主与法治国家的建设则需要政治理性的支持。社会理性的形成以及以此为基础的科学而坚定的信仰，是社会发展的最强大精神动力。中国特色社会主义文化是凝聚和激励全国人民的重要力量，红船精神、井冈山精神、长征精神、延安精神、大庆精神、焦裕禄精神、"两弹一星"精神、航天精神等，在中国革命过程中发挥了巨大的精神动力作用。

第三，文化为社会发展提供凝聚力量。文化的核心是价值观，在社会中占主导地位的价值观能够规范社会道德，凝聚社会共识，增进价值认同，促进民族意识和民族精神的形成。文化是民族的血脉和人民的精神家园，是中国人民增强国家认同和社会认同的强大力量。中华文化既坚守本根又与时俱进，使中华民族保持了坚定的民族自信和强大的修复能力，培育了共同的情感和价值、共同的理想和精神。

设计意图：了解文化的作用，让学生掌握相关知识点，为进一步理解马克思主义基本原理与中华优秀传统文化为什么应该结合和能够结合奠定基础。

（二）课堂小结

马克思主义和中华优秀传统文化相契相通，马克思主义为中华优秀传统文化创造性转化和创新性发展指明方向、注入"魂"，中华优秀传统文化为马克思主义的中国化提供智慧补充、文化底蕴。面对日新月异的国内国际形势，我们必须以马克思主义为指导，牢牢坚守中华文化立场，不断为中华民族伟大复兴和人类进步事业提供智慧支撑。

（三）板书设计

把马克思主义基本原理与中华优秀传统文化相结合

- 导入：为什么习近平总书记提出的是马克思主义基本原理与中华优秀传统文化相结合，而不是与中华传统文化相结合？
- 一、中华优秀传统文化的特点与马克思主义的理论精髓
  - 1. 中华优秀传统文化的特点。
  - 2. 马克思主义的理论精髓是一切从实际出发，实事求是。
- 二、马克思主义基本原理同中华优秀传统文化相结合的内在历史、理论和实践依据
  - 1. 历史依据：中华优秀传统文化是推动马克思主义中国化的重要文化力量。
  - 2. 理论依据：实事求是思想路线的提出和马克思基本原理与中国具体实际相结合的思想，既坚持科学社会主义基本原理，也挖掘中华优秀传统文化的当代价值。
  - 3. 实践依据：中华优秀传统文化沉淀着中华民族五千年发展智慧，为构建当今世界治理新秩序和发展新模式提供有益的理论参考和价值借鉴。
- 三、马克思主义基本原理同中华优秀传统文化相结合的时代意义
  - 1. 是坚持中国特色社会主义文化自信强大思想根基的需要。
  - 2. 是中国特色社会主义道路与中华优秀传统文化基本立场和价值追求相统一的需要
  - 3. 进一步推进中华优秀传统文化创新性发展的需要。
- 四、马克思主义基本原理同中华优秀传统文化相结合的原则和方法
  - 1. 坚持以习近平新时代中国特色社会主义思想为指导。
  - 2. 坚持马克思主义中国化时代化的社会主义方向。
  - 3. 坚持中华优秀传统文化的形式和内容的转化发展。

（四）作业设计

1.中华优秀传统文化的特点是什么？

2.如何理解马克思主义实事求是的理论精髓？

3.马克思主义基本原理与中华优秀传统文化相结合的意义？

4.马克思主义基本原理与中华优秀传统文化相结合的原则和方法是什么？

5.通过掌握"两个结合"的理论，当代大学生如何以实际行动推动中国特色社会主义蓬勃发展？

（五）参考资料

1.马克思、恩格斯：《马克思恩格斯选集》第一卷，人民出版社，2012年。

2.毛泽东：《毛泽东文集》第六卷，人民出版社，1999年。

3.习近平：《习近平谈治国理政》第二卷，外文出版社，2017年。

4.习近平：《高举中国特色社会主义伟大旗帜　为全面建设社会主义现代化国家而团结奋斗》，《人民日报》2022年10月26日。

5.王英：《习近平治国理政中对中华优秀传统文化的运用研究》，西南科技大学，2021年。

6.包心鉴：《在坚持"两个结合"中不断推进马克思主义中国化》，《山东社会科学》2021年第8期。

八、教学总结与反思

本节课程将马克思主义基本原理与中华优秀传统文化相结合，努力从理论和现实的双向维度帮助学生掌握马克思主义的基本立场、观点、方法。同时，努力地培养学生理论联系实际的学风和分析解决实际问题的能力。在课堂讲授中注重科学性、思想性和逻辑性的统一，在实践教学中注重学生的切身感受，在课堂互动环节注重调动学生的积极性，引起学生的兴趣。通过多种教学方式，能够对学生理解和掌握本节课的内容起到一定的作用。从总体上来看，能够达到预期的教学效果。但是也有不足之处，如何让乏味理论以生动有趣的内容形式体现出来，板书设计应该进一步优化，教学案例应该更加贴近学生实际，教师的知识储备应该进一步丰富和提高。

后 记

　　中华优秀传统文化是中华文明沉淀而出的璀璨明珠，象征着中华民族的精神命脉。将中华优秀传统文化融入大中小学思政课一体化建设，是落实立德树人根本任务、守正创新思政课发展的实践路径，也是培养让党放心、爱国奉献、担当民族复兴大任的时代新人的切实要求。本书围绕"传承中华优秀传统文化"这一主题，按照小学、初中、高中、大学四个学段的顺序，精心整理了32篇辽宁省"大中小学思政课一体化建设"专题教学设计案例征集活动中的优秀作品。编者根据自身工作实际，参考优秀案例成果，经合理设计、创新后汇编成册。每篇教学设计包含课程基本信息、教学设计概述、学情分析、教学目标、教学重点难点、教学设计总体思路、教学过程以及教学总结与反思等内容。希望通过本书，大中小学思政课教师能协力探究中华优秀传统文化的教学资源，由浅入深，针对各个学段的思政课程进行深思，科学准确地安排教学内容，灵活地实现教学方案的改革，统筹各阶段学生的知识诉求，合理地实现中华优秀传统文化与思政课一体化建设的有机融合。

　　主编王智莉负责本书的策划、组织和编辑等工作，制订了详细的编写计划，协调各方资源，对案例进行仔细审查，提出修改意见；刘飞负责监督编写进度，对书籍的质量进行严格把关；薛孚负责对文本内容进行深度审阅，关注作品的逻辑结构，润色和校对文字，处理图片和图表的插入，进行格式调整和排版设计，确保成品的准确性和完整性。参与编写教学案例的老师还有孙乐、杜玖谊、刘伟华、孙小竹、林琳、杨辉、贾晶、邵鹏、周丹婷、周燕、庄宝丽、孙丽、杨玉坤、李岩松、汤颖、王诗琦、李婧贤、冯晓玉、王乐、黄禄迪、刘璐、裴德来、初艳艳、肖颖、于琳琳、唐哲、迟莹、戢虹雨、朱金融、王欣欣、孔凡飞、杨扬、张强。衷心感谢所有参与案例编写的教师，正是因为有了大家的共同努力和不懈追求，才有了今天的成果。

通过本次案例征集活动，一方面，思政课教师在思政课教学与中华优秀传统文化之间寻求贯通点，深化改革教学方式，从理论路径提升各个阶段学生的理论认知水平。鼓励思政课教师拓展教学途径，针对各个阶段学生的接受程度，设计出与中华优秀传统文化相关联的课堂教学活动。另一方面，通过各个学段的思政课教师队伍对中华优秀传统文化开展深入研究与讨论，整合教学资源，根据各年龄段学生的能力与特点规划思政课一体化建设的实施步骤。因此，本书不仅注重理论知识的系统传授，还特别强调实践性和互动性，鼓励教师和学生在教与学的过程中共同探讨、共同成长。

本书在编著过程中，参考了一些大中小学思想政治教育一体化建设、教学设计编写、教学方法创新的案例、著作、论文以及相关的研究文献，谨致诚挚的谢意。

大中小学思想政治教育一体化建设的深入推进为编著出版本书创造了条件，也发出了呼唤。我们谨用这本书表达新时代思政课教师回应时代呼唤的努力、推动专业建设的执着。限于编者水平，书中可能存在一些不足，恳请同行专家、学者和广大读者惠于批评指正。

编者

2024 年 10 月